2025

한국 형법 제정 71주년 기념
법학 교육 방법 개선 연구서

낭독
형법판례

하태영

| 대법원 2024년 선고 형법 중요 판결

法 文 社

서 문

출 판

이 책은 대법원이 2024년 선고한 형법 판결집이다. 대법원 판례공보가 선정한 중요한 판결이다. 형법 분야에서 45개 선정하였다. 형법전 편제순으로 정리하였다. 최근 형법 이론을 이해함에 도움이 될 것이다.

이 책을 만든 이유는 세 가지이다.

첫째 대법원 판결문을 소리 내어 읽고 싶었다. 대법원 판결문을 읽으면서 문장 공부를 심화하고 싶었다. 대법원 판결문을 읽기 쉽게 끊어서 정리했다.

둘째 국어訓民正音를 사랑하는 마음이 깊었다. 모국어를 유창하게 말하고 싶은 의지가 높았다. 대법원 판결문을 읽으면서 한글訓民正音의 조사를 생각했다.

셋째 법학 교육 방법 개선을 염원하였다. 눈으로 이해하면 문해력이다. 귀로 이해하면 청취력이다. 입으로 이해하면 발성력이다. 모두 집중력을 높이고 뇌를 자극한다. 신앙인들이 성경聖經·불경佛經·도덕경道德經을 소리 내어 읽는 것과 같다. 우리는 나라를 잃고 언어 학습 방법을 잃었다. 낭독 훈련은 법학 교육 방법에서 기초였다.

대법원 판례를 소리 내어 읽으면서 국어 사랑·문장 공부·사회 이해·범죄 이해·법률 이해·법리 이해·형사재판 이해에 도움이 되었다.

언어言語는 사유思惟의 집宙이다.

언어言語는 소통疏通의 집宙이다. 소통은 3요소로 구성된다. 청취력聽取力·문해력文解力·발성력發聲力이다. 집중력集中力 없이는 불가능하다. 알맞은 체제로 쉽고 정확하게 전달하면 성공이다. 미성美聲은 몸에서 우러나오는 신神의 선물이다.

"문장은 인간 내면을 도끼로 깨뜨리는 작업이다."

– 프란츠 카프카 · Franz Kafka · 1883–1924

문장을 소리 내서 읽어야 한다. 한글은 소리 문자이다. 훈민정음은 세상의 모든 소리를 표현할 수 있다. 2만 5천 가지 소리이다. 소리音는 외국어 공부의 기초이다. 한국인은 발음이 강하다.

판결문

대법원 판결문은 시대時代 지성知性의 공약수公約數이다. 판결문을 읽으면 사회 현상을 이해할 수 있다. 범죄는 사회 갈등의 극단적 표출이기 때문이다. 살인사건은 정신병·경제병·자존병이 원인이다. 많은 범죄가 발생한다. 모두 원인이 있다. 형사재판은 정의라는 이름으로 진행한다. 형사법학자들은 형사소송 목적을 '법을 통한 평화 회복'이라고 정의한다. 정치권과 사회단체는 형사정책을 제안한다. 사후약방문死後藥方文이라는 비판을 듣는다.

대법원 판결문을 소리 내서 읽어 보자. 복잡한 내용을 단순하게, 어려운 내용을 쉽게, 갈피를 잡을 수 없는 상태에서 일목요연一目瞭然한 상태로 옮겨 가는 지혜를 찾을 수 있다.

이 책은 사실관계·검사 기소·제1심판결·제2심판결·대법원판결을 간략히 정리한 낭독집이다. 판결문을 낭독하면서 소낙비를 맞듯이 푹 젖어야 한다. 판결문 뜻을 거슬러 올라가는 노력이다. 노력努力은 깨닫기 위한 궁리窮理이다. 노력하고 또 노력하면 중요한 내용과 중요하지 않은 내용이 구분되기 시작한다. 한번 깨닫고 나면 모든 것이 한꺼번에 달라진다. 뇌에 굉장한 변화가 일어난다. 한마디로 차원이 달라진다(정민, 고전독서법, 깨달음의 길, 보람출판사, 2012, 188면). 판결문은 법이론을 명쾌하게 설명하고 있다.

낭독朗讀·낭송朗讀·암송暗誦

책 읽는 소리가 가장 좋은 소리이다. 책 읽는 소리를 들으면 기쁨을 다 표현할 수가 없다. 낭랑朗朗하기 때문이다. 옛날에는 책을 눈目으로 읽지 않고 입口으로 읽었다. 책을 1백 번 읽으면 의미를 저절로 알게 된다.[독서백편의자현(讀書百篇意自見)] 소리를 통해 기운을 구한다.[인성구기(因聲求氣)] 동양과 서양에서 예전에는 무조건 큰 소리로 책을 읽었다. 소리 내서 읽는 것을 성독聲讀 또는 낭독朗讀이라고 한다. 독서讀書는 책을 읽는 것이다. 독讀은 그냥 눈으로 읽는 것이 아니다. 소리를 내어 읽는 뜻이다. 좋은 글을 소리 내면서 읽으면 읽기뿐 아니라 쓰기 공부에도 크게 도움이 된다(정민, 고전독서법, 소리 내서 읽어라, 보람출판사, 2012, 70－78면). 깊이 공감한다.

낭독朗讀·낭송朗誦·암송暗誦은 다르다.
낭독과 낭송을 합하면 암송이 된다.

낭독은 소리 내어 글을 읽어 뜻을 이해하는 공부이다.

낭:독(朗讀) 【출전】 국어사전
명 [~하다 → 타동사]
소리를 내어 글을 읽거나 해독함.
………• 시를 ~하다.
朗 밝을 낭{랑}; 月－총11획; [lǎng]
밝다, 맑게 환하다, 유쾌하고 활달하다, 소리 높이, 또랑또랑하게
讀 읽을 독; 言－총22획; [dú,dòu]
읽다, 소리를 내어 글을 읽다, 문장 구절의 뜻을 해독하다, 풀다, 설명하다, 읽기, 읽는 법

낭송은 소리 내어 글을 읽어 뜻을 외우는 공부이다.

낭:송(朗誦) 【출전】 국어사전
명 [~하다 → 타동사]
소리를 내어 글을 읽거나 욈.
………• 시를 ~하다.
朗 밝을 낭{랑}; 月－총11획; [lǎng]
밝다, 맑게 환하다, 유쾌하고 활달하다, 소리 높이, 또랑또랑하게
誦 욀 송; 言－총14획; [sòng]
외다, 암송하다, 말하다, 여쭈다, 의논하다

암송은 두 눈을 감고 뇌에 새겨진 문장을 소리 내어 읽는 공부이다.

> **암:송**(暗誦) 【출전】 국어사전
> 명 [~하다 → 타동사]
> 시나 문장 따위를 보지 않고 소리 내어 욈.
> ·········· • 시를 ~하다.
> **暗** 어두울 암; 日 – 총13획; [àn]
> 어둡다, 주위가 어둡다, 사리에 어둡다, 밤, 어둠, 몰래, 남이 알지 못하게
> **誦** 욀 송; 言 – 총14획; [sòng]
> 외다, 암송하다, 말하다, 여쭈다, 의논하다

낭독을 꾸준히 하면, 낭송이 된다. 낭송을 열심히 하면, 암송이 된다. 암송을 매일하면, 자유자재自由自在가 된다. 도인道人의 길道이다. 전문가專門家가 된다.

청취력과 발성력이 강한 한국인

한국인은 청취력과 발성력이 뛰어난 민족이다. 구강은 발성에 최적합하다. 영어 R뢰이 안 된다고 말한다. 그러나 리스펙트respect라고 가르치기 때문이다. 그래서 뢰스펙트respect가 안 나오는 것이다. 한글은 리L와 뢰R를 구분한다. 리턴return이 아니고 뢰터언return이다.

한민족은 소리 언어에 탁월한 능력을 갖추었다. 훈민정음訓民正音 때문이다. 발성 능력을 극대화하면 언어를 유창하게 구사할 수 있다. 정확하게 말하고 비문非文을 줄일 수 있다.

대법원 형법 판례를 아침·점심·저녁 식사 전에 15분만 읽어 보자. 세미나 발표시간과 같다. 맑고 밝게 소리 내어서 읽자. 옛 선조들은 소리를 내어서 읽어야만, 책 내용이 죽은 기호에서 살아 있는 말로 깨어난다고 생각했다. 눈으로 읽는 독서를 목독目讀 또는 묵독默讀이라 말한다. 눈으로만 읽는 독서를 옛날에는 오히려 괴이한 일로 생각했다. 한국인은 옛날에 서당에서 글을 소리 내어 읽었다.

변호사辯護士는 문장과 웅변으로 법리를 표현한다. 정확한 한글 사용은 소리音에서 시작한다. 웅장한 소리는 사람 기질氣質을 바꾼다. 소리가 웅장한 사람은 주목을 받는다. 내공內功이 울리는 소리이다. 사람 소리는 인간人間·인성人性·인격人格·인품人品을 대변한다.

도서관은 책을 소리 내면서 읽는 장소이다. 오늘날 도서관은 그러나 옛날 서당 전통을 계승하지 않았다. 고대 알렉산드리아 도서관은 소란스러운 공간이었다. 여러 사람이 언제나 하루 내내 알렉산드리아 도서관에서 소리 내어 책을 읽었다. 책 읽는 소리가 높은 천장 위로 웅웅대며 떠다녔다.

훈민정음訓民正音

형사재판刑事裁判에서

공판중심주의는 법정에서 묻고 답하는 열린 재판이다.

소리로 진행한다.

검사는 법정에서 공소장을 낭독한다. 훈민정음이다.

변호인은 변론이유서를 법정에서 설명한다. 훈민정음이다.

재판장은 법정에서 판결문을 선고한다. 훈민정음이다.

변호사는 방송에서 판결문을 해설한다. 훈민정음이다.

우리나라 법학전문대학원과 법학부는 낭독朗讀·낭송朗讀·암송暗誦의 효과를 아직도 정확히 모른다. 문해력文解力 공부 방법에 몰입沒入되어 있다. 도서관·학습실은 정말 고요하다. 법학 공부 방법은 변해야 한다.

말이 입에 잘 붙지 않고 뻑뻑하게 느껴지면 좋은 글이 아니고 올바른 공부도 아니다.

앞으로 법학전문대학원과 법학부는 판결문 낭독 강좌를 법학입문으로 개설해야 한다. 토론은 법학 수업의 기본이기 때문이다. 토론은 소리로 하는 최고의 공부방법이다.

4차 산업혁명과 낭독

4차 산업혁명은 진행 중이다. 온 세상이 인공지능이다. 정치인·지식인·경제인·산업인은 하루에 한 번씩 4차 산업혁명을 말한다.

4차 산업혁명은 '소리音'의 세상이다. 인공지능AI은 사람 소리를 알아듣고 지시한 업무를 수행한다. 소리 공부를 해야 더 깊이 이해할 수 있다. 모든 소리가 문자로 순간에 바뀌는 세상이다. 휴대전화로 동시통역도 가능한 세상이다.

소리 내면서 읽는 성독聲讀 전통을 부활해야 한다. 인공지능AI 시대에 우리가 가야 할 공부 방법이다. 묻고 답하는 시대이다. 우리 선조의 공부 방법이 빛을 웅장하게 발산하는 시대가 도래했다.

좋은 글은 소리 내어 읽어 보면 금방 안다. 낭독의 힘은 건강氣·열정情·시간節·돈金·성과實·재산財을 보장한다. 낭독 훈련은 발성과 청취로 사람 기운을 만든다. 정확한 훈련은 집중력으로 가능하다. 집중력은 뇌의 차원을 바꾸는 힘이 된다.

기운氣運은 소리音에서 나온다. 눈으로 읽는 간서看書와 소리 내면서 읽는 송서誦書는 차원이 완전히 다르다. 소리 내면서 읽는 습관이 운명을 바꾼다. 소리에 이상한 힘이 있음을 깨닫는다.

『**낭독 형법판례**』를 읽으면서 자신과 세상을 더 깊이 이해하는 기쁨과 기회를 누리시길 기원한다. 상상해 보시라.

> 한국 법률가는 세미나에서 발표를 잘한다.
> 판결문 낭독 공부를 하기 때문이다.
> 한국 법률가는 목소리가 자기 넋임을 안다.
> 광부가 갱도를 파 들어가듯
> 잡념을 버리고 정신을 집중하여
> 판결문 암송하는 훈련을 한다.

– 2030년 법률가 목소리

이 책은 법학 교육 방법 개선을 갈망하며 1년을 갈아서 만든 연구서이다. 대한민국 형법 제71주년1953－2025을 기념하며 만들었다. 2024년 형법 판례로 제작했다. '낭독 판례 시리즈 제1권'으로 『대법원 2024년 형법 중요 판례』를 선정하였다. 형법 제정 제100주년1953－2053까지 이어지길 소망한다.

법률문장론·법조계 글쓰기 개혁운동의 확산을 염원한다. 국민의 입술에서, 법률가의 입술에서, 가슴에서 오래도록 살아 있는 그런 명문의 형사판결문을 만나게 되기를 많은 사람이 바라고 있다.

훈민정음을 사랑하는 법조인

고종주 변호사님께 깊이 감사드린다. 고종주, 재판의 법리와 현실 – 소송사건을 이해하고 표현하는 방법, 법문사, 2011. 이 책이 나에게 큰 충격을 주었다. 고종주 변호사님은 훈민정음訓民正音을 사랑하는 법조인이다. 한글을 정말 소중히 가꾸는 시인·언어연구가이다. 수백 편의 시詩를 암송하시는 분이다. 고종주 변호사님의 문장은 예술품藝術品이다.

> 사람은 누구나 가슴 속에 하나의 문장을 가지고 있어야 한다는 말이 있지만, 한 인간의 삶은 어찌 보면 후세 사람들에게 의미 있는 문장 하나를 남기는 일이라고도 할 수 있다.
>
> 사람이 자신의 전 생애를 통하여 터득한 오직 하나의 문장, 한평생의 메시지가 응결된 다이아몬드 같은 문장은 우리를 숙연하게 하며 전율하게 한다. 그 도저(到底)한 문장 앞에서 우리는 옷깃을 여미며 신발을 벗기도 한다.
>
> 그리하여 철학자 프리드리히 니체는 오직 피로 쓴 문장만이 살아남을 수 있다고 했고, 작가 프란츠 카프카는 얼어붙은 인간의 내면을 깨뜨리는 도끼 같은 문장이 아니라면 왜 우리가 그걸 읽어야 하는지 모르겠다고 하였다.

유대인 수용소에 살아남은 엘리 비젤은 자기가 쓰는 글은 수용소에서 죽은 사람들의 가슴에 새기는 슬픈 비명(碑銘)이라고 했고, 동양의 어느 선비는 글은 모름지기 대리석에 한자 한자 새기듯이 심혈을 기울여 자기를 주입하여야 한다고 썼다.

– 고종주·전 부산지방법원 부장판사

건강을 위하여 항상 기도드린다.

2025년 3월 1일
대한민국 형법 제정 71주년 기념
대한민국 근대 형법 발상지
부산 서구 구덕로 225·부민동 2가
동아대학교 법학전문대학원
仁德 하태영 올림

동아대학교 부민캠퍼스 _ 대한민국 형법·형사소송법 발상지

[논단]

대법원 판결문에서 법문장 문제점과 개선방안

1. "안타깝고 서글프다. 난해한 어휘와 길고 답답한 문장은 비난의 대상이 되었다. 긴 문장을 여러 개의 문장으로 나누고, 주어가 바뀌면 문장을 끝내야 하며, 세 줄을 넘으면 마침표를 찍고 새로 문장을 시작하고, 두괄식으로 글을 쓰자고 제의한다. 우리나라 판결문에 문제가 있다. 판결문의 문장구성방식에 기인한다. 동사 중심으로 다시 풀어씀으로써 우리 어법에 맞는 말로 돌아올 수 있다."(고종주, 재판의 법리와 현실 -소송사건을 이해하고 표현하는 방법-, 법문사, 2011, 142면).

2. "판결 문장 작성의 2대 원리 - 품위 있고 읽기 쉽게. 쉬운 단어와 짧은 문장, 핵심사항을 간결 명료, 귀로 읽어 걸림이 없어야 한다. 능동태로 사용한다. 단순 긍정으로 적는다. 구체적이고 생생하게 재현하고 논증은 두괄식이다. 어법에 맞는 단어와 문장을 정확하게 쓴다. 판결문이 그 자체로 완결성을 갖추었는지 최종 점검한다. 좋은 판결문은 완성도가 높다. 명료하여 오해 여지가 없어야 한다. 서술 체제가 잘 정돈되어 있어야 한다. 품위를 갖추고 있다는 점, 법원 견해이자 국가의사, 소중한 의견과 희망을 담은, 향기롭고 아름다운 그릇이어야 한다."(고종주, 재판의 법리와 현실 -소송사건을 이해하고 표현하는 방법-, 법문사, 2011, 125~233면 요약).

3. "거대한 문장 덩어리를 바꾸어야 한다. 짧고 명료하게 판결문을 써야 한다. 판결문은 요점을 추려도 도해圖解가 가능해야 한다. 강제력이 있는 국가의 중요한 문서는 당사자를 설득하는 글이다. 동사 중심으로 돌아와야 한다. 진행과정의 끝이 장면으로 선명하게 떠올려야 정확한 의미를 터득할 수 있다."(고종주, 재판의 법리와 현실 -소송사건을 이해하고 표현하는 방법-, 법문사, 2011, 125~233면 요약).

4. “재판서는 실용 문서이므로, 건조한 학술논문식의 글쓰기를 연상시키는 방식이나 체제는 권장하고 싶지 않다. ① 짧은 문장, ② 쟁점별로 번호와 소제목 넣어 쓰기, ③ 결론을 앞에 내세우는 두괄식 문장 쓰기, ④ 도표와 수식, 각주 등 적절히 활용하기 등이다. 괄호를 벗긴 다음, 문장 중에 그 취지가 자연스럽게 녹아들게 표현한다. 법관의 책상 위에 용례가 풍부한 우리말 사전 외에 동의어 사전이 있어야 되는 이유가 바로 그 때문이다.”(고종주, 재판의 법리와 현실 －소송사건을 이해하고 표현하는 방법－, 법문사, 2011, 157~160면 요약).

5. “역사에 길이 남는 명문은 주로 쉬운 문장이다. 국민들의 입술에서, 가슴에서 오래도록 살아 있는 그런 명문의 판결문을 만나게 되기를 많은 사람이 바라고 있다. 언어 광복이 있어야 한다. 법률문장론이나 법조계 글쓰기 개혁운동이 확산되어야 한다.”(고종주, 재판의 법리와 현실 －소송사건을 이해하고 표현하는 방법－, 법문사, 2011, 167~169면 요약).

【출전】 하태영, 대법원 판결문에서 법문장 문제점과 개선방안, 동아법학 제75호, 동아대학교 법학연구소, 2017, 1-55면(51-52면).

차 례

제 2 장 형법 각론 147

제 1 장

형법 총론

01~24

01

죄형법정주의
행위시법

구 「전기통신금융사기 피해 방지 및 피해금 환급에 관한 특별법」(2023. 5. 16. 법률 제19418호로 개정되어 2023. 11. 17. 시행되기 전의 것, 이하 '구법') 제15조의2 제1항의 개정이 '범죄 후의 법령개폐로 형이 폐지되었을 때'에 해당하는지 여부가 문제된 사건

대법원 2024. 9. 27. 선고 2024도7516 판결
[전기통신금융사기피해방지및피해금환급에관한특별법위반·컴퓨터등사용사기]

[공소사실 요지]

피고인들이 성명불상의 전기통신금융사기 조직원들과 공모하여 전기통신금융사기를 목적으로 취득한 타인의 정보를 이용하여 컴퓨터 등 정보처리장치에 정보 또는 명령을 입력하였다.

검사는 피고인들을 구 전기통신금융사기 피해 방지 및 피해금 환급에 관한 특별법(2023. 5. 16. 법률 제19418호로 개정되기 전의 것) 제2조 제2호, 제15조의2 제1항, 제2항, 전기통신금융사기 피해 방지 및 피해금 환급에 관한 특별법 제2조 제2호, 제15조의2 제1항, 제2항 위반죄로 기소하였다.

[법리 쟁점]

구법 제15조의2의 제1항이 개정되어 '컴퓨터 등 정보처리장치에 정보 또는 명령을 입력하는 행위'를 처벌하던 것에서 '전기통신금융사기' 행위 자체를 처벌하는 것으로 변경되면서 부칙에서 경과규정을 두지 않은 경우, 법률의 개정이 '범죄 후의 법령개폐로 형이 폐지되었을 때'의 면소 사유에 해당하는지 여부(소극)

[참조조문]

구 전기통신금융사기 피해 방지 및 피해금 환급에 관한 특별법(2023. 5.

16. 법률 제19418호로 개정되기 전의 것) 제2조 제2호, 제15조의2 제1항, 제2항, 전기통신금융사기 피해 방지 및 피해금 환급에 관한 특별법 제2조 제2호, 제15조의2 제1항, 제2항, 형법 제1조 제1항, 제2항, 형사소송법 제326조 제4호

[원심 판단]

제1심법원은 피고인들에게 면소판결을 선고하였다.
원심법원은 피고인들에게 면소판결을 선고하였다.
원심은, 2023. 5. 16. 개정된 신법에서 구법 제15조의2 제1항 제1, 2호가 삭제되면서 '전기통신금융사기' 행위 자체를 처벌하는 내용으로 개정되고 별도의 경과규정을 두고 있지 않으므로, 구법 제15조의2 제1항 제2호가 적용된 공소사실 부분은 신법이 시행되기 이전의 범행으로서 '범죄 후 법령개폐로 형이 폐지되었을 때'에 해당한다고 보아 형사소송법 제326조 제4호에 의하여 이유에서 면소로 판단하였다.
검사가 상고하였다.

[대법원 판단]

대법원은 원심판결을 파기하고, 사건을 부산지방법원에 환송한다.
대법원은 원심의 판단에는 형법 제1조 제2항의 '범죄 후 법률이 변경되어 그 행위가 범죄를 구성하지 아니하게 된 경우' 및 형사소송법 제326조 제4호의 면소 사유인 '범죄 후의 법령개폐로 형이 폐지되었을 때'에 관한 법리를 오해하여 판결에 영향을 미친 잘못이 있다고 보아, 원심을 파기·환송하였다.

낭독 형법 판결문 01

대법원 2024. 9. 27. 선고 2024도7516 판결 [전기통신금융사기피해방지및피해금환급에관한특별법위반·컴퓨터등사용사기]

<구 「전기통신금융사기 피해 방지 및 피해금 환급에 관한 특별법」(2023. 5. 16. 법률 제19418호로 개정되어 2023. 11. 17. 시행되기 전의 것, 이하 '구법') 제15조의2 제1항의 개정이 '범죄 후의 법령개폐로 형이 폐지되었을 때'에 해당하는지 여부가 문제된 사건>

판시 사항

구 전기통신금융사기 피해 방지 및 피해금 환급에 관한 특별법이 2023. 5. 16. 법률 제19418호로 개정됨에 따라, 같은 법 제15조의2 제1항 제1, 2호에서 형사처벌 대상으로 규정한 '전기통신금융사기를 목적으로, 타인으로 하여금 컴퓨터 등 정보처리장치에 정보 또는 명령을 입력하게 하는 행위, 취득한 타인의 정보를 이용하여 컴퓨터 등 정보처리장치에 정보 또는 명령을 입력하는 행위'가 범죄를 구성하지 아니하게 되어 그에 관한 형이 폐지된 것인지 여부(소극)

판결 요지

구법은 제2조 제2호에서 전기통신금융사기란
'전기통신을 이용하여 타인을 기망·공갈함으로써
재산상의 이익을 취하거나
제3자에게 재산상의 이익을 취하게 하는 행위로서,
자금을 송금·이체하도록 하는 행위(가목) 및
개인정보를 알아내어 자금을 송금·이체하는 행위(나목)를
말한다.'고 규정하면서,
제15조의2 제1항에서 '전기통신금융사기를 목적으로,
타인으로 하여금 컴퓨터 등 정보처리장치에 정보 또는 명령을
입력하게 하는 행위(제1호, 이하 '제1호 행위'라 한다)를 하거나,
취득한 타인의 정보를 이용하여 컴퓨터 등 정보처리장치에 정보 또는 명령을 입력하는 행위(제2호, 이하 '제2호 행위'라 한다)를 한 자'를 '10년 이하의 징역 또는 1억 원 이하의 벌금'에 처하고,
같은 조 제2항은 그 미수범을 처벌하도록 규정하고 있었다.
이후 전기통신금융사기의 처벌 범위를 확대하고
그 법정형을 강화하기 위하여
2023. 5. 16. 법률 제19418호로 개정된 신법은 제2조 제2호에서

전기통신금융사기란
'전기통신을 이용하여 타인을 기망·공갈함으로써 자금 또는
재산상의 이익을 취하거나
제3자에게 자금 또는 재산상의 이익을 취하게 하는 행위로서,
위 가목, 나목의 행위 및 자금을 교부받거나
교부하도록 하는 행위(다목), 자금을 출금하거나
출금하도록 하는 행위(라목)를 말한다.'고 정하여
대면편취형·출금형 등의 전기통신금융사기를
전기통신금융사기의 정의 규정에 포함하는 한편,
제15조의2 제1항에서 '전기통신금융사기'를 행한 자는
'1년 이상의 유기징역 또는
범죄수익의 3배 이상 5배 이하에 상당하는 벌금에 처하거나
이를 병과'할 수 있고,
같은 조 제2항에서 그 미수범을 처벌하도록 하는 규정을
두면서 처벌 수준을 구법보다 상향하고,
부칙에서 신법 시행 전에 이루어진 구법 위반 행위에 대하여는
구법을 그대로 적용할 것인지에 관하여
별도의 경과규정을 두고 있지 않다.

위와 같은 개정 법률 문언의 의미와 개정취지,
구법과 신법의 벌칙조항(제15조의2 제1, 2항)
규정 방식의 차이(구법은 전기통신금융사기의 수단이 되는 구체적 행위 태양인 제1, 2호 행위를 범죄구성요건으로, 신법은 전기통신금융사기 행위 자체를 범죄구성요건으로 규정하는 방식),
전기통신을 이용하여 타인을 기망·공갈함으로써
자금을 송금·이체하거나 하도록 하는 행위 유형의
전기통신금융사기(구법과 신법의 각 제2조 제2호 가목, 나목)를

행하기 위한 구체적 수단 중에
'컴퓨터 등 정보처리장치에 정보 또는
명령을 입력하거나 하게 하는 것(제1, 2호 행위)'이
당연히 포함되는 점 등을 종합적으로 고려해 보면,
구법 제15조의2 제1, 2항이 형사처벌 대상으로 정한
제1, 2호 행위나 그 미수 범행은
신법 제15조의2 제1, 2항이 형사처벌 대상으로 정한
전기통신금융사기 행위나 그 미수 범행에 충분히 포함된다.
따라서 구법 제15조의2 제1항이
신법 제15조의2 제1항으로 개정됨에 따라
구법에서 정한 제1, 2호 행위가
범죄를 구성하지 아니하게 된다고 보아
제1, 2호 행위에 관한 형이 폐지되었다고 할 수 없다.

다만, 제1, 2호 행위에 관한 형이
구법보다 무거워진 경우에 해당하므로
신법 시행 전의 행위는
형법 제1조 제1항에 따라
행위 시의 법률인 구법에 따라 범죄가 성립하고
형사처벌할 수 있다.

판결해설

법률 없으면 범죄 없고 형벌도 없다(nullum crimen, nulla poena sine lege). 죄형법정주의는 입법권과 법관의 자의로부터 국민 자유를 보호하는 기능을 가진다. 민주적 정당성을 가진 입법기관만이 형법을 제정할 수 있다. 법관은 형법을 엄격하게 적용해야 한다. 법률은 법적 안정성과 예측가능성을 담보한다(임웅, 형법총론, 제13정판, 법문사, 2023, 18-56면).

✎ 참조 조문

> **헌법 제12조 제1항** 누구든지 법률과 적법한 절차에 의하지 아니하고는 처벌·보안처분 또는 강제노역을 받지 아니한다.
> **형법 제1조 제1항** 범죄의 성립과 처벌은 행위시의 법률에 의한다.
> ☞ 법률주의 · 명확성원칙 · 소급효금지원칙 · 유추금지 · 엄격해석원칙이다.

✎ 입법 제안

> **형법 제1조(범죄성립과 범죄처벌)** 어떤 행위가 범죄로 처벌되려면, 범죄성립과 범죄처벌이 [1]**행위 전에** [2]**법률로** [3]**명확히** 규정되어야 한다.

대상판결 쟁점은 죄형법정주의이다. 행위시법이다. 구「전기통신금융사기 피해 방지 및 피해금 환급에 관한 특별법」제15조의2 제1항의 개정이 '범죄 후의 법령개폐로 형이 폐지되었을 때'에 해당하는지 여부가 문제된 사건이다.

대법원은, 구법 제15조의2 제1, 2항이 형사처벌 대상으로 정한 제1, 2호 행위나 그 미수 범행은 신법 제15조의2 제1, 2항이 형사처벌 대상으로 정한 전기통신금융사기 행위나 그 미수 범행에 충분히 포함된다.

따라서 구법 제15조의2 제1항이 신법 제15조의2 제1항으로 개정됨에 따라 구법에서 정한 제1, 2호 행위가 범죄를 구성하지 아니하게 된다고 보아 제1, 2호 행위에 관한 형이 폐지되었다고 할 수 없다. 다만 제1, 2호 행위에 관한 형이 구법보다 무거워진 경우에 해당하므로 신법 시행 전의 행위는 형법 제1조 제1항에 따라 행위 시의 법률인 구법에 따라 범죄가 성립하고 형사처벌할 수 있다고 판단하였다.

대상판결은 죄형법정주의·행위시법·구「전기통신금융사기 피해 방지 및 피해금 환급에 관한 특별법」제15조의2 제1항의 개정이 '범죄 후의 법령개폐로 형이 폐지되었을 때'의 법리를 명확히 설명한다. 대법원 판결은 타당하다. 국가고시·변호사시험 선택형으로 출제 가능성이 있다.

02

법률해석
피고인에게 불리한 해석 금지

외국어번역행정사 자격시험이 실시되고 있지 않은 아랍어의 번역 업무를 업으로 한 행위가 행정사법 제3조 제1항을 위반한 것인지 여부가 문제된 사건

대법원 2024. 12. 24. 선고 2023도13673 판결
[행정사법위반]

[공소사실 요지]

피고인들이, 이집트 국적의 외국인들이 인천출입국·외국인청에 체류기간 연장허가 및 난민인정신청을 할 때 아랍어로 작성된 난민인정신청서 등 관련 서류를 한국어 및 영어로 번역하여 주고 그 대가를 수령하는 등 행정사가 아닌데도 행정기관에 제출하는 서류의 번역을 업으로 하였다는 행정사법 위반으로 기소된 사안이다.

[법리 쟁점]

국가에 의하여 외국어번역행정사 자격제도가 실제로 운영되고 있지 않은 외국어의 경우, 외국어번역행정사가 아닌 사람이 그러한 외국어로 된 행정기관의 업무에 관련된 서류를 번역하는 업무를 업으로 하는 것이 행정사법 제3조 제1항을 위반하였다고 볼 수 있는지 여부(소극)

[참조조문]

행정사법 제2조 제1항 제3호, 행정사법 제4조, 제8조 제1, 제4항, 행정사법 시행령 제9조 제1항 [별표 1]

[참조판례]

없음

[원심 판단]

제1심법원은 피고인들에게 무죄를 선고하였다.

원심법원은 피고인들에게 무죄를 선고하였다.

원심은, 행정사법령에 의하면 외국어번역행정사는 특정 외국어별로 행정사 자격과 제도가 형성되므로, 특정 외국어에 대한 자격시험이 없으면 그 외국어에 관한 외국어번역행정사 자격과 제도는 존재하지 아니하고, 그 외국어 번역을 업으로 하더라도 이를 행정사 자격 없는 사람이 한 것으로 평가하기 어려운 바, 아랍어는 외국어번역행정사 자격시험이 실시되지 않고 있어 아랍어를 번역하는 외국어번역행정사가 존재하지 않으므로, 행정사법 제2조 제1항 제3호의 '번역'에는 '아랍어 번역'이 포함되지 않는다고 해석하여야 한다고 보아, 공소사실을 무죄로 판단하였다.

검사가 상고하였다.

[대법원 판단]

대법원은 상고를 기각한다.

대법원은, 피고인들의 행위가 행정사 자격 없이 행정사법 제2조 제1항 제3호의 번역 업무를 한 것으로서 행정사법 제3조 제1항에 따라 금지되는 행위라고 할 수 없다고 보아, 원심을 수긍하여 상고를 기각하였다.

낭독 형법 판결문 02

대법원 2024. 12. 24. 선고 2023도13673 판결 [행정사법위반]

<외국어번역행정사 자격시험이 실시되고 있지 않은 아랍어의 번역 업무를 업으로 한 행위가 행정사법 제3조 제1항을 위반한 것인지 여부가 문제된 사건>

판시 사항

국가에 의하여 외국어번역행정사 자격제도가 실제로 운영되고 있지 않은 외국어의 경우, 외국어번역행정사가 아닌 사람이 그러한 외국어로 된 행정기관의 업무에 관련된 서류를 번역하는 업무를 업으로 하는 것이 행정사법 제3조 제1항을 위반하였다고 볼 수 있는지 여부(소극)

판결 요지

**외국어번역행정사 제도를 마련하여
일정한 자격요건을 갖춘 자에 한하여
행정기관의 업무에 관련된 서류의 번역을 하게 한
행정사법의 규정은,
해당 분야 행정사를 육성하여 서류 번역의 전문성을 높이고
국민의 편익 향상과 행정제도의 발전에
이바지하기 위한 것이므로(행정사법 제1조 참조),
이러한 자격요건을 갖추지 못한 채
행정사법 제2조 제1항 제3호에서 정한
'행정기관의 업무에 관련된 서류의 번역 업무'를 하는 것은
특별한 사정이 없는 한
행정사법 제3조 제1항에서 금지하는 행위로서
행정사법 제36조 제1항 제1호에 따른
형사처벌의 대상이 된다고 보아야 한다.**

**그러나 행정사법 제2조 제1항 제3호의 번역 업무와 관련하여
애초부터 특정 외국어의 번역에 관한 자격제도가
실제로 실시·운영되고 있다고 볼 수 없다면,
그러한 외국어의 번역 행위는
관련 법령에 의하여 보호되는 외국어번역행정사 자격제도의
바깥에서 이루어지는 것으로서
행정사 아닌 사람의 행정사 업무행위라고 보아
처벌할 수 없다.**

**행정사법 제3조 제1항의 '행정사'란
행정안전부장관이 실시하는
행정사 자격시험에 합격한 자를 말하는데,**

그중 '외국어번역행정사'의 경우
아랍어에 관한 외국어번역행정사 자격시험이
실시된 적이 없으므로,
적어도 아랍어 분야의 외국어번역행정사 자격제도가
운영되고 있다고 단정할 수 없다.
따라서 행정사가 아닌 사람에 대하여
'행정기관의 업무에 관련된 서류의 번역 업무'를
금지하는 규정인 행정사법 제3조 제1항의
'행정사'에 아랍어 분야의 외국어번역행정사가
포함된다고 보기 어렵다.

행정사의 자격은 자격시험으로 취득하는 것이 원칙이고,
관련 법령에 의하여
해당 외국어에 관한 일정 조건의 학위와 경력을 갖춘 경우
제1차시험 또는 제2차시험 중 일부 과목이 면제된다고 하더라도,
이는 자격시험을 전제로 한 예외에 불과하며,
행정사의 자격시험 실시 여부 자체가
행정안전부장관에게 위임되어 있는 것은 아니다.

행정사법에서 외국어번역행정사 자격 관련 외국어의 종류를
직접적으로 제한하고 있지는 않으므로,
현행 법제 하에서 아랍어 분야의 외국어번역행정사 자격을
취득할 수 있는 가능성이
원천적으로 봉쇄되어 있는 것은 아니지만,

현재까지 아랍어 분야에서 외국어번역행정사 자격시험을
시행하지 않고 있는 상태가 계속되고 있는 이상,
무자격 행위의 형사처벌에 관한 행정사법 관련 규정을

피고인들에게 불리하게 해석하여서는 안 된다. • 형벌법규 피고인에게 불리한 해석 금지

판결 해설

대상판결 쟁점은 법률해석이다. 피고인에게 불리한 해석 금지이다. 외국어번역행정사 자격시험이 실시되고 있지 않은 아랍어의 번역 업무를 업으로 한 행위가 행정사법 제3조 제1항을 위반한 것인지 여부가 문제된 사건이다.

대법원은, 행정사가 아닌 사람에 대하여 '행정기관의 업무에 관련된 서류의 번역 업무'를 금지하는 규정인 행정사법 제3조 제1항의 '행정사'에 아랍어 분야의 외국어번역행정사가 포함된다고 보기 어렵다.

행정사의 자격은 자격시험으로 취득하는 것이 원칙이고, 관련 법령에 의하여 해당 외국어에 관한 일정 조건의 학위와 경력을 갖춘 경우 제1차시험 또는 제2차시험 중 일부 과목이 면제된다고 하더라도, 이는 자격시험을 전제로 한 예외에 불과하며, 행정사의 자격시험 실시 여부 자체가 행정안전부장관에게 위임되어 있는 것은 아니다.

행정사법에서 외국어번역행정사 자격 관련 외국어의 종류를 직접적으로 제한하고 있지는 않으므로, 현행 법제 하에서 아랍어 분야의 외국어번역행정사 자격을 취득할 수 있는 가능성이 원천적으로 봉쇄되어 있는 것은 아니다.

나아가 현재까지 아랍어 분야에서 외국어번역행정사 자격시험을 시행하지 않고 있는 상태가 계속되고 있는 이상, 무자격 행위의 형사처벌에 관한 행정사법 관련 규정을 피고인들에게 불리하게 해석하여서는 안 된다고 판단하였다.

대상판결은 법률해석·피고인에게 불리한 해석 금지·외국어번역행정사 자격시험이 실시되고 있지 않은 아랍어의 번역 업무를 업으로 한 행위가 행정사법 제3조 제1항에 해당하는지에 대한 법리를 명확히 설명한다. 대법원 판결은 타당하다. 국가고시·변호사시험 선택형으로 출제 가능성이 있다.

형법해석 방법론

형법해석 방법은 문리해석·논리해석·목적해석이 있다. 문리해석文理解釋은 형법해석에서 출발점이다. 논리해석論理解釋은 용어의 체계적 연관에 따라 논리적 의미를 밝힌다. 목적해석目的解釋은 법률해석에서 왕관이다. ① 주관적·역사적 해석방법은 역사적인 입법자 의사에 따라 해석한다. ② 객관적·목적적 해석방법은 법규의 현재 의미와 목적에 따라 해석한다.

해석과 유추는 다르다. 해석은 의미를 명확히 한다. 유추는 법문이 없어도 유사 법문을 가져야 법을 적용한다. 유추는 형법에서 금지한다. 현재 확장해석은 허용되지만 유추적용은 금지한다. 형벌법규는 엄격히 해석해야 한다. 따라서 확장해석도 형법에서 금지되어야 한다.

대법원은 유추해석뿐만 아니라 확장해석도 죄형법정주의의 원칙에 어긋나는 것으로서 허용되지 않는다는 태도를 일관하고 있다.

언어의 가능한 의미를 넘는 법해석은 형법해석학이 담당할 수 없는 일이다. 입법이 해결하여야 할 사항이다(임웅, 형법총론, 제13정판, 법문사, 2023, 32-39면). '형이 확정된 후'란 약식명령 벌금형도 포함한다.

> 죄형법정주의는 국가형벌권의 자의적인 행사로부터 개인의 자유와 권리를 보호하기 위하여 범죄와 형벌을 법률로 정할 것을 요구한다. 그러한 취지에 비추어 보면 형벌법규의 해석은 엄격하여야 한다. 문언의 가능한 의미를 벗어나 피고인에게 불리한 방향으로 해석하는 것은 죄형법정주의 내용인 확장해석금지에 따라 허용되지 아니한다.
>
> 법률을 해석할 때 입법 취지와 목적, 제정·개정 연혁, 법질서 전체와 조화, 다른 법령과 관계 등을 고려하는 체계적·논리적 해석방법을 사용할 수 있다.
>
> 그러나 문언 자체가 비교적 명확한 개념으로 구성되어 있다면, 원칙적으로 이러한 해석 방법은 활용할 필요가 없거나 또한 제한될 수밖에 없다.
>
> 죄형법정주의원칙이 적용되는 형벌법규의 해석에서 더욱 그러하다.

03

형벌법규 해석방법
법문의 엄격해석

관계 법령에서 전매가 금지되었으나, 동·호수가 특정된 아파트에 대한 분양권의 중개행위가 구 공인중개사법(2016. 12. 2. 법률 제14334호로 개정되기 전의 것, 이하 '구 공인중개사법') 제33조 제5호에서 정한 '관계 법령에서 양도·알선 등이 금지된 부동산의 분양·임대 등과 관련 있는 증서 등의 매매를 중개하는 행위'에 해당하는지 여부가 문제되는 사건

대법원 2024. 7. 25. 선고 2021도17722 판결
[공인중개사법위반·주택법위반]

[공소사실 요지]

피고인들이 공모하여 전매가 금지된 아파트 분양권의 전매를 알선함으로써 관계 법령에서 알선 등이 금지된 부동산의 분양 등과 관련 있는 증서의 매매를 중개하였다. • **요약**

검사는 피고인을 구 공인중개사법(2016. 12. 2. 법률 제14334호로 개정되기 전의 것) 제33조 제5호(현행 제33조 제1항 제5호 참조), 제48조 제3호, 구 공인중개사법(2016. 12. 2. 법률 제14334호로 개정되기 전의 것) 제2조 제1호, 제3조 제2호, 제33조 제5호(현행 제33조 제1항 제5호 참조), 제48조 제3호 위반죄로 기소하였다.

피고인 1은 남양주시에 있는 (상호 생략) 부동산중개사무소를 피고인 2의 명의로 개설하여 실질적으로 운영하는 사람이고, 피고인 2는 공인중개사 자격을 취득한 후 위 부동산중개사무소에서 대표로 일하는 사람이다. 개업공인중개사 등은 관계 법령에서 알선 등이 금지된 부동산의 분양 등과 관련 있는 증서의 매매를 중개하거나 매매를 업으로 하여서는 아니 된다. 남양주 ○○신도시 '(아파트명 생략)아파트'(이하 '이 사건 아파트'라 한다)는

수도권 택지 중 해당 지구면적의 50% 이상 개발제한구역을 해제하여 조성된 공공택지로 분양가 상한제가 적용되고, 분양가 상한제 적용주택 및 그 주택의 입주자로 선정된 지위는 대통령령으로 정하는 기간이 지나기 전에는 그 주택 또는 지위를 전매할 수 없으므로 2016. 6. 14.부터 2017. 6. 13.까지 분양권을 전매하거나 전매를 알선할 수 없다.
피고인들은 아래와 같이 공소외 1 등 5명 명의의 5채의 이 사건 아파트 분양계약서 등의 전매를 알선한 후 중개수수료를 지급받았다.
이로써 피고인들은 공모하여 관계 법령에서 알선 등이 금지된 부동산의 분양 등과 관련 있는 증서의 매매를 중개하였다.

[법리 쟁점]
분양권에 대한 매매를 알선하는 과정의 일환으로 이 사건 분양계약서 등을 건네받아 분양권 매수자에게 전달한 것이 구 공인중개사법 제33조 제5호에서 정한 '관계법령에서 양도·알선 등이 금지된 부동산의 분양·임대 등과 관련 있는 증서 등의 매매를 중개하는 행위'에 해당하는지 여부(소극)

[참조조문]
[1] 구 공인중개사법(2016. 12. 2. 법률 제14334호로 개정되기 전의 것) 제33조 제5호(현행 제33조 제1항 제5호 참조), 제48조 제3호 [2] 구 공인중개사법(2016. 12. 2. 법률 제14334호로 개정되기 전의 것) 제2조 제1호, 제3조 제2호, 제33조 제5호(현행 제33조 제1항 제5호 참조), 제48조 제3호

[참조판례]
[1] 대법원 1990. 4. 27. 선고 89도1886 판결(공1990, 1202) [2] 대법원 1990. 2. 13. 선고 89도1885 판결(공1990, 702); 대법원 2005. 5. 27. 선고 2004도62 판결(공2005하, 1098); 대법원 2020. 6. 25. 선고 2019도3757 판결

[원심 판단]
제1심법원은 피고인들에게 유죄를 선고하였다.
원심법원은 피고인들에게 유죄를 선고하였다.
원심은, 피고인들이 이 사건 분양계약서 등을 피분양자로부터 건네받아 분양권 매수자에게 전달한 사실이 인정되고, 이 사건 분양계약서 등은 구 공인중개사법 제48조 제3호, 제33조 제5호의 '관계 법령에서 양도·알선

등이 금지된 부동산의 분양·임대 등과 관련 있는 증서'에 해당한다고 보는 것에 문언상·논리상 무리가 없으므로 피고인들은 이 사건 분양계약서 등의 매매를 중개하였다고 할 수 있다고 보아 공소사실을 유죄로 판단하였다.

피고인들이 상고하였다.

[대법원 판단]

대법원은 원심판결 중 피고인들에 대한 부분을 파기하고, 이 부분 사건을 의정부지방법원에 환송한다.

대법원은, 피고인들이 이 사건 분양계약서 등을 분양권 명의자로부터 건네받아 분양권 매수자에게 전달한 것은 결국 아파트 분양권에 대한 매매를 알선하는 과정의 일환으로 볼 여지가 많은데, 구 공인중개사법 제33조 제5호의 '증서 등'에 증서와 존재형태가 전혀 다른 분양권을 포함시키는 해석은 할 수 없을 뿐만 아니라, 이 사건과 같이 장차 건축될 건축물로서 동·호수가 특정된 아파트 분양권의 매매를 알선하는 행위는 구 공인중개사법의 중개대상물인 '건축물'을 중개한 것으로 볼 것이지 구 공인중개사법 제33조 제5호의 '관계 법령에서 양도·알선 등이 금지된 부동산의 분양·임대 등과 관련 있는 증서 등의 매매'를 중개한 것으로 보아서는 안 된다고 보아, 이와 달리 피고인들에 대하여 공인중개사법위반죄를 인정한 원심을 파기·환송하였다.

낭독 형법 판결문 03

대법원 2024. 7. 25. 선고 2021도17722 판결 [공인중개사법위반·주택법위반]

<관계 법령에서 전매가 금지되었으나, 동·호수가 특정된 아파트에 대한 분양권의 중개행위가 구 공인중개사법(2016. 12. 2. 법률 제14334호로 개정되기 전의 것, 이하 '구 공인중개사법') 제33조 제5호에서 정한 '관계 법령에서 양도·알선 등이 금지된 부동산의 분양·임대 등과 관련 있는 증서 등의 매매를 중개하는 행위'에 해당하는지 여부가 문제되는 사건>

판시 사항

[1] 아파트 분양권에 대한 매매를 알선하는 행위가 구 공인중개사법 제33조 제5호에서 정한 '관계 법령에서 양도·알선 등이 금지된 부동산의

분양·임대 등과 관련 있는 증서 등의 매매를 중개하는 행위'에 해당하는지 여부(소극)
[2] 구 공인중개사법 제3조 제2호에 규정된 중개대상물인 '건축물'에 장차 건축될 특정의 건축물도 포함되는지 여부(적극) / 아파트의 특정 동·호수에 대하여 피분양자가 선정되거나 분양계약이 체결된 후 그 특정 아파트가 완성되기 전 이에 대한 매매 등 거래를 중개하는 것이 '건축물'의 중개에 해당하는지 여부(적극) / 이를 같은 법 제33조 제5호에 의하여 개업공인중개사 등이 하여서는 안 되는 '관계 법령에서 양도·알선 등이 금지된 부동산의 분양·임대 등과 관련 있는 증서 등의 매매 등을 중개하는 행위'를 한 것으로 볼 수 있는지 여부(소극)

판결 요지

형벌법규, 특히 어떤 행정목적을 달성하기 위하여 규제하고
그 행정목적의 실현을 담보하기 위하여
그 위반을 처벌하는 행정형벌법규의 경우에는
법문의 엄격한 해석이 요구되므로, 요구된다. • 형벌법규 엄격해석
부동산의 투기억제를 위한 규제의 필요성만으로
구 공인중개사법 제33조 제5호의 '증서 등'에 증서와
존재형태가 전혀 다른 분양권을 포함시키는 해석은
용인할 수 없고,
따라서 아파트 분양권에 대한 매매를 알선하는 행위는
같은 법조 제5호에서 정한 '관계 법령에서 양도·알선 등이 금지된
부동산의 분양·임대 등과 관련 있는 증서 등의 매매를
중개하는 행위'에 해당한다고 볼 수 없다(대법원 1990. 4. 27. 선고 89도 1886 판결 등 참조).

구 공인중개사법 제2조 제1호는
"중개라 함은 제3조의 규정에 의한 중개대상물에 대하여

거래당사자 간의 매매·교환·임대차 그 밖의 권리의 득실변경에 관한 행위를 알선하는 것을 말한다."라고 규정하고,
제3조는 중개대상물로
'1. 토지, 2. 건축물 그 밖의 토지의 정착물, 3. 그 밖에 대통령령이 정하는 재산권 및 물건'을 규정하고 있다.
위 제3조 제2호에 규정된 '건축물'에는 기존의 건축물뿐만 아니라
장차 건축될 특정의 건축물도 포함되므로,
아파트의 특정 동·호수에 대하여 피분양자가 선정되거나
분양계약이 체결된 후에는
그 특정 아파트가 완성되기 전이라 하여도
이에 대한 매매 등 거래를 중개하는 것은
'건축물'의 중개에 해당한다
(대법원 2005. 5. 27. 선고 2004도62 판결, 대법원 2020. 6. 25. 선고 2019도3757 판결 등 참조).

따라서 이를 같은 법 제33조 제5호에 의하여
개업공인중개사등이 하여서는 안 되는
'관계 법령에서 양도·알선 등이 금지된
부동산의 분양·임대 등과 관련 있는 증서 등의 매매 등을
중개하는 행위'를 한 것으로 보아서는 안 된다
(대법원 1990. 2. 13. 선고 89도1885 판결 등 참조).

판결 해설

대상판결 쟁점은 형벌법규 해석방법이다. 법문의 엄격해석이다.

대법원은 구 공인중개사법 제33조 제5호의 '증서 등'에 증서와 존재형태가 전혀 다른 분양권을 포함시키는 해석은 할 수 없다고 판시하였다.

대상판결은 피고인에게 불리한 해석 금지·증서 개념·분양권 매매 알선과 건축물 매매알선 법리를 명확히 설명한다. 대법원 판결은 타당하다.

04

법률해석
문리해석

소규모재건축사업조합의 조합장에 대한 도시정비법 적용 여부가 문제된 사건

대법원 2024. 1. 25. 선고 2023도9906 판결
[도시및주거환경정비법위반]

[공소사실 요지]

「빈집 및 소규모주택 정비에 관한 특례법」에 따른 소규모재건축사업조합의 조합장인 피고인이 자금 차입에 관하여 그 방법·이자율 및 상환방법에 관한 조합 총회의 의결을 거치지 아니한 채 금전을 차용하였다. • **요약**

검사는 피고인을 빈집 및 소규모주택 정비에 관한 특례법 제1조, 제2조, 제3조 제1항, 제56조 제1항, 구 빈집 및 소규모주택 정비에 관한 특례법(2021. 7. 20. 법률 제18314호로 개정되기 전의 것) 제61조 제1호(현행 제61조 제1호의2 참조), 도시 및 주거환경정비법 제45조 제1항 제2호, 제137조 제6호 위반죄로 기소하였다.

피고인은 광주 북구(주소 생략) 일원 소규모재건축사업조합(이하 '이 사건 조합'이라 한다)의 조합장이다.

소규모주택정비사업조합의 임원은 자금을 차입할 경우 자금의 차입과 그 방법·이자율 및 상환방법에 대하여 조합 총회의 의결을 거쳐야 한다.

그럼에도 불구하고 피고인은 2020. 11. 30.경 조합원총회의 의결을 거치지 아니하고, 공소외인으로부터 4,000,000원을 차입한 것을 비롯하여 2019. 6.경부터 2020. 11.경까지 원심 판시 별지 범죄일람표 기재와 같이 조합원총회의 의결을 거치지 아니하고 8회에 걸쳐 합계 39,357,460원을 차입하였다.

[법리 쟁점]

소규모주택정비법에 따른 조합 조합장이 도시정비법 제45조를 위반한 경우 도시정비법 제137조에 따라 처벌할 수 있는지 여부(소극)

[참조조문]

빈집 및 소규모주택 정비에 관한 특례법 제1조, 제2조, 제3조 제1항, 제56조 제1항, 구 빈집 및 소규모주택 정비에 관한 특례법(2021. 7. 20. 법률 제18314호로 개정되기 전의 것) 제61조 제1호(현행 제61조 제1호의2 참조), 도시 및 주거환경정비법 제45조 제1항 제2호, 제137조 제6호

[원심 판단]

제1심법원은 피고인에게 유죄를 선고하였다.

원심법원은 피고인에게 유죄를 선고하였다.

원심은, 「도시 및 주거환경정비법」('도시정비법')을 적용하여 피고인의 행위를 유죄로 판단하였다.

피고인이 상고하였다.

[대법원 판단]

대법원은 원심판결을 파기하고, 사건을 광주지방법원에 환송한다.

대법원은, 비록 소규모주택정비법이 조합의 법인격·정관·임원 등에 관하여 도시정비법을 준용하고 있으나, 그 처벌규정까지 준용하고 있지는 않으므로 피고인의 행위를 도시정비법을 적용하여 처벌할 수는 없다고 보아, 이와 달리 판단한 원심판결을 파기·환송하였다.

낭독 형법 판결문 04

대법원 2024. 1. 25. 선고 2023도9906 판결 [도시및주거환경정비법위반]

<소규모재건축사업조합의 조합장에 대한 도시정비법 적용 여부가 문제된 사건>

판시 사항

빈집 및 소규모주택 정비에 관한 특례법에 따라 설립인가를 받은 소규모재건축조합의 조합임원이 총회의 의결을 거치지 아니하고 총회의 의결사항에 관한 사업을 임의로 추진한 경우, 도시 및 주거환경정비법 제

137조를 적용하여 처벌할 수 있는지 여부(소극)

판결 요지

「빈집 및 소규모주택정비에 관한 특례법」(이하 '소규모주택정비법'이라 한다)은
방치된 빈집을 효율적으로 정비하고
소규모주택 정비를 활성화하기 위하여
필요한 사항 및 특례를 규정함으로써
주거생활의 질을 높이는 데
이바지함을 목적으로 제정되었고(제1조),
소규모주택재건축사업에 관하여서는
소규모주택정비법이 다른 법률에 우선하여 적용된다(제2조, 제3조 제1항).

「도시 및 주거환경정비법」(이하 '도시정비법'이라 한다) 제45조 제1항 제2호는
자금의 차입과 그 방법·이자율 및 상환방법을
총회의 의결 사항으로 규정하고,
제137조는 총회의 의결을 거치지 아니하고
총회의 의결사항에 관한 사업을
임의로 추진한 조합임원을 처벌하도록 규정한다.

소규모주택정비법 제56조 제1항은
조합의 법인격·정관·임원 등에 관하여
도시정비법 제45조 제1항 제2호를 준용한다고 규정하나,
도시정비법 제137조를 준용하고 있지 않다.

다만 소규모주택정비법은 제61호 제1호에서
총회의 의결을 거치지 아니하고 사업을

임의로 추진한 조합임원을 처벌하도록 따로 규정한다.

이와 같은 규정 체계에 비추어
도시정비법이 아닌 소규모주택정비법에 따라
설립인가를 받은 소규모재건축조합의 조합임원을
도시정비법 제137조를 적용하여 처벌할 수는 없다.

판결 해설

대상판결 쟁점은 법률해석이다. 문리해석이다. 소규모재건축사업조합의 조합장에 대한 도시정비법 적용 여부가 문제된 사건이다.

대법원은, 소규모주택정비법 제56조 제1항은 조합의 법인격·정관·임원 등에 관하여 도시정비법 제45조 제1항 제2호를 준용한다고 규정하나, 도시정비법 제137조를 준용하고 있지 않다. 다만 소규모주택정비법은 제61조 제1호에서 총회의 의결을 거치지 아니하고 사업을 임의로 추진한 조합임원을 처벌하도록 따로 규정한다. 이와 같은 규정 체계에 비추어 도시정비법이 아닌 소규모주택정비법에 따라 설립인가를 받은 소규모재건축조합의 조합임원을 도시정비법 제137조를 적용하여 처벌할 수는 없다고 판단하였다.

이 사안에서 원심은 소규모재건축조합의 조합임원인 피고인에 대하여 도시정비법 제137조를 적용하여 유죄를 선고하였다. 이러한 원심판결에는 소규모주택정비법과 도시정비법의 관계, 도시정비법 제137조 제6조, 제45조 제1항 제2호 위반죄의 성립에 관한 법리를 오해하는 등으로 판결에 영향을 미친 잘못이 있다고 판단하였다.

대상판결은 법률해석·문리해석·소규모재건축사업조합의 조합장에 대한 도시정비법 적용 법리를 명확히 설명한다. 대법원 판결은 타당하다.

05

고 의
아동학대살해 고의 판단기준

「아동학대범죄의 처벌 등에 관한 특례법」 위반(아동학대살해) 죄에서 살해의 고의가 인정되는지 문제되는 사건

대법원 2024. 7. 11. 선고 2024도2940 판결
[아동학대범죄의처벌등에관한특례법위반(아동학대살해)·아동복지법위반(상습아동학대)·아동복지법위반(상습아동유기·방임)]

[공소사실 요지]

피해아동의 계모인 피고인이 피해아동을 지속적으로 학대하여 피해아동의 건강상태가 급격히 악화되었다. 그런데도 3일에 걸쳐 피해아동을 폭행하고 결박하여 움직이지 못하게 한 후, 아무런 조치 없이 방치하여 피해아동을 사망에 이르게 하였다. • 요약

검사는 피고인 1 · 피고인 2를 구 아동학대범죄의 처벌 등에 관한 특례법(2021. 3. 16. 법률 제17932호로 개정되기 전의 것) 제4조(현행 제4조 제2항 참조), 아동학대범죄의 처벌 등에 관한 특례법 제1조, 제4조 제1항, 형법 제13조, 제250조 아동학대처벌법 위반(아동학대살해)죄로 기소하였다.

피고인 1은 피고인 2와 전처 공소외 1 사이에서 태어난 피해아동(남, 11세)을 양육하고, 피고인 2와 사이에는 공소외 2(여, 3세), 공소외 3(여, 2세)을 출산하여 양육하면서 동거하는 사실혼 관계에 있었다.

피고인 1은 2022. 3. 9.경부터 2023. 2. 초순경까지 단독으로 또는 피고인 2와 공모하여 상습으로 피해아동에게 신체적 또는 정서적 학대행위를 하거나 피고인들의 보호·감독을 받는 피해아동에 대하여 기본적 보호·양육·치료·교육을 소홀히 하는 방임행위를 하여 피해아동의 체중이 2021. 12. 20. 38kg에서 2023. 2. 7. 29.5kg(신장 149cm)으로 급격히 감소하였고, 특히 피고인 1이 2023. 1. 말경 선반받침용 봉과 플라스틱 옷걸이로 피해아동의 팔과 엉덩이 등 온몸을 수회 때렸고, 그 무렵 피해아동은 불상의 원

인으로 입에 화상을 입어 음식을 제대로 섭취하지 못하고 있었으며, 피고인 1이 2023. 2. 초순경 피해아동의 다리와 몸 등을 약 200회 넘게 연필, 가위, 젓가락, 컴퍼스 지지다리로 긁거나 찌르는 학대를 가하여 피해아동의 몸에서 상당한 출혈이 발생하는 등 피해아동의 영양상태는 매우 불량해지고 신체 전반의 기능이 쇠약해진 상태였다.

피고인 1은 위와 같은 상태에서 피해아동에 대한 학대행위의 강도를 더욱 높여 심하게 때릴 경우 생명이나 신체에 치명적인 결과를 초래하여 피해아동이 사망에 이를 수도 있다는 점을 인식하였음에도, 2023. 2. 4. 오후 무렵 인천 남동구 (주소 생략), (동호수 생략) 피해아동의 방에서, 피해아동이 훔친 것으로 보이는 물건을 발견하고 피해아동으로 인한 스트레스와 분노가 한꺼번에 표출되면서 피해아동이 죽더라도 상관없다는 심정으로 알루미늄으로 된 선반받침용 봉으로 피해아동의 팔, 다리, 옆구리 등 전신을 수십 회 때리고 계속하여 2023. 2. 5. 17:00경부터 2023. 2. 6. 03:00경까지, 같은 날 03:30경부터 09:25경까지 약 16시간 동안 피해아동을 그의 방 책상 의자에 수건과 커튼 끈으로 결박한 다음 그곳에 설치된 홈캠을 통해 실시간으로 피해아동을 감시하여 움직이지 못하게 하였으며, 2023. 2. 6. 09:25경 피해아동의 방에서 동생들의 세뱃돈과 썩은 음식물을 발견하고 선반받침용 봉 및 플라스틱 옷걸이로 피해아동의 팔, 다리, 옆구리 등 전신을 수십 회 때리고, 같은 날 오전 불상경 주방에 놔둔 위 세뱃돈을 피해아동이 다시 가져가는 모습을 보고 재차 선반받침용 봉으로 피해아동의 팔, 다리 등 전신을 수십 회 때린 후 같은 날 13:00경부터 15:00경까지 피해아동을 방 책상 의자에 커튼 끈으로 결박하여 움직이지 못하게 하였다.

피고인 1은 이후에도 자신의 행위로 생명이 위태로운 상황에 있는 피해아동이 2023. 2. 6. 18:10경 제대로 걷지 못하고 옆으로 쓰러지는 등 아파하는 모습을 지켜보았고, 2023. 2. 7. 00:49경 홈캠을 통해 피해아동이 통증으로 인해 잠을 자지 못하고 신음하면서 아파하는 모습을 지켜보면서도 아무런 조치 없이 방치하던 중 2023. 2. 7. 13:00경부터 13:12경 위 주거지에서 피고인 1의 폭행으로 피해아동의 전신에 형성된 여러 둔력 손상으로 발생한 내부출혈로 인해 피해아동이 사망하게 하였다.

이로써 피고인 1은 아동학대범죄를 범하여 피해아동을 살해하였다.

[법리 쟁점]

아동학대살해죄에서 아동학대살해의 고의에 대한 판단기준

[참조조문]

구 아동학대범죄의 처벌 등에 관한 특례법(2021. 3. 16. 법률 제17932호로 개정되기 전의 것) 제4조(현행 제4조 제2항 참조), 아동학대범죄의 처벌 등에 관한 특례법 제1조, 제4조 제1항, 형법 제13조, 제250조

[참조판례]

대법원 2001. 3. 9. 선고 2000도5590 판결(공2001상, 910); 대법원 2023. 1. 12. 선고 2022도11245, 2022보도52 판결(공2023상, 465)

[원심 판단]

제1심법원은 피고인 2에게 유죄를 선고하였다. 피고인 1에게 무죄를 선고하였다.

원심법원은 피고인 2에게 유죄를 선고하였다. 피고인 1에게 무죄를 선고하였다.

원심은, 피고인 1에게 살해의 미필적 고의에 관한 범죄의 증명이 없다고 보아, 이 부분 공소사실을 이유에서 무죄로 판단하였다.

피고인 2와 검사가 상고하였다.

[대법원 판단]

대법원은 원심판결 중 피고인 1에 대한 부분을 파기하고, 이 부분 사건을 서울고등법원에 환송한다. 피고인 2의 상고를 기각한다.

피고인 1은 상고장을 제출하지 않았고, 국선변호인이 상고제기기간이 지난 2024. 3. 11. 대법원에 상고이유서를 제출하였으나, 이를 상고장으로 보더라도 이에 따른 상고는 상고권이 소멸된 이후에 제기된 것이므로 부적법하다.

대법원은, 피해아동은 이미 건강상태가 불량하게 변경되어 면역력, 회복력 등 생활기능의 장애가 심각한 수준에 이르렀으므로, 이에 피고인의 지속적이고 중한 학대행위가 다시 가해질 경우 피해아동에게 치명적인 결과가 발생할 가능성 내지 위험이 있음을 충분히 인식하거나 예견할 수 있었을 것으로 평가되는데도, 피고인은 이를 무시한 채 3일에 걸쳐 피해아동이 사망할 때까지 심한 구타와 결박을 반복하는 등 중한 학대행위를 계속하여 감행하고, 신속히 치료와 구호를 받아야 할 상황에 있던 피해아동을 아무런 조치 없이 방치하였으므로, 피고인에게 적어도 아동학대살해죄의 미필적 고의는 있었다고 볼 여지가 크다고 보아, 이와 달리 판단한 원심을 파기·환송하였다.

낭독 형법 판결문 05

대법원 2024. 7. 11. 선고 2024도2940 판결 [아동학대범죄의처벌등에관한특례법위반(아동학대살해)·아동복지법위반(상습아동학대)·아동복지법위반(상습아동유기·방임)]

〈「아동학대범죄의 처벌 등에 관한 특례법」 위반(아동학대살해)죄에서 살해의 고의가 인정되는지 문제되는 사건〉

판시 사항

아동학대범죄의 처벌 등에 관한 특례법상 아동학대살해죄에서 살해의 범의의 인정 기준 및 피고인이 범행 당시 살해의 범의가 없다고 다투는 경우, 살해의 범의가 있었는지 판단하는 기준 / 아동학대살해죄에서 피고인이 범행 당시 살해의 범의는 없고 아동학대의 고의만 있었다고 다투는 경우, 아동학대살해의 범의가 인정되는지 판단하는 기준

판결 요지

「아동학대범죄의 처벌 등에 관한 특례법」(이하 '아동학대처벌법'이라 한다)은
아동의 양육이 가족구성원 차원의 과제일 뿐만 아니라
사회구성원 모두의 관심이 필요한 사안이라는 인식 하에
아동학대에 대한 강력한 대처와 예방을 통해
아동이 건강한 사회구성원으로
성장하도록 하기 위하여 제정되었다.

제정 당시 아동학대처벌법은
아동학대범죄의 처벌에 관한 특례로
아동학대치사죄를 규정하여
아동학대범죄를 범한 사람이 아동을 사망에 이르게 한 때에는
무기 또는 5년 이상의 징역에 처하도록 가중 처벌하였고,
아동을 살해한 경우에는

형법상 살인죄에 해당하여
사형, 무기 또는 5년 이상의 징역에 처하고 있었다.

그 후 2021. 3. 16. 법률 제17932호로
아동학대처벌법이 개정되면서,
아동학대범죄를 범한 사람이 아동을 살해한 경우에는
그 행위의 비난 가능성 등을 고려하여
일반 살인죄보다 중하게 처벌할 필요가 있다고 보고
아동학대살해죄가 신설되었다. • 2021년 아동학대살인죄 신설

아동학대처벌법 제4조 제1항은
보호자(친권자, 후견인, 아동을 보호·양육·교육하거나
그러한 의무가 있는 자 또는 업무·고용 등의 관계로
사실상 아동을 보호·감독하는 자)에 의한 아동학대로서
형법 제257조 제1항(상해), 제260조 제1항(폭행), 제271조 제1항(유기), 제276조 제1항(체포, 감금) 등
일정한 아동학대범죄를 범한 사람이 아동을 살해한 때에는
사형, 무기 또는 7년 이상의 징역에 처하도록 규정하고 있다.

아동학대살해죄에서 살해의 범의의 인정 기준은
살인죄에서의 범의의 인정 기준과 같다고 보아야 한다.

아동학대살해의 범의는
반드시 살해의 목적이나
계획적인 살해의 의도가 있어야 인정되는 것은 아니고,
자기의 행위로 인하여
아동에게 사망이라는 결과가 발생할 가능성
또는 위험이 있음을 인식하거나 예견하면 족한 것이며,

그 인식이나 예견은 확정적인 것은
물론 불확정적인 것이라도 이른바 미필적 고의로서
살해의 범의가 인정된다(대법원 2001. 3. 9. 선고 2000도5590 판결 등 참조). • 고의 판단기준

한편 피고인이
범행 당시 살해의 범의가 없다고 다투는 경우에는
피고인이 범행에 이르게 된 경위,
범행의 동기, 준비된 흉기의 유무·종류·용법,
공격 부위와 반복성,
사망의 결과 발생 가능성 정도,
범행 후 결과 회피 행동의 유무 등
범행 전후의 객관적 사정을 종합하여
살해의 범의가 있었는지를 판단하여야 한다
(대법원 2023. 1. 12. 선고 2022도11245, 2022보도52 판결 등 참조).

그런데 아동은
골격이나 근육, 장기 등이 발달과정에 있어 손상에 취약하고,
심리적·인지적으로도 미성숙하여
자신의 건강상태 등을 제대로 인식하지 못하고
의사표현방식도 성인과 같지 아니하다.

아동의 보호자가
자신에게 의존하는 아동을 학대하는 경우,
아동은 이러한 의존성, 취약성 등으로 인하여
스스로를 방어하거나 다른 사람에게 도움을 요청하는 등으로
이를 회피하기 어렵고,
그 학대 사실이 쉽게 드러나지 아니하여

학대행위가 지속적·반복적으로 저질러지거나
그로 인한 피해가 누적·심화되어
치명적인 결과가 발생하는 경우도 많다.

따라서 아동학대살해죄에서
피고인이 범행 당시 살해의 범의는 없고
아동학대의 고의만 있었다고 다투는 경우에는
이러한 아동과 아동학대범죄의 특성에 비추어
피고인과 피해아동의 관계,
피해아동의 나이·발달정도와 건강상태,
피고인 및 피해아동의 체격과 힘의 차이,
학대행위의 내용과 정도 및 반복성 등에 관한
객관적인 사정을 면밀히 살펴보아야 한다.

나아가 학대행위가 지속적·반복적으로 가하여진 경우
그로 인해 피해아동의 건강상태가 불량하게 변경되어
생활기능의 장애가 이미 심각한 수준에 이르렀는지,
피해아동의 나이·발달정도나 취약해진 건강상태를 고려할 때

중한 학대행위를 다시 가할 경우
피해아동이 사망에 이를 위험이 있다고
인식 또는 예견 가능한 상황이었는지,

피해아동의 사망 결과를 방지할 의무가 있는 보호자인 피고인이
그의 학대범죄로 생명침해의 위험에 이른
피해아동에 대하여 적절한 치료나
실효적인 구호조치를 취하였는지 혹은

피해아동이 사망에 이를 때까지

중한 학대행위를 계속하고 방관하거나 유기하였는지 등

범행 전후의 사정을 종합하여
피고인에게 아동학대살해의 범의가
인정되는지 여부를 판단하여야 한다.

판결 해설

대상판결 쟁점은 고의이다. 아동학대 살해 고의 판단기준이다. 「아동학대범죄의 처벌 등에 관한 특례법」 위반(아동학대살해)죄에서 살해의 고의가 인정되는지 문제되는 사건이다. 이 사건 아동학대 살인행위는 우리 사회를 큰 충격으로 몰아넣었다.

대법원은, 아동학대살해죄에서 살해의 범의의 인정 기준은 살인죄에서의 범의의 인정 기준과 같다고 보아야 한다. 아동학대살해의 범의는 반드시 살해의 목적이나 계획적인 살해의 의도가 있어야 인정되는 것은 아니고, 자기의 행위로 인하여 아동에게 사망이라는 결과가 발생할 가능성 또는 위험이 있음을 인식하거나 예견하면 족한 것이다. 여기서 그 인식이나 예견은 확정적인 것은 물론 불확정적인 것이라도 이른바 미필적 고의로서 살해의 범의가 인정된다고 판시하였다.

이 사안에서 피고인에게 아동학대살해의 범의를 인정하였다. 3일에 걸쳐 피해아동이 사망할 때까지 심한 구타와 결박을 반복하는 등 중한 학대행위를 계속하여 감행하였다. 나아가 신속히 치료와 구호를 받아야 할 상황에 있던 피해아동을 아무런 조치 없이 방치하였다. 피고인에게 적어도 아동학대살해죄의 미필적 고의는 있었다고 볼 여지가 크다고 판단하였다.

대상판결은 고의·아동학대·살해 고의 판단기준 법리를 명확히 설명한다. ① 사망 위험에 대한 인식 또는 예견가능성·② 구호조치·③ 방관과 유기이다. 대법원 판결은 타당하다.

06

고 의

사기 고의 판단기준

보이스피싱 현금수거책의 사기 등 고의 인정 여부가 문제된 사건

대법원 2024. 12. 12. 선고 2024도10141 판결
[사기·사문서위조·위조사문서행사·범죄수익은닉의규제및처벌등에관한법률위반·공문서위조·위조공문서행사·금융실명거래및비밀보장에관한법률위반·주민등록법위반]

[공소사실 요지]

피고인이 성명불상의 보이스피싱 조직원의 제의에 따라 현금수거책으로 범행에 가담하여 피해자들로부터 현금을 건네받으면서 금융기관, 금감원장 명의의 공·사문서를 위조, 행사하고, 위와 같이 받은 돈을 타인의 계좌에 타인의 이름으로 무통장입금함으로써 타인의 주민등록번호를 사용하거나 타인 실명으로 금융거래를 하였다. • **요약**

검사는 피고인을 사기 등으로 기소하였다.

피고인은 2022. 1. 6.경 인터넷 구직사이트를 통해서 알게 된 성명불상의 보이스피싱 조직원의 제의에 따라 보이스피싱 조직이 정부기관이나 금융기관 등을 사칭하여 불특정 다수의 피해자들에게 기존 채무를 상환하면 대출이 가능하다거나 범죄에 연루되었으니 현금을 인출하라는 등의 거짓말을 하여 이에 속은 피해자들이 현금을 준비하여 기다리고 있으면, 피해자들을 만나 현금을 교부받은 다음 이를 보이스피싱 조직이 지정한 계좌로 무통장입금을 하는 등 보이스피싱 조직의 현금수거책으로 범행에 가담하기로 하였다.

가. 대전지방법원 2022고단1729

(1) 성명불상의 보이스피싱 조직원은 2022. 1. 19.경 피해자 공소외 1에게 전화하여 대출과 관련하여 거짓말을 하였고, 피고인은 위 조직원과 순차

공모하여 같은 날 15:44경 피해자 공소외 1로부터 3,000만 원을 건네받아 이를 편취하였다.

(2) 성명불상의 보이스피싱 조직원은 2022. 1. 19.경 피해자 공소외 2에게 전화하여 본인의 계좌가 범죄에 연루된 것처럼 거짓말을 하였고, 피고인은 위 조직원과 순차 공모하여 같은 날 19:48경 피해자 공소외 2로부터 630만 원을 건네받아 이를 편취하였다.

나. 대전지방법원 2022고단3387

(1) 성명불상의 보이스피싱 조직원은 2022. 1. 14.경 피해자 공소외 3에게 전화하여 대출과 관련하여 거짓말을 하였고, 피고인은 위 조직원과 순차 공모하여 2022. 1. 17. 17:20경 피해자 공소외 3으로부터 900만 원을 교부받아 이를 편취하였다.

(2) 피고인은 2022. 1. 17.경 성명불상의 보이스피싱 조직원과 공모하여 그로부터 카카오톡으로 사문서인 주식회사 페퍼저축은행 명의의 '대출 분납 증명서' 1장을 전송받아 이를 출력하는 방법으로 위조하고, 그 위조 사실을 모르는 공소외 3에게 교부하여 행사하였다.

다. 대전지방법원 2022고단3481

(1) 피고인은 성명불상의 보이스피싱 조직원과 공모하여 2022. 1. 19.경 보이스피싱 사기범행의 피해자 공소외 1로부터 받은 현금 3,000만 원을 같은 날 성명불상의 여성전달책에게 전달하여 소재를 불명하게 함으로써 특정범죄를 조장하거나 적법하게 취득한 재산으로 가장할 목적으로 범죄수익을 은닉하였다.

(2) 피고인은 성명불상의 보이스피싱 조직원과 공모하여 2022. 1. 19.경 보이스피싱 사기범행의 피해자 공소외 2로부터 받은 현금 630만 원 중 자신의 수당 30만 원을 제외한 600만 원을 제3자의 주민등록번호를 사용하여 번호불상의 계좌로 100만 원씩 무통장 송금하여 마치 피고인이 아닌 제3자가 위 계좌명의인에게 송금하는 것처럼 가장함으로써 범죄수익의 취득 및 처분에 관한 사실을 가장하였다.

라. 대전지방법원 2022고단3717

(1) 성명불상의 보이스피싱 조직원은 2022. 1. 6.경 피해자 공소외 4에게 전화하여 대출과 관련하여 거짓말을 하였고, 피고인은 위 조직원과 순차 공모하여 2022. 1. 12. 17:00경 피해자 공소외 4로부터 600만 원을 교부

받아 이를 편취하였다.

(2) 성명불상의 보이스피싱 조직원은 2022. 1. 19.경 피해자 공소외 5에게 전화하여 본인의 계좌가 범죄와 연루된 것처럼 거짓말을 하였고, 피고인은 위 조직원과 순차 공모하여 피해자 공소외 5로부터 2022. 1. 20. 13:21경 1,700만 원, 같은 날 14:52경 570만 원을 각 교부받아 이를 편취하였다.

(3) 피고인은 2022. 1. 20.경 성명불상의 보이스피싱 조직원과 공모하여 그로부터 카카오톡으로 공문서인 금융감독원장 명의의 '금융범죄계좌추적 민원서' 1장을 전송받아 이를 출력하여 위조하고, 같은 날 13:21경 그 위조 사실을 모르는 공소외 5에게 교부하여 행사하였다.

(4) 피고인은 2022. 1. 12.경 성명불상의 보이스피싱 조직원과 공모하여 공소외 4로부터 받은 600만 원 중 599만 원을 위 조직원이 지정한 공소외 6 명의 농협은행 계좌로 송금하면서 카카오톡으로 전달받은 공소외 7, 공소외 8, 공소외 9, 공소외 10, 공소외 11, 공소외 12의 각 성명과 주민등록번호 등을 송금인 정보로 입력하여 다른 사람의 주민등록번호를 부정하게 사용하고, 불법재산의 은닉, 자금세탁행위 또는 탈법행위를 목적으로 타인의 실명으로 금융거래를 하였다.

(5) 피고인은 성명불상의 보이스피싱 조직원과 공모하여 위 4)항과 같은 방법으로 보이스피싱 사기 범죄수익의 취득 및 처분에 관한 사실을 가장하였다.

마. 대전지방법원 2022고단4568

(1) 성명불상의 보이스피싱 조직원은 2022. 1. 12.경 피해자 공소외 13에게 전화하여 대출과 관련하여 거짓말을 하였고, 피고인은 위 조직원과 순차 공모하여 2022. 1. 14.경 피해자 공소외 13으로부터 1,819만 원을 교부받아 이를 편취하였다.

(2) 피고인은 2022. 1. 12.경 성명불상의 보이스피싱 조직원과 공모하여 그로부터 카카오톡으로 사문서인 주식회사 KB캐피탈 채권추심팀 공소외 14 명의의 '부채상환(완납)증명 내역서' 1장을 전송받고 2022. 1. 13.경 이를 출력하여 이를 위조하고, 2022. 1. 14.경 그 위조 사실을 모르는 공소외 13에게 교부하여 행사하였다.

[법리 쟁점]

보이스피싱 범죄조직과 공모하여 현금수거책으로 가담하여 사기 등 범죄

를 저지른 경우 행위자에 대한 고의의 판단기준

[참조조문]

[1] 형법 제13조, 제30조, 제347조, 형사소송법 제308조 [2] 형법 제13조, 제30조, 제347조, 형사소송법 제308조

[참조판례]

[1] 대법원 1997. 9. 12. 선고 97도1706 판결(공1997하, 3215); 대법원 2005. 5. 12. 선고 2005도1148 판결; 대법원 2013. 8. 23. 선고 2013도5080 판결

[원심 판단]

제1심법원은 피고인에게 유죄를 선고하였다.

원심법원은 피고인에게 무죄를 선고하였다.

원심은, 원심이 인정한 여러 사정에 비추어 피고인에게 사기죄 등에 대한 고의가 없다고 보아, 유죄를 선고한 제1심판결을 파기하고 무죄로 판단하였다.

검사가 상고하였다.

[대법원 판단]

대법원은 원심판결을 파기하고, 사건을 대전지방법원에 환송한다.

대법원은, ① 보이스피싱 조직의 운영현실을 고려할 때, 피고인이 반드시 보이스피싱 범행의 실체와 전모를 전체적으로 파악하고 있어야만 각각의 범죄의 공동정범이 되는 것은 아니고, 보이스피싱 범행의 수법 및 폐해는 오래전부터 언론 등을 통해 사회에 널리 알려져 있는 점,

② 피고인은 비정상적이거나 이례적인 절차로 거액의 현금수거업무를 맡게 되었다고 보이는 점,

③ 피고인의 현금수거 및 송금 또는 전달방식은 통상의 수금방식이 아니고, 이례적 절차로 채용한 피고인에게 거액의 현금수거업무를 맡기는 경우는 보이스피싱 등이 아니면 상정하기 어려운 점,

④ 피고인은 자신의 업무가 불법임을 인식할 수 있는 계기가 있었던 이후에도 계속하여 업무를 한 점,

⑤ 피고인이 현금수거업무를 하면서 그 금액도 확인하지 않고, 보수지급 절차도 이례적인 점,

⑥ 피고인이 출력하여 피해자들에게 교부한 문서의 내용이 업무와 무관하고 내용이나 형식도 조악한 점,
⑦ 피고인의 연령과 사회경험에 비추어 피고인에게는 적어도 이 사건 사기죄 등에 대한 미필적 고의가 있었다고 볼 여지가 크다고 보아, 이와 달리 판단한 원심을 파기·환송하였다.

낭독 형법 판결문 06

대법원 2024. 12. 12. 선고 2024도10141 판결 [사기·사문서위조·위조사문서행사·범죄수익은닉의규제및처벌등에관한법률위반·공문서위조·위조공문서행사·금융실명거래및비밀보장에관한법률위반·주민등록법위반]
〈보이스피싱 현금수거책의 사기 등 고의 인정 여부가 문제된 사건〉

판시 사항

[1] 공모공동정범의 성립요건 및 사기의 공모공동정범이 기망방법을 구체적으로 몰랐던 경우에도 공모관계가 인정되는지 여부(적극) / 하나의 범죄행위에 관여한 여러 사람 중 한 명인 피고인이 자신의 행위가 범죄에 이용된다는 사실을 모르고 행위에 나아간 경우, 피고인에게 죄책을 물을 수 있는지 여부(소극) 및 외형적으로 볼 때 피고인이 범죄를 구성하는 일부의 행위를 실행하였음에도 자신의 행위가 범죄에 이용된다는 사실을 모르고 행위를 하였을 뿐이라면서 공모사실이나 범행의 고의를 부인하는 경우, 피고인의 범의나 공모사실을 인정하는 방법
[2] 전화 등 전기통신수단을 이용한 금융사기 조직범죄(보이스피싱)에서 현금수거책의 공모사실이나 범의의 내용 및 정도 / 보이스피싱 현금수거책인 피고인이 현금수거 사실을 인정하면서도 공모사실이나 사기죄의 고의를 부인하고, 공모사실이나 고의를 증명할 다른 보이스피싱 조직원 등 범행 관련자들의 진술도 없는 경우, 피고인의 공모사실이나 고의를 인정하는 방법

판결 요지

[1] 2인 이상이 범죄에 공동가공하는 공범관계에서 공모는
법률상 어떤 정형을 요구하는 것이 아니고
2인 이상이 공모하여 범죄에 공동가공하여
범죄를 실현하려는 의사의 결합만 있으면 되는 것으로서, 성립한다.
비록 전체의 모의과정이 없다고 하더라도
수인 사이에 순차적으로 또는 암묵적으로 상통하여
그 의사의 결합이 이루어지면 공모관계가 성립하고,
이러한 공모가 이루어진 이상
실행행위에 직접 관여하지 아니한 자라도
다른 공범자의 행위에 대하여 공동정범으로서 형사책임을 진다.

사기의 공모공동정범이
그 기망방법을 구체적으로 몰랐다고 하더라도
공모관계를 부정할 수 없다.
한편 하나의 범죄행위에 관여한 여러 사람 중 한 명인 피고인이
자신의 행위가 범죄에 이용된다는 사실을 모르고
그 행위에 나아간 경우에는
그 피고인에게 고의가 없어서 죄책을 물을 수 없다.

하지만, 외형적으로 볼 때
피고인이 범죄를 구성하는 일부의 행위를 실행하였음에도
자신의 행위가 범죄에 이용된다는 사실을 모르고
그 행위를 하였을 뿐이라면서
공모사실이나 범행의 고의를 부인하는 경우,
그 범행 관련자들의 진술을 통하여
공모사실이나 범행의 고의를 증명할 방법이 없다는 이유만으로
무조건 피고인이 그 범죄사실을 인식하거나 혹은

공모한 사실이 인정되지 않는다고 할 것이 아니라,
사물의 성질상 피고인의 범의 내지 공모사실과
상당한 관련성이 있는 간접사실 또는 정황사실을 종합하여
그 범의나 공모사실을 인정할 수 있는지를 살펴보아야 한다.

무엇이 상당한 관련성이 있는 간접사실에 해당할 것인가는
정상적인 경험칙에 바탕을 두고
치밀한 관찰력이나 분석력에 의하여
사실의 연결 상태를 합리적으로 판단하는 방법에 의하여야 한다.

[2] 전화 등 전기통신수단을 이용한 금융사기 조직범죄
(이하 '보이스피싱'이라 한다)에서
현금수거책의 공모사실이나 범의는
다른 공범과 순차적으로 또는 암묵적으로 상통함으로써
범죄에 공동가공하여
범죄를 실현하려는 의사가 결합되어
피해자의 현금을 수거한다는 사실을 인식하는 것으로 족하다.

이러한 인식은 미필적인 것으로도 충분하고
전체 보이스피싱 범행방법이나 내용까지
구체적으로 인식할 것을 요하지는 않는다.

보이스피싱 현금수거책인 피고인이
현금수거 사실을 인정하면서도
공모사실이나 사기죄의 고의를 부인하고,
공모사실이나 고의를 증명할
다른 보이스피싱 조직원 등 범행관련자들의 진술도 없는 경우,

그 공모사실이나 고의의 인정여부는

현금수거책과 보이스피싱 조직원인 공범 사이에 이루어진
의사연락의 내용과 그 연락수단,
현금수거업무를 맡긴 사람을 직접 대면하였는지,
그 과정에 근로계약서나 업무위탁계약서 등이
정상적으로 작성되었는지 등을 비롯하여
현금수거업무를 담당하게 된 경위와 과정이
통상적인 것이라고 볼 수 있는지 여부,
현금수거업무의 구체적 내용과 절차,
현금수거를 위해 피해자를 만났을 때
피해자에게 보인 행태와 언동,
현금수거를 위해 사용한 구체적 수단,

특히 피해자에게 제시하거나
교부한 공문서나 사문서 등이 있는 경우
그 문서의 생성, 작성 경위, 그 내용 및 작성명의자 등과
피고인이 맡은 현금수거업무의 관련성,
피고인의 현금수거 횟수와 수거액의 규모,
수거한 현금을 다시 다른 사람의 금융계좌 등으로
전달, 교부, 송금할 때 사용한 방법,
특히 제3자의 성명, 주민등록번호 등
개인정보를 사용하였는지 여부,
보수의 정도나 그 지급방식, 피고인의 나이, 지능, 경력 등과 같은
여러 사정을 종합적으로 고려하여
합리적으로 판단하는 방법에 의하여야 한다.

[3] 피고인이 이 사건 당시 47세로
간판, 현수막과 관련한 자영업을 약 17년 정도 하다가 그만두고
택배, 식당일 등을 한 경력이 있었던 점 등까지 더하여 보면,

피고인은 이러한 현금수거업무가 보이스피싱 등
범행에 가담하는 것임을 알았거나
미필적으로나마 인식하였던 것으로 보인다.
그런데도 원심은 판시와 같은 이유로
이 사건 공소사실에 대하여 무죄로 판단하였다.
이러한 원심의 판단에는 논리와 경험의 법칙을 위반하여
자유심증주의의 한계를 벗어나거나
사기죄 등의 고의에 관한 법리를 오해하는 등으로
판결에 영향을 미친 잘못이 있다.
이를 지적하는 검사의 상고이유 주장은 이유 있다.
그러므로 나머지 상고이유에 대한 판단을 생략한 채
원심판결을 파기하고 사건을 다시 심리·판단하도록
원심법원에 환송하기로 하여,
관여 대법관의 일치된 의견으로 주문과 같이 판결한다.

판결 해설

대상판결 쟁점은 고의이다. 사기 고의 판단기준이다. 보이스피싱 현금수거책의 사기 등 고의 인정 여부가 문제된 사건이다.

대법원은, 피고인이 이 사건 당시 47세로 간판, 현수막과 관련한 자영업을 약 17년 정도 하다가 그만두고 택배, 식당일 등을 한 경력이 있었던 점 등까지 더하여 보면, 피고인은 이러한 현금수거업무가 보이스피싱 등 범행에 가담하는 것임을 알았거나 미필적으로나마 인식하였던 것으로 보인다고 판단하였다.

대상판결은 고의·사기 고의 판단기준·보이스피싱 현금수거책의 사기 등 고의 인정 법리를 명확히 설명한다. 대법원 판결은 타당하다. 국가고시·변호사시험 선택형으로 출제 가능성이 있다.

고의론

1. 고의

고의故意란 행위자 정신이다. 사실을 인식하고 구성요건 실현을 의욕 또는 인용한다. 구성요건에서 객관 요소이다. 고의가 '행위의 방향'을 결정짓는 측면에서 '행위반가치'의 판단대상이 된다. 행위자 '의사형성'을 반영하는 측면에서 '심정반가치'의 판단대상이 된다. 이중지위설은 행위반가치로서 고의를 구성요건 고의라 한다. 심정반가치로서 고의를 책임고의라 부른다(임웅, 형법총론, 제13정판, 법문사, 2023, 169－186면).

2. 미필적 고의

'미필적 고의'란 "구성요건 실현이 불확실하지만, 행위자는 이를 가능한 것으로 인식하고, 구성요건실현을 인용한 경우"를 말한다. 행위자가 가능하다고 인식한 결과 발생에 내심으로 동의한 경우, 결과가 발생해도 부득이한 것으로 본다. '인용'(용인)한 경우, 발생 위험을 감수한 경우, 고의가 있다. 고의가 부정되면 과실을 인정한다. 대법원은 미필적 고의에 대하여 고의 성립을 긍정한다.

3. 고의 대상

고의 대상은 "구성요건에서 객관 요소에 해당하는 모든 사실"이다. 행위주체·행위객체·행위(태양), 결과범에서 결과, 인과관계이다. 고의는 '행위시'에, 즉 실행 착수부터 실행행위가 종료하기까지 존재해야 한다.

4. 확정고의와 불확정고의

확정 고의와 불확정 고의가 있다. 불확정 고의는 결과발생 대상 중 어느 대상에서 결과가 발생할 것인지 불확실하게 인식한 경우이다. 행위자가 제1행위로 발생한 것으로 오신하였으나, 의도한 결과가 제2행위로 발생한 경우이다. '택일 고의'는 결과발생 대상을 다자택일·양자택일하여 인식한 경우이다.

07

고 의
자폐장애인 '추행' 고의 판단기준

자폐성 장애 겸 지적장애인이 '추행'을 하였는지 여부에 관한 사건

대법원 2024. 1. 4. 선고 2023도13081 판결
[성폭력범죄의처벌등에관한특례법위반(공중밀집장소에서의추행)]

[공소사실 요지]

피고인은 자폐성 장애 등으로 사물을 변별할 능력이나 의사를 결정할 능력이 미약한 상태에서 다음과 같이 범행하였다. 피고인은 2021. 6. 24. 23:15경 부산도시철도 1호선 서면역에서 다대포 해수욕장역으로 운행 중인 1938호 전동차에서, 피해자 공소외인(여, 19세)의 옆자리에 앉아 피해자의 왼팔 상박 맨살에 자신의 오른팔 상박 맨살을 비비고, 피해자가 이를 피해 옆 좌석으로 이동하자 재차 피해자의 옆자리로 이동하여 위와 같은 방법으로 대중교통수단인 전동차에서 피해자를 추행하였다.
검사는 피고인을 성폭력범죄의 처벌 등에 관한 특례법 제11조 위반죄로 기소하였다.

[법리 쟁점]

[1] '추행'의 고의를 부인하는 경우의 판단기준 및 피고인이 장애인인 경우의 심리상 유의점
[2] 피고인이 제출한 증거가 피고인의 주장 사실을 인정하기에 부족하다는 이유로 유죄를 선고할 수 있는지 여부(소극)
[3] 성범죄 사건을 심리할 때 '성인지적 관점'의 의미와 한계
[4] 공소사실을 부인하는 내용이 기재된 피의자신문조서에 관하여 증거동의 한 경우 그 중 일부만을 발췌하여 유죄의 증거로 사용할 수 있는지 여부(소극)

[참조조문]

[1] 성폭력범죄의 처벌 등에 관한 특례법 제11조 [2] 헌법 제27조 제4항, 형사소송법 제275조의2, 제307조 제2항 [3] 형사소송법 제307조, 제308조, 양성평등기본법 제5조 제1항 [4] 형사소송법 제307조, 제308조

[참조판례]

[1] 대법원 2020. 6. 25. 선고 2015도7102 판결(공2020하, 1550) [2] 대법원 2012. 6. 28. 선고 2012도231 판결(공2012하, 1367); 대법원 2017. 10. 31. 선고 2016도21231 판결(공2017하, 2258) [3] 대법원 2018. 10. 25. 선고 2018도7709 판결(공2018하, 2294)

[원심 판단]

제1심법원은 피고인에게 유죄를 선고하였다.

원심법원은 피고인에게 유죄를 선고하였다.

원심은, ① 피고인의 지하철 내에서의 이동경로 및 신체적 접촉 정도 등에 관한 피해자 및 목격자의 진술 내용을 고려하면, 피고인 측이 제출한 소견서 등만으로는 자폐성 장애에 따른 '상동행동'으로서 추행의 고의가 없었다고 단정하기 어렵다는 취지의 제1심판결 이유를 인용하면서,

② 피고인이 자폐성 장애 및 2급 지적장애인으로서 언어·사회성 등의 발달이 지연되어 사회적 관습과 규칙을 이해하고 내면화하는 것에 어려움이 있는 것으로 보이지만, 2016년 실시된 피고인에 대한 심리평가결과와 수사과정에서의 일부 질문에 대한 답변 내용에 비추어, 피고인의 지적 또는 의지적 상태가 자신이 한 행동의 사회적 의미를 전혀 이해하지 못하는 수준의 상태에 해당한다고 볼 정도는 아닌 점,

③ 피고인이 피해자의 맞은편에 앉아 있다가 피해자 옆으로 옮겨 앉은 후 공소사실 기재와 같은 행위를 한 점에 비추어 자폐성 장애로 인한 상동행동에 기인한 것이라고 보기 어려운 점 등을 추가적인 이유로 하여, 추행의 고의를 부인하는 피고인의 주장을 배척하고 공소사실을 유죄로 판단하였다.

피고인이 상고하였다.

[대법원 판단]

대법원은 원심판결을 파기하고, 사건을 서울동부지방법원에 환송한다.

대법원은, ① 피고인이 피해자를 따라간 것처럼 계속 자리를 이동하였다는 점에 관해서는 “자폐성 장애로 인한 ‘빈자리 채워 앉기에 관한 강박 증상’의 발현에 불과하다.”는 피고인의 주장 및 장애 상태와 이를 뒷받침하는 객관적 발현 증상에 관한 이론적 근거도 존재하는 것으로 보이는 점,
② 피해자가 피고인이 상박 중 일부를 고의로 비볐다고 생각한 것은 자폐성 장애로 인하여 피고인도 의식하지 못한 채 별다른 의미 없이 팔을 위아래로 움직이는 ‘상동행동’의 일환일 가능성을 배제하기 어려운 점,
③ ‘피고인이 제출한 증거만으로는 자폐성 장애에 따른 상동행동으로서 추행의 고의가 없었다고 단정하기는 어렵다.’는 취지의 원심의 판단은 헌법상 무죄추정의 원칙은 물론 형사소송법상 증거재판주의 및 검사의 증명책임에 반한다고 볼 여지가 큰 점,
④ 피해자 진술만으로는 추행의 고의를 부인하는 피고인의 주장을 배척하기에 충분할 정도에 이르렀다고까지 단정할 수 없는 점,
⑤ 피고인이 일관되게 공소사실을 부인하는 내용의 경찰 작성 피의자신문조서는 증거동의를 하였기에 증거능력 자체는 인정되지만, 원심이 그 중 일부 내용만을 근거로 피고인의 진술태도나 지적상태·인지능력 등과 같은 피고인의 상태를 추단한 후 이를 공소사실을 뒷받침하는 유죄의 증거로 사용하는 것은 허용될 수 없는 점 등을 종합하면, 피고인에게 추행의 고의를 인정하기 어렵다고 보아, 이와 달리 판단한 원심판결을 파기·환송하였다.

낭독 형법 판결문 07

대법원 2024. 1. 4. 선고 2023도13081 판결 [성폭력범죄의처벌등에관한특례법위반(공중밀집장소에서의추행)]

<자폐성 장애 겸 지적장애인이 ‘추행’을 하였는지 여부에 관한 사건>

판시 사항

[1] 성폭력범죄의 처벌 등에 관한 특례법 제11조의 ‘공중 밀집 장소에서의 추행죄’에서 ‘추행’의 의미 / 피고인이 추행의 고의를 부인하는 경우, 이를 증명하는 방법으로 고의와 상당한 관련성 있는 간접사실을 판

단하는 방법 / 이는 피고인이 자폐성 장애인이거나 지적장애인에 해당하는 경우에도 마찬가지인지 여부(적극)
[2] 법관이 검사가 제출한 증거와 피고인이 제출한 증거를 종합하여 볼 때 공소사실에 관하여 조금이라도 합리적인 의심이 있는 경우, 피고인이 제출한 증거만으로 피고인의 주장 사실을 인정하기에 부족하다는 이유를 들어 공소사실에 관하여 유죄판결을 선고할 수 있는지 여부(소극)
[3] 법원이 성범죄 사건을 심리할 때 유지해야 하는 '성인지적 관점'의 의미 및 성범죄 피해자 진술의 증명력을 배척 내지 인정하는 방법
[4] 형사소송법이 공판중심주의의 한 요소로 채택하고 있는 실질적 직접심리주의의 내용과 취지 / 피고인이 수사과정에서 공소사실을 부인하였고 그 내용이 기재된 피의자신문조서 등에 관하여 증거동의를 한 경우, 그중 일부만 발췌하여 유죄의 증거로 사용할 수 있는지 여부(소극)

판결 요지

[1] **「성폭력범죄의 처벌 등에 관한 특례법」**
(이하 '성폭력처벌법'이라 한다) 제11조의
'공중 밀집 장소에서의 추행죄'의 '추행'이란
일반인을 기준으로 객관적으로 성적 수치심이나
혐오감을 일으키게 하고
선량한 성적 도덕관념에 반하는 행위로서
피해자의 성적 자기결정권을 침해하는 것을 의미한다(대법원 2020. 6. 25. 선고 2015도7102 판결 참조).

성폭력처벌법 제11조 위반죄가 성립하기 위해서는
주관적 구성요건으로서 추행을 한다는 인식을 전제로 적어도
미필적으로나마 이를 용인하는 내심의 의사가 있어야 하므로,
피고인이 추행의 고의를 부인하는 경우에는
고의와 상당한 관련성이 있는 간접사실을
증명하는 방법에 따를 수밖에 없다.

이 경우 피고인의 나이·지능·지적능력 및 판단능력, 직업 및 경력,
피고인이 공소사실 기재 행위에 이르게 된 경위와 동기,
피고인과 피해자의 관계, 구체적 행위 태양 및 행위 전후의 정황,
피고인의 평소 행동양태·습관 등
객관적 사정을 종합하여 판단해야 하고,
피고인이 고의로 추행을 하였다고 볼 만한 징표와
어긋나는 사실의 의문점이 해소되어야 한다.

이는 피고인이 자폐성 장애인이거나
지적장애인에 해당하는 경우에도 마찬가지로서,
외관상 드러난 피고인의 언행이
비장애인의 관점에서 이례적이라거나
합리적이지 않다는 이유만으로
함부로 고의를 추단하거나
이를 뒷받침하는 간접사실로 평가하여서는 아니 되고,
전문가의 진단이나 감정 등을 통해 피고인의 장애 정도,
지적·판단능력 및 행동양식 등을 구체적으로 심리한 후
피고인이 공소사실 기재 행위 당시
특정 범행의 구성요건 해당 여부에 관한 인식을 전제로
이를 용인하는 내심의 의사까지 있었다는 점에 관하여
합리적인 의심을 할 여지가 없을 정도의 확신에 이르러야 한다.

[2] 형사피고인은
유죄의 판결이 확정될 때까지는 무죄로 추정된다(헌법 제27조 제4항, 형사소송법 제275조의2).

무죄추정의 원칙은
수사를 하는 단계뿐만 아니라

판결이 확정될 때까지
형사절차와 형사재판 전반을 이끄는 대원칙으로서,
'의심스러우면 피고인의 이익으로'라는
오래된 법언에 내포된 것이며
우리 형사법의 기초를 이루고 있다(대법원 2017. 10. 31. 선고 2016도 21231 판결 등 참조).
형사소송법 제307조 제2항이
"범죄사실의 인정은 합리적인 의심이 없는 정도의 증명에
이르러야 한다."라고 정한 것의 의미는,
법관은 검사가 제출하여 공판절차에서
적법하게 채택·조사한 증거만으로 유죄를 인정하여야 하고,
법관이 합리적인 의심을 할 여지가 없을 만큼 확신을
가지는 정도의 증명력을 가진 엄격한 증거에 의하여
공소사실을 증명할 책임은 검사에게 있다는 것이다.
결국 검사가 법관으로 하여금
그만한 확신을 가지게 하는 정도로 증명하지 못한 경우에는
설령 피고인의 주장이나 변명이 모순되거나
석연치 않은 면이 있는 등
유죄의 의심이 가는 사정이 있다고 하더라도
피고인의 이익으로 판단하여야 한다(대법원 2012. 6. 28. 선고 2012도 231 판결 등 참조).
따라서 피고인이 유리한 증거를 제출하면서
범행을 부인하는 경우에도
공소사실에 대한 증명책임은 여전히 검사에 있고, • 입증책임 검사

피고인이 공소사실과 배치되는 자신의 주장 사실에 관하여
증명할 책임까지 부담하는 것은 아니므로,

검사가 제출한 증거와 피고인이 제출한 증거를 종합하여 볼 때
공소사실에 관하여 조금이라도 합리적인 의심이 있는 경우에는
무죄를 선고하여야 할 것이지,
피고인이 제출한 증거만으로
피고인의 주장 사실을 인정하기에 부족하다는 이유를 들어
공소사실에 관하여 유죄 판결을 선고하는 것은
헌법상 무죄추정의 원칙은 물론
형사소송법상 증거재판주의 및
검사의 증명책임에 반하는 것이어서 허용될 수 없다. • 무죄추정원칙

[3] 성범죄 사건을 심리할 때에는
사건이 발생한 맥락에서 성차별 문제를 이해하고
양성평등을 실현할 수 있도록
'성인지적 관점'을 유지하여야 하므로,한다.
개별적·구체적 사건에서
성범죄 피해자가 처하여 있는 특별한 사정을
충분히 고려하지 않은 채
피해자 진술의 증명력을 가볍게 배척하는 것은
정의와 형평의 이념에 입각하여
논리와 경험의 법칙에 따른 증거판단이라고 볼 수 없지만없다.
(대법원 2018. 10. 25. 선고 2018도7709 판결 등 참조),
이는 성범죄 피해자 진술의 증명력을
제한 없이 인정하여야 한다거나
그에 따라 해당 공소사실을
무조건 유죄로 판단해야 한다는 의미는 아니다.
(가) 성범죄 피해자 진술에 대하여
성인지적 관점을 유지하여 보더라도,

진술 내용 자체의 합리성·타당성뿐만 아니라
객관적 정황, 다른 경험칙 등에 비추어
증명력을 인정할 수 없는 경우가 있을 수 있다.
(나) 또한 피고인은 물론 피해자도
하나의 객관적 사실 중 서로 다른 측면에서
자신이 경험한 부분에 한정하여 진술하게 되고,
여기에는 자신의 주관적 평가나 의견까지
어느 정도 포함될 수밖에 없으므로,
하나의 객관적 사실에 대하여
피고인과 피해자 모두 자신이
직접 경험한 사실만을 진술하더라도
그 내용이 일치하지 않을 가능성이 항시 존재한다.
즉, 피고인이 일관되게 공소사실 자체를 부인하는 상황에서
공소사실을 인정할 직접적 증거가 없거나,
피고인이 공소사실의 객관적 행위를 한 사실은 인정하면서도
고의와 같은 주관적 구성요건만을 부인하는 경우 등과 같이
사실상 피해자의 진술만이 유죄의 증거가 되는 경우에는,
피해자 진술의 신빙성을 인정하더라도
피고인의 주장은 물론 피고인이 제출한 증거,
피해자 진술 내용의 합리성·타당성, 객관적 정황과
다양한 경험칙 등에 비추어
피해자의 진술만으로 피고인의 주장을 배척하기에
충분할 정도에 이르지 않아
법관으로 하여금 합리적인 의심을 할 여지가 없을 정도로
공소사실이 진실한 것이라는 확신을 가질 수 없게 되었다면,
피고인의 이익으로 판단하여야 한다. • 의심이 있을 때 피고인 이익으로 판단

[4] 형사소송법은
형사사건의 실체에 대한 유죄·무죄의 심증 형성은
법정에서의 심리에 의하여야 한다는
공판중심주의의 한 요소로서,
법관의 면전에서 직접 조사한 증거만을
재판의 기초로 삼을 수 있고있다. • 공판중심주의

증명 대상이 되는 사실과 가장 가까운 원본 증거를
재판의 기초로 삼아야 하며
원본 증거의 대체물 사용은
원칙적으로 허용되어서는 안 된다는
실질적 직접심리주의를 채택하고 있다. • 실질적 직접심리주의

이는 법관이 법정에서
직접 원본 증거를 조사하는 방법을 통하여
사건에 대한 신선하고 정확한 심증을 형성할 수 있고
피고인에게
원본 증거에 관한 직접적인 의견진술의 기회를 부여함으로써
실체적 진실을 발견하고
공정한 재판을 실현할 수 있기 때문이다. • 반대신문권 보장

반면, 수사기관이 작성한 진술조서는
수사기관이 피조사자에 대하여
상당한 시간에 걸쳐 이루어진
문답 과정을 그대로 옮긴 '녹취록'과는 달리
수사기관의 관점에서
조사결과를 요약·정리하여 기재한 것에 불과할 뿐만 아니라불과하다.
진술의 신빙성 유무를 판단할 때

가장 중요한 요소 중 하나인 진술 경위는
물론 피조사자의 진술 당시 모습·표정·태도, 진술의 뉘앙스,
지적능력·판단능력 등과 같은
피조사자의 상태 등을
정확히 반영할 수 없는 본질적 한계가 있다. • 진술 신빙성 판단

따라서 피고인이 수사과정에서
공소사실을 부인하였고
그 내용이 기재된 피의자신문조서 등에 관하여
증거동의를 한 경우에는,
형사소송법에 따라 증거능력 자체가
부인되는 것은 아니지만,
전체적 내용이나 진술의 맥락·취지를 고려하지 않은 채
그 중 일부만을 발췌하여
유죄의 증거로 사용하는 것은
함부로 허용할 수 없다. • 전체 내용과 진술 맥락·취지 고려

특히 지적능력·판단능력 등과 같이
본질적으로 수사기관이 작성한 진술조서에
나타나기 어려운 피고인의 상태에 대해서는
공판중심주의 및 실질적 직접심리주의 원칙에 따라
검사가 제출한 객관적인 증거에 대하여
적법한 증거조사를 거친 후
이를 인정하여야 할 것이지, • 적법한 증거조사
공소사실을 부인하는 취지의
피고인의 진술이 기재된 피의자신문조서 중
일부를 근거로
이를 인정하여서는 아니 된다.

[5] 그럼에도 원심은 판시와 같은 이유로
공소사실을 유죄로 판단하였는바, 판단하였다.
이러한 원심의 판단에는
자폐성 장애 및 지적장애인의 정형적 행태와 관련된
행위의 추행성 여부에 대하여
논리와 경험의 법칙을 위반하여
자유심증주의의 한계를 벗어나거나 벗어났다.
성폭력처벌법 제11조에서 정한 추행의 고의에 관한 법리를
오해하여 필요한 심리를 다하지 아니함으로써
판결에 영향을 미친 잘못이 있다.

판결 해설

대상판결 쟁점은 고의이다. 자폐장애인 '추행' 고의 판단기준이다. 자폐성 장애 겸 지적장애인이 '추행'을 하였는지 여부에 관한 사건이다.

대법원은, 피고인이 추행의 고의를 부인하는 경우에는 고의와 상당한 관련성이 있는 간접사실을 증명하는 방법에 따를 수밖에 없다. 이 경우 피고인의 평소 행동양태·습관 등 객관적 사정을 종합하여 판단해야 하고, 피고인이 고의로 추행을 하였다고 볼 만한 징표와 어긋나는 사실의 의문점이 해소되어야 한다. 피고인이 공소사실 기재 행위 당시 특정 범행의 구성요건 해당 여부에 관한 인식을 전제로 이를 용인하는 내심의 의사까지 있었다는 점에 관하여 합리적인 의심을 할 여지가 없을 정도의 확신에 이르러야 한다고 판단하였다.

이 사안에서 피고인은 추행사실을 인식하지 못하였다고 보인다. 구성요건요소에 대한 인식과 의욕이 없다. 고의가 부정된다.

대상판결은 고의·자폐장애인 '추행' 고의 판단기준 법리를 명확히 설명한다. 대법원 판결은 타당하다. 국가고시·변호사시험 선택형으로 출제 가능성이 있다.

08

고 의
구성요건요소 인식

감항성 결함 미신고행위에 해당하는지 여부가 문제된 사건

대법원 2024. 7. 11. 선고 2021도7251 판결
[선박안전법위반·배임수재]

[공소사실 요지]

해물화물운송을 목적으로 설립된 법인과 그 임직원인 피고인들이 선박의 감항성에 결함이 있음을 인식하고도 이를 신고하지 않았다.

검사는 피고인들을 구 선박안전법(2020. 2. 18. 법률 제17028호로 개정되기 전의 것) 제74조 제1항, 제84조 제1항 제11호, 선박안전법 제2조 제6호 위반죄로 기소하였다.

[법리 쟁점]

구 선박안전법(2020. 2. 18. 법률 제17028호로 개정되기 전의 것) 제74조 제1항에 규정된 '선박 감항성의 결함'의 의미(=선박이 일정한 기상이나 항해조건에서 안전하게 항해할 수 있는 성능이 부족하거나 완전하지 못한 상태)

[참조조문]

구 선박안전법(2020. 2. 18. 법률 제17028호로 개정되기 전의 것) 제74조 제1항, 제84조 제1항 제11호, 선박안전법 제2조 제6호

[참조판례]

대법원 1996. 10. 11. 선고 94다60332 판결(공1996하, 3279); 대법원 2014. 5. 29. 선고 2013다1754 판결

[원심 판단]

제1심법원은 피고인들에게 유죄를 선고하였다.

원심법원은 피고인들에게 유죄를 선고하였다.

원심은, 감항성 결함 미신고로 인한 선박안전법 위반이 인정된다고 보아 피고인들을 유죄로 판단하였다. 피고인 1에 대한 공소사실 중 복원성유지의무 위반으로 인한 선박안전법 위반 부분, 피고인 3, 피고인 4에 대한 공소사실 및 피고인 5에 대한 공소사실 중 선박검사 거짓수검으로 인한 선박안전법 위반 부분에 대하여 범죄의 증명이 없다고 보아 이를 무죄로 판단한 제1심판결을 그대로 유지하였다.

피고인 1, 피고인 2, 피고인 5, 피고인 6, 피고인 7 회사가 상고하였다.

검사(피고인 1, 피고인 3, 피고인 4, 피고인 5에 대하여)가 상고하였다.

[대법원 판단]

대법원 상고를 모두 기각한다.

대법원은, 원심 설시에 일부 부적절한 부분이 있으나 피고인들의 신고의무를 인정하여 유죄를 선고한 원심의 결론을 수긍하여 상고를 모두 기각하였다.

낭독 형법 판결문 08

대법원 2024. 7. 11. 선고 2021도7251 판결 [선박안전법위반·배임수재]

〈감항성 결함 미신고행위에 해당하는지 여부가 문제된 사건〉

판시 사항

선박이 감항성을 갖추고 있는지 판단하는 기준 / 구 선박안전법 제74조 제1항에서 정한 '선박의 감항성의 결함'의 의미 / 선박이 특정 항해에서 통상의 해상위험을 감내하고 안전하게 항해할 수 있는 성능이 부족하거나 완전하지 못한 경우, 그 자체로 위 조항에서 정한 신고의무대상인 '감항성의 결함'에 해당하는지 여부(적극) 및 이때 그 결함이 반드시 중대할 것을 요하는지 여부(소극)

판결 요지

감항성이란
선박이 자체의 안정성을 확보하기 위하여
갖추어야 하는 능력으로서
일정한 기상이나 항해조건에서 안전하게
항해할 수 있는 성능을 말하는데(선박안전법 제2조 제6호), 말한다.

어떤 선박이 감항성을 갖추고 있는지를
판단하는 확정적이고 절대적인 기준은 없고
특정 항해에서의 구체적·개별적인 사정에 따라
상대적으로 판단하여야 한다(대법원 1996. 10. 11. 선고 94다60332 판결 등 참조).

구 선박안전법(2020. 2. 18. 법률 제17028호로 개정되기 전의 것, 이하 같다) 제74조 제1항은
"누구든지 선박의 감항성 및 안전설비의 결함을 발견한 때에는
해양수산부령으로 정하는 바에 따라
그 내용을 해양수산부장관에게 신고하여야 한다."라고 정한다.

여기서 결함이란 사전적 의미인
'부족하거나 완전하지 못하여 흠이 되는 부분'을 말하므로
'선박의 감항성의 결함'이란
'선박이 일정한 기상이나 항해조건에서
안전하게 항해할 수 있는 성능이 부족하거나
완전하지 못한 상태'를 뜻한다. • 선박 감항성 결함 개념

따라서 선박이 특정 항해에서
통상의 해상위험을 감내하고
안전하게 항해할 수 있는 성능이 부족하거나 완전하지 못하다면

그 자체로 구 선박안전법 제74조 제1항이 정한 신고의무대상인 '감항성의 결함'에 해당하고 그 결함이 반드시 중대할 것을 요하지 않는다.

[판결해설]

대상판결 쟁점은 고의이다. 구성요건요소 인식이다. 선박안전법 제74조 제1항 감항성 결함 미신고행위에 해당하는지 여부가 문제된 사건이다.

대법원은, 구 선박안전법(2020. 2. 18. 법률 제17028호로 개정되기 전의 것, 이하 같다) 제74조 제1항은 "누구든지 선박의 감항성 및 안전설비의 결함을 발견한 때에는 해양수산부령으로 정하는 바에 따라 그 내용을 해양수산부장관에게 신고하여야 한다."라고 정한다.

여기서 결함이란 사전적 의미인 '부족하거나 완전하지 못하여 흠이 되는 부분'을 말하므로 '선박의 감항성의 결함'이란 '선박이 일정한 기상이나 항해조건에서 안전하게 항해할 수 있는 성능이 부족하거나 완전하지 못한 상태'를 뜻한다.

따라서 선박이 특정 항해에서 통상의 해상위험을 감내하고 안전하게 항해할 수 있는 성능이 부족하거나 완전하지 못하다면, 그 자체로 구 선박안전법 제74조 제1항이 정한 신고의무대상인 '감항성의 결함'에 해당하고 그 결함이 반드시 중대할 것을 요하지 않는다고 판단하였다.

원심 설시에 일부 부적절한 부분이 있으나 그 결론은 정당한 것으로 받아들일 수 있다. 원심의 판단에 논리와 경험의 법칙을 위반하여 자유심증주의의 한계를 벗어나거나 구 선박안전법 제74조 제1항의 감항성 결함의 의미에 관한 법리를 오해하여 판결에 영향을 미친 잘못이 없다.

이 사안에서 피고인은 감항성 결함과 미신고행위를 인식하였다고 보인다. 구성요건요소에 대한 인식과 의욕이 있다. 고의가 인정된다.

대상판결은 고의·구성요건요소 인식·감항성 결함 미신고행위 법리를 명확히 설명한다. 대법원 판결은 타당하다.

09

미필적 고의
미필적 고의 판단 기준

당선 목적 허위사실공표죄에서 미필적 고의 인정 여부가 문제된 사건

대법원 2024. 9. 12. 선고 2024도4824 판결
[공직선거법위반]

[공소사실 요지]

피고인(천안시장 예비후보자)이 예비후보자 홍보물(이하 '이 사건 홍보물')과 책자형 선거공보물(이하 '이 사건 공보물')에 '천안시 고용률 63.8%(전국 2위)와 실업률 2.4%(전국 최저)'라는 문구(이하 '이 사건 문구')를 기재하면서 '인구 50만 이상 대도시' 기준(이하 '대도시 기준')을 누락하고 '전국'이라는 기준만을 기재함으로써 피고인이 당선되게 할 목적으로 피고인의 행위에 대하여 허위사실을 공표하였다.

검사는 피고인을 공직선거법 제250조 제1항 허위사실공표죄 위반죄로 기소하였다.

[법리 쟁점]

[1] 허위사실공표죄에서 고의의 판단 기준 및 허위사실공표죄는 미필적 고의에 의하여도 성립하는지 여부(적극)

[2] 범죄사실의 발생 가능성에 대한 인식 자체가 없다면 미필적 고의가 인정될 수 없는지 여부(적극)

[참조조문]

공직선거법 제250조 제1항

[참조판례]

대법원 2015. 5. 29. 선고 2015도1022 판결 등 참조; 대법원 2004. 5. 14.

선고 2004도74 판결, 대법원 2024. 4. 4. 선고 2021도15080 판결 등 참조

[원심 판단]

제1심법원은 피고인에게 유죄를 선고하였다.

원심법원은 피고인에게 유죄를 선고하였다.

원심은, 피고인이 공동피고인으로부터 대도시 기준이 누락된 이 사건 홍보물 및 공보물에 관한 보고를 받았지만, 이 사건 문구를 포함한 자신의 업적과 성과 부분을 제대로 살피지 아니하여 위와 같이 누락된 사실을 전혀 파악하지 못하였다는 사실을 인정한 후, 피고인이 이 사건 홍보물 및 공보물을 통하여 공표하고자 하는 사실이 진실인지에 대하여 확인·조사할 의무를 소홀히 하였으므로, 미필적 고의가 인정된다는 취지로 판단하여 유죄를 인정하였다.

피고인이 상고하였다.

[대법원 판단]

대법원은 원심판결 중 피고인 A에 대한 부분을 파기하고, 이 부분 사건을 대전고등법원에 환송한다. 피고인 B, C, D, E의 상고를 모두 기각한다.

대법원은, 만일 피고인이 대도시 기준이 누락되었다는 사실을 전혀 모르고 있었다면 범죄사실의 발생 가능성에 대한 인식 자체가 없으므로, 미필적 고의가 인정될 수 없다고 판단한 다음, 피고인이 대도시 기준이 누락된 사실을 전혀 파악하지 못하였다는 사실을 인정하였으면서도, 이 사건 홍보물 및 공보물을 통하여 공표하고자 하는 사실이 진실인지에 대하여 확인·조사할 의무를 소홀히 하였으므로, 미필적 고의가 인정된다는 취지로 판단한 원심은 허위사실공표죄를 사실상 과실범으로 취급한 것과 다를 바 없어 타당하지 않다고 보아, 원심판결 중 피고인에 대한 부분을 파기·환송하였다.

낭독 형법 판결문 09

대법원 2024. 9. 12. 선고 2024도4824 판결 [공직선거법위반]

〈당선 목적 허위사실공표죄에서 미필적 고의 인정 여부가 문제된 사건〉

판시 사항

[1] 허위사실공표죄에서 고의의 판단 기준 및 허위사실공표죄는 미필적 고의에 의하여도 성립하는지 여부(적극)
[2] 범죄사실의 발생 가능성에 대한 인식 자체가 없다면 미필적 고의가 인정될 수 없는지 여부(적극)

판결 요지

공직선거법 제250조 제1항에서 정한 허위사실공표죄에서는
행위자의 고의의 내용으로서
공표된 사실이 허위라는 점의 인식이 필요한데, 필요하다.

이러한 주관적 인식의 유무는
그 성질상 외부에서 이를 알거나 증명하기 어려운 이상
공표 사실의 내용과 구체성, 소명자료의 존재 및 내용,
피고인이 밝히는 사실의 출처 및 인지 경위 등을 토대로
피고인의 학력, 경력, 사회적 지위, 공표 경위, 시점 및
그로 말미암아 객관적으로 예상되는 파급효과 등
제반 사정을 모두 종합하여
규범적으로 이를 판단할 수밖에 없으며,
허위사실공표죄는 미필적 고의에 의하여도 성립된다
(대법원 2015. 5. 29. 선고 2015도1022 판결 등 참조).

고의의 일종인 미필적 고의는
중대한 과실과는 달리
범죄사실의 발생 가능성에 대한 인식이 있고 나아가
범죄사실이 발생할 위험을 용인하는 내심의 의사가 있어야 하므로
(대법원 2004. 5. 14. 선고 2004도74 판결, 대법원 2024. 4. 4. 선고 2021도15080 판결 등 참조), • 미필적 고의 판단 기준

범죄사실의 발생 가능성에 대한 인식 자체가 없다면 미필적 고의가 인정될 수 없다. • 허위 인식 없다면 미필적 고의 불성립

판결 해설

대상판결 쟁점은 미필적 고의이다. 미필적 고의 판단기준이다. 당선 목적 허위사실공표죄에서 미필적 고의 인정 여부가 문제된 사건이다.

대법원은, 피고인 A에게 당선 목적 허위사실공표의 점에 대한 미필적 고의가 있다고 하기 위해서는 적어도 피고인 A가 이 사건 홍보물 및 공보물에 대도시 기준이 누락되었을 가능성을 인지하고 있었어야 한다. 만일 피고인 A가 대도시 기준이 누락되었다는 사실을 전혀 모르고 있었다면 범죄사실의 발생 가능성에 대한 인식 자체가 없으므로, 미필적 고의가 인정될 수 없다.

원심의 판단은 비록 피고인 A가 이 사건 홍보물 및 공보물에 대도시 기준이 누락된 사실을 인식하지는 못하였으나, 확인·조사할 의무를 소홀히 함으로써 인식하지 못한 데에 과실이 있으므로 결과적으로 미필적 고의가 인정된다.

이는 허위사실공표죄를 사실상 과실범으로 취급한 것과 다를 바 없어 타당하지 않다고 판단하였다.

이 사안에서 피고인은 대도시 기준이 누락되었다는 사실을 전혀 모르고 있었다. 그렇다면 범죄사실의 발생 가능성에 대한 인식 자체가 없다. 미필적 고의가 성립하지 않는다. 구성요건요소에 대한 인식과 의욕이 없다. 고의가 인정되지 않는다.

대상판결은 미필적 고의·미필적 고의 판단기준·당선 목적 허위사실공표죄에서 미필적 고의 인정 법리를 명확히 설명한다. 대법원 판결은 타당하다.

10

미필적 고의와 목적범
미필적 고의의 요건과 판단 방법

「부정경쟁방지 및 영업비밀보호에 관한 법률」 위반(영업비밀누설등)의 고의나 목적이 문제된 사건

대법원 2024. 5. 30. 선고 2022도14320 판결
[부정경쟁방지및영업비밀보호에관한법률위반(영업비밀누설등)]

[공소사실 요지]

피고인 1은 2015. 1. 26.경부터 2016. 8. 1.경까지 접착제 제조회사인 피해자 공소외 1 회사(이하 '피해 회사'라 한다)의 생산부 사원으로 근무하던 사람이고, 피고인 2는 잉크용 수지 제조업 등을 목적으로 설립된 공소외 2 회사의 기술연구소 소장이며, 피고인 3은 엔씨바인더 및 접착제류 제조판매업 등을 목적으로 설립된 피고인 4 회사의 기술연구소 소장이다. 피해 회사에서 근무하던 피고인 1이 피해 회사의 영업비밀인 이 사건 각 제조방법을 휴대전화 카메라로 촬영하여 취득하고, 甲 회사로 이직한 후에는 피고인 2(甲 회사의 연구소장)에게, 피고인 4 회사로 이직한 후에는 피고인 3(피고인 4 회사의 연구소장)에게 이 사건 각 제조방법을 누설·사용하였고, 피고인 2, 3은 피해 회사의 영업비밀인 이 사건 각 제조방법을 취득·사용하였다. • 요약

검사는 피고인 1, 2, 3을 구 「부정경쟁방지 및 영업비밀보호에 관한 법률」(2019. 1. 8. 법률 제16204호로 개정되기 전의 것, 이하 '구 부정경쟁방지법') 제18조 제2항 부정경쟁방지법 위반죄(영업비밀누설등)로 기소하였다. 검사는 피고인 4 회사를 양벌규정에 따라 기소하였다.

[법리 쟁점]

[1] 구 「부정경쟁방지 및 영업비밀보호에 관한 법률」(2019. 1. 8. 법률 제16204호로 개정되기 전의 것, 이하 '구 부정경쟁방지법') 제18조 제2항에

서 정한 영업비밀의 '취득', 영업비밀의 '사용'의 의미
[2] 미필적 고의의 요건 및 판단 방법
[3] 구 부정경쟁방지법 제18조 제2항 위반의 죄가 목적범인지 여부(적극) 및 그 목적이 있었는지 판단하는 기준

[참조조문]

구 「부정경쟁방지 및 영업비밀보호에 관한 법률」(2019. 1. 8. 법률 제16204호로 개정되기 전의 것, 이하 '구 부정경쟁방지법') 제18조 제2항

[참조판례]

대법원 2009. 10. 15. 선고 2008도9433 판결 등 참조; 대법원 1998. 6. 9. 선고 98다1928 판결 등 참조; 대법원 2019. 9. 10. 선고 2017다34981 판결 등 참조; 대법원 2017. 1. 12. 선고 2016도15470 판결 등 참조; 대법원 2012. 4. 12. 선고 2010도391 판결, 대법원 2018. 7. 12. 선고 2015도464 판결 등 참조

[원심 판단]

제1심법원은 피고인들에게 유죄를 선고하였다.
원심법원은 피고인들에게 무죄를 선고하였다.
원심은, 이 사건 각 제조방법이 영업비밀에 해당하는지에 대하여는 별도로 판단하지 않고, 피고인 1이 이 사건 각 제조방법을 영업비밀로 인식하고 취득하였다거나 피고인 1, 2, 3이 부정한 이익을 얻거나 피해 회사에 손해를 입힐 목적을 가지고 있었다고 보기 어렵다는 이유로 피고인들에 대하여 무죄를 선고하였다.
검사가 상고하였다.

[대법원 판단]

대법원은 원심판결 중 피고인 2, 피고인 3, 피고인 4 회사에 대한 부분, 피고인 1에 대한 영업비밀 사용 및 영업비밀 누설로 인한 「부정경쟁방지 및 영업비밀보호에 관한 법률」위반(영업비밀누설등) 부분을 파기하고, 이 부분 사건을 대전지방법원에 환송한다.
검사의 피고인 1에 대한 나머지 상고를 기각한다.
대법원은, 이 사건 각 제조방법이 피해 회사의 영업비밀에 해당한다면,
① 피고인 1이 적어도 피해 회사에서 퇴직한 이후에는 피해 회사의 허락

없이 이 사건 각 제조방법을 사용하거나 누설하는 것이 허용되지 않는다는 사정을 미필적이나마 인식하였다고 볼 여지가 큰 점,
② 피해 회사와 경쟁관계가 될 수 있는 甲 회사, 피고인 4 회사의 피고인 2, 3도 이 사건 각 제조방법을 피해 회사의 허락 없이 사용하거나 취득하는 것이 허용되지 않는다는 사정을 미필적이나마 인식하였다고 볼 여지가 큰 점,
③ 피고인 1, 2, 3의 직업과 경력, 행위의 동기와 경위, 피해 회사와 피고인 2, 3의 관계 등을 종합하면 피고인 1은 부정한 이익을 얻거나 피해 회사에게 손해를 입힐 목적으로 이 사건 각 제조방법을 사용하고 피고인 2, 3에게 누설하였다고 볼 여지가 충분한 점,
④ 피고인 2, 3 또한 부정한 이익을 얻거나 피해 회사에게 손해를 입힐 목적으로 이 사건 각 제조방법을 취득하고 사용하였다고 볼 여지가 많은 점 등에 비추어 보면,
원심으로서는 이 사건 각 제조방법이 피해 회사의 영업비밀에 해당하는지, 피고인 1이 이 사건 각 제조방법을 사용하고 누설할 당시 및 피고인 2, 3이 이 사건 각 제조방법을 취득하고 사용할 당시 피고인 1, 2, 3이 이를 피해 회사의 영업비밀로 인식하였는지 등을 심리하여,
위 피고인들이 구 부정경쟁방지법 제18조 제2항 위반의 고의를 가지고 부정한 이익을 얻거나 피해 회사에 손해를 입힐 목적으로 그러한 행위를 한 것인지 판단하였어야 한다고 보아,
원심판결 중 피고인 2, 3, 4에 대한 부분, 피고인 1에 대한 영업비밀 사용 및 영업비밀 누설로 인한 부정경쟁방지법 위반(영업비밀누설등) 부분을 파기·환송하였다.

낭독 형법 판결문 10

대법원 2024. 5. 30. 선고 2022도14320 판결 [부정경쟁방지및영업비밀보호에관한법률위반(영업비밀누설등)]

〈「부정경쟁방지 및 영업비밀보호에 관한 법률」 위반(영업비밀누설등)의 고의나 목적이 문제된 사건〉

판시 사항

[1] 구 「부정경쟁방지 및 영업비밀보호에 관한 법률」(2019. 1. 8. 법률 제16204호로 개정되기 전의 것, 이하 '구 부정경쟁방지법') 제18조 제2항에서 정한 영업비밀의 '취득', 영업비밀의 '사용'의 의미

[2] 미필적 고의의 요건 및 판단 방법

[3] 구 부정경쟁방지법 제18조 제2항 위반의 죄가 목적범인지 여부(적극) 및 그 목적이 있었는지 판단하는 기준

판결 요지

구 「부정경쟁방지 및 영업비밀보호에 관한 법률」
(2019. 1. 8. 법률 제16204호로 개정되기 전의 것, 이하 '구 부정경쟁방지법'이라 한다) 제18조 제2항은
"부정한 이익을 얻거나 영업비밀 보유자에게 손해를 입힐 목적으로 그 영업비밀을 취득·사용하거나 제3자에게 누설한 자"를
처벌하고 있다.

여기서 영업비밀의 취득은
도면, 사진, 녹음테이프, 필름, 전산정보처리조직에 의하여
처리할 수 있는 형태로 작성된 파일 등
유체물의 점유를 취득하는 형태는 물론이고,
그 외에 유체물의 점유를 취득함이 없이
영업비밀 자체를 직접 인식하고 기억하는 형태
또는 영업비밀을 알고 있는 사람을 고용하는 형태로도
이루어질 수 있으며,

어느 경우에나 사회통념상 영업비밀을 자신의 것으로 만들어
이를 사용할 수 있는 상태가 되었다면
영업비밀의 취득에 해당한다.

다만 영업비밀 보유자의 직원으로서
영업비밀을 인지하여 이를 사용할 수 있는 사람은
이미 당해 영업비밀을 취득하였다고 보아야 하므로한다.

그러한 사람이 당해 영업비밀을
단순히 기업의 외부로 무단 반출한 행위는,
업무상배임죄에 해당할 수 있음은 별론으로 하고,
위 조항 소정의 영업비밀의 취득에는 해당하지 않는다
(대법원 2009. 10. 15. 선고 2008도9433 판결 등 참조). • 업무상배임죄

영업비밀의 사용은 영업비밀 본래의 사용 목적에 따라
상품의 생산·판매 등의 영업활동에 이용하거나
연구·개발사업 등에 활용하는 등으로
기업활동에 직접 또는 간접적으로 사용하는 행위로서
구체적으로 특정이 가능한 행위를 가리킨다
(대법원 1998. 6. 9. 선고 98다1928 판결 등 참조).

그리고 영업비밀인 기술을 단순 모방하여
제품을 생산하는 경우뿐 아니라,
타인의 영업비밀을 참조하여 시행착오를 줄이거나
필요한 실험을 생략하는 경우 등과 같이
제품 개발에 소요되는 시간과 비용을 절약하는 경우
또한 영업비밀의 사용에 해당한다
(대법원 2019. 9. 10. 선고 2017다34981 판결 등 참조). • 영업비밀 사용

고의의 일종인 미필적 고의는
중대한 과실과는 달리
범죄사실의 발생 가능성에 대한 인식이 있고
나아가 범죄사실이 발생할 위험을

용인하는 내심의 의사가 있어야 한다. • 미필적 고의

행위자가 범죄사실이 발생할 가능성을 용인하고 있었는지 여부는
행위자의 진술에 의존하지 않고
외부에 나타난 행위의 형태와 행위의 상황 등
구체적인 사정을 기초로 일반인이라면
해당 범죄사실이 발생할 가능성을
어떻게 평가할 것인지를 고려하면서
행위자의 입장에서 그 심리상태를 추인하여야 한다
(대법원 2017. 1. 12. 선고 2016도15470 판결 등 참조). • 미필적 고의 판단

구 부정경쟁방지법 제18조 제2항 위반의 죄는
고의 외에 '부정한 이익을 얻거나
영업비밀 보유자에게 손해를 입힐 목적'을
범죄성립요건으로 하는 목적범이고,목적범이다. • 목적범

그와 같은 목적에 대하여는 반드시
적극적 의욕이나 확정적 인식이 아니더라도
미필적 인식이 있으면 족하며,족하다. • 목적에 대한 미필적 인식

그 목적이 있었는지 여부는
피고인의 직업, 경력, 행위의 동기 및 경위와 수단, 방법,
그리고 영업비밀 보유자와 영업비밀을 취득한
제3자와의 관계 등 여러 사정을 종합하여
사회통념에 비추어 합리적으로 판단하여야 한다
(대법원 2012. 4. 12. 선고 2010도391 판결, 대법원 2018. 7. 12. 선고 2015도464 판결 등 참조).

판결 해설

대상판결 쟁점은 미필적 고의와 목적범이다. 미필적 고의의 요건과 판단 방법이다. 「부정경쟁방지 및 영업비밀보호에 관한 법률」 위반(영업비밀누설등)의 고의나 목적이 문제된 사건이다.

대법원은, 고의의 일종인 미필적 고의는 중대한 과실과는 달리 범죄사실의 발생 가능성에 대한 인식이 있고 나아가 범죄사실이 발생할 위험을 용인하는 내심의 의사가 있어야 한다.

행위자가 범죄사실이 발생할 가능성을 용인하고 있었는지 여부는 행위자의 진술에 의존하지 않고 외부에 나타난 행위의 형태와 행위의 상황 등 구체적인 사정을 기초로 일반인이라면 해당 범죄사실이 발생할 가능성을 어떻게 평가할 것인지를 고려하면서 행위자의 입장에서 그 심리상태를 추인하여야 한다(대법원 2017. 1. 12. 선고 2016도15470 판결 등 참조)고 판단하였다.

구 부정경쟁방지법 제18조 제2항 위반의 죄는 고의 외에 '부정한 이익을 얻거나 영업비밀 보유자에게 손해를 입힐 목적'을 범죄성립요건으로 하는 목적범이고, 그와 같은 목적에 대하여는 반드시 적극적 의욕이나 확정적 인식이 아니더라도 미필적 인식이 있으면 족하다.

그 목적이 있었는지 여부는 피고인의 직업, 경력, 행위의 동기 및 경위와 수단, 방법, 그리고 영업비밀 보유자와 영업비밀을 취득한 제3자와의 관계 등 여러 사정을 종합하여 사회통념에 비추어 합리적으로 판단하여야 한다.

이 사안에서 피고인들에게 미필적 고의가 성립한다.

대상판결은 미필적 고의와 목적범·미필적 고의의 요건과 판단 방법·「부정경쟁방지 및 영업비밀보호에 관한 법률」 위반(영업비밀누설등)의 고의나 목적 법리를 명확히 설명한다. 대법원 판결은 타당하다. 국가고시·변호사시험 선택형으로 출제 가능성이 있다.

11

과 실
주의의무위반

내과 외래에서 염증수치(CRP) 검사결과를 확인하지 아니하고 환자를 귀가조치한 의사의 업무상과실이 인정되는지 여부가 문제된 사건

대법원 2024. 10. 25. 선고 2023도13950 판결
[업무상과실치사]

[공소사실 요지]

내과전문의인 피고인이 병원에 고열 등의 증상으로 내원한 환자인 피해자에 대하여 일반혈액검사 및 일반화학검사, 간초음파검사 등을 실시하고, 일반혈액검사 결과 백혈구 수치가 정상치보다 높았음에도 염증수치인 C－반응성단백질(CRP) 수치를 확인하지 않은 채 대증적 처치만 하고 피해자를 귀가시켰고 급성 감염증을 의심하여 피해자를 즉시 입원시키는 등 적절한 조치를 취하지 않아, 피해자로 하여금 패혈증쇼크 상태로 인한 다장기부전으로 사망에 이르게 하였다. • 요약

검사는 피고인을 형법 제268조 업무상과실치사죄로 기소하였다.

피고인은 ○○ ○○군에 있는 B의료재단 C병원(이하 'C병원'이라 한다)의 내과 의 사이고, D은 C병원의 응급실 의사이며, 피해자는 C병원에서 치료받은 환자이다.

피고인은 2016. 10. 4. 10:49경 C병원 내과에 방문한 피해자에 대한 일반혈액검사, 일반화학검사 등을 실시하였는데, 같은 날 10:59경 일반혈액검사 결과 백혈구(WBC) 수치가 정상치보다 높은 16,900/㎣로 나타났다. 또한 피해자는 3일 전부터 고열을 호소하는 등 급성 감염증을 의심할 수 있는 상황이었다. 따라서 피고인은 이미 실시한 일반화학검사 결과를 기다려 염증수치를 확인하고 염증수치가 높을 경우 항생제를 투여하는 등의

적절한 조치를 하여야 할 업무상 주의의무가 있었다.

그런데도 피고인은 일반화학검사 결과를 확인하지 아니한 채 진경제 등을 처방하는 등 소화기계 증상과 통증에 대한 대증적 처치만 하고 피해자를 귀가시켰고, 이후 같은 날 13:43경 일반화학검사 결과 염증수치인 C-반응성단백질(CRP; C-reactive protein)이 24.93mg/dℓ로서 정상치보다 높은 수치가 나타난 것을 확인하고도 급성 감염증을 의심하여 피해자를 즉시 입원시키고 염증의 원인을 발견하기 위한 균배양검사를 시행하면서 조기에 경험적 항생제를 투여하는 등의 적절한 조치를 하지 아니하였다.

한편, 피해자는 같은 날 22:59경 C병원 응급실에 다시 방문하였다. 피해자는 앞서 실시한 일반화학검사에서 C-반응성단백질의 수치가 매우 높게 나타났고 고열, 복통, 설사 등의 증상을 호소하여 전형적인 급성 감염증을 의심할 수 있는 상황이었다. 따라서 D은 즉시 피해자를 입원시켜 염증의 원인을 발견하기 위한 균배양검사를 시행하고 조기에 경험적 항생제를 투여하는 등의 적절한 조치를 하여야 할 업무상 주의의무가 있었음에도 이러한 조치를 하지 아니한 채 소화기계 증상과 통증에 대한 대증적 처치만 하고 피해자를 귀가시켰다.

결국 피고인과 D은 위와 같은 업무상 과실로 피해자로 하여금 패혈증쇼크 상태로 인한 다장기부전으로 사망에 이르게 하였다.

[법리 쟁점]

의사의 진단상 과실을 판단하기 위한 기준

[참조조문]

형법 제268조, 형법 제17조

[참조판례]

대법원 1996. 11. 8. 선고 95도2710 판결; 대법원 2018. 5. 11. 선고 2018도2844 판결 등 참조; 대법원 2010. 7. 8. 선고 2007다55866 판결; 대법원 2018. 5. 11. 선고 2018도2844 판결 등 참조

[원심 판단]

제1심법원은 피고인에게 유죄를 선고하였다.

원심법원은 피고인에게 유죄를 선고하였다.

원심은, 피해자에 대한 일반혈액검사와 일반화학검사 결과에 따르면 급성

감염증이 의심되어 원인 규명이 필요하였다. 그러므로 피고인에게는 피해자를 입원시켜 일반적인 급성 감염증의 치료법인 혈액 등의 배양검사를 실시하고 결과를 기다리는 동안 수액요법과 경험적인 항생제 요법을 시행하였어야 한다. 그럼에도 일반화학검사 결과가 나오기도 전에 피해자에게 소화기계 증상과 통증에 대한 대증적 처치만 하고 피해자를 귀가시킨 업무상과실이 있다고 판단하였다.
피고인이 상고하였다.

[대법원 판단]
대법원은 원심판결을 파기하고, 사건을 창원지방법원에 환송한다.
대법원은, 피고인이 피해자를 급성 장염으로 진단하고 그 증상을 완화하기 위해 시행한 대증적 조치나 C−반응성단백질 수치 결과가 확인된 이후 피해자에 대한 입원조치를 하지 않은 것에 의료상 과실이 있다고 보기 어렵다. 피해자에게 패혈증, 패혈증 쇼크 등의 증상이 발현되어 하루 만에 사망에 이를 정도로 급격하게 악화될 것을 예견할 수 있었다고 보기도 어렵다. 이와 달리 판단한 원심을 파기·환송하였다.

낭독 형법 판결문 11

대법원 2024. 10. 25. 선고 2023도13950 판결 [업무상과실치사]
〈내과 외래에서 염증수치(CRP) 검사결과를 확인하지 아니하고 환자를 귀가조치한 의사의 업무상과실이 인정되는지 여부가 문제된 사건〉

판시 사항

의사의 진단상 과실을 판단하기 위한 기준

판결 요지

[1] 의료과오사건에서 의사의 과실을 인정하려면
결과 발생을 예견할 수 있고 또 회피할 수 있었는데도
예견하거나 회피하지 못한 점을 인정할 수 있어야 한다.

의사의 과실이 있는지 여부는

같은 업무 또는 분야에 종사하는 평균적인 의사가
보통 갖추어야 할 통상의 주의의무를 기준으로 판단하여야 하고,
사고 당시의 일반적인 의학 수준,
의료환경과 조건, 의료행위의 특수성 등을 고려하여야 한다
(대법원 1996. 11. 8. 선고 95도2710 판결, 대법원 2018. 5. 11. 선고 2018도2844 판결 등 참조).
의사에게 진단상 과실이 있는지 여부를 판단할 때는
의사가 비록 완전무결하게 임상진단을 할 수는 없을지라도
적어도 임상의학 분야에서 실천되고 있는
진단 수준의 범위에서
전문직업인으로서 요구되는 의료상의 윤리,
의학지식과 경험에 기초하여
신중히 환자를 진찰하고 정확히 진단함으로써
위험한 결과 발생을 예견하고
이를 회피하는 데에
필요한 최선의 주의의무를 다하였는지를 따져 보아야 한다
(대법원 2010. 7. 8. 선고 2007다55866 판결, 대법원 2018. 5. 11. 선고 2018도2844 판결 등 참조).

[2] 피해자가 C병원에 내원하여 피고인으로부터 진료를 받았을 때
정상치보다 높은 백혈구 및 C-반응성단백질 수치에 비추어
피해자의 급성 감염증이 의심되었던 상황에서,
피고인이 피해자의 활력징후가 안정적이었고
그 외 간초음파검사 및 소변검사 등 다른 검사에서
이상소견이 확인되지 않는 사정을 근거로
피해자의 소화기계 증상과 통증 등의 원인을
급성 감염증 중 급성 장염으로 진단한 것이
'임상의학 분야에서 실천되고 있는 진단 수준의 범위'를

벗어났다고 보기 어렵다(피고인은 2019. 7. 5. 검찰 피의자신문 당시 '피해자가 방문하였을 때 피해자의 활력징후 등이 정상 범위인 상태에서 패혈증으로 발전할 수 있는 급성 감염 초기라고 보기 어려워 급성 감염증이라고 진단하지 않았다.'고 진술하였다. 이는 급성 감염증 자체를 진단하지 못하였다는 의미가 아니라 중증 감염증을 진단하지 못하였다는 의미로 보인다).
더구나 피해자가 피고인으로부터 진료를 받았을 때 또는
C-반응성단백질 수치가 확인된 2016. 10. 4. 13:43경
이미 패혈증의 상태였다거나
패혈증이 발생할 것임을 예견할 수 있는 상태였다고
볼만한 사정도 없다.

그렇다면 피고인이 피해자를 급성 장염으로 진단하고
그 증상을 완화하기 위해 시행한 대증적 조치나
C-반응성단백질 수치 결과가 확인된 이후
피해자에 대한 입원조치를 하지 않은 것에
의료상 과실이 있다고 보기 어렵고, • 객관적 정상의 주의의무 부정
피해자에게 패혈증, 패혈증 쇼크 등의 증상이 발현되어
하루 만에 사망에 이를 정도로 급격하게 악화될 것을
예견할 수 있었다고 보기도 어렵다. • 인과관계와 객관적 귀속 부정
그런데도 원심은 판시와 같은 이유만으로
피고인의 업무상과실로 피해자가 사망하였다고 단정하여
공소사실을 유죄로 인정하였다.
이러한 원심의 판단에는
업무상과실치사죄에서 의사의 주의의무에 관한 법리를
오해하여 필요한 심리를 다하지 않는 등으로
판결에 영향을 미친 잘못이 있다.

원심판결을 파기하고,
사건을 다시 심리·판단하도록 원심법원에 환송하기로 하여,
관여 대법관의 일치된 의견으로 주문과 같이 판결한다.

판결 해설

대상판결 쟁점은 과실이다. 주의의무위반이다. 내과 외래에서 염증수치(CRP) 검사결과를 확인하지 아니하고 환자를 귀가조치한 의사의 업무상과실이 인정되는지 여부가 문제된 사건이다.

대법원은, 의료사고의 경우 업무자인 의사에게 평균적인 의사가 보통 갖추어야 할 통상의 주의의무가 있어야 한다. 사고 당시의 일반적인 의학 수준, 의료환경과 조건, 의료행위의 특수성 등을 고려하여야 한다.

사안에서 피고인이 피해자의 활력징후가 안정적이었고 그 외 간초음파검사 및 소변검사 등 다른 검사에서 이상소견이 확인되지 않는 사정을 근거로 피해자의 소화기계 증상과 통증 등의 원인을 급성 감염증 중 급성 장염으로 진단한 것이 '임상의학 분야에서 실천되고 있는 진단 수준의 범위'를 벗어났다고 보기 어렵다. 더구나 피해자가 진료를 받았을 때 이미 패혈증의 상태였다거나 패혈증이 발생할 것임을 예견할 수 있는 상태였다고 볼만한 사정도 없다고 판단하였다.

그렇다면 피고인이 피해자를 급성 장염으로 진단하고 그 증상을 완화하기 위해 시행한 대증적 조치나 C-반응성단백질 수치 결과가 확인된 이후 피해자에 대한 입원조치를 하지 않은 것에 의료상 과실이 있다고 보기 어렵고, 피해자에게 패혈증, 패혈증 쇼크 등의 증상이 발현되어 하루 만에 사망에 이를 정도로 급격하게 악화될 것을 예견할 수 있었다고 보기도 어렵다고 판단하였다.

대상판결은 과실·주의의무위반·인과관계와 객관적 귀속 법리를 명확히 설명한다. 대법원 판결은 타당하다. 국가고시·변호사시험 선택형으로 출제 가능성이 있다.

12

과 실 범
과실범의 공동정범

주원료가 상이한 가습기살균제 제조·판매자들 사이에 과실범의 공동정범이 성립하는지 여부가 문제된 사건

대법원 2024. 12. 26. 선고 2024도1856 판결
[업무상과실치사·업무상과실치상]

[공소사실 요지]

CMIT/MIT 성분의 가습기살균제 제조, 판매 회사 등의 임직원들인 피고인들이 CMIT/MIT에 관한 안전성 검사를 실시하지 않는 등 업무상 주의의무를 위반하여, 위 피고인들의 업무상 주의의무위반이 중첩적·순차적으로 경합하거나, 또는 거기에 PHMG 등 성분의 가습기살균제 제조, 판매 회사 등의 임직원들(대법원 2017도12537 판결 등으로 업무상과실치사상죄 등에 관한 유죄판결이 확정되었음. 이하 '관련사건 피고인들')의 PHMG 등에 관한 안전성 검사 미실시 등 업무상 주의의무위반까지 중첩적·순차적으로 경합하여, CMIT/MIT 성분의 가습기살균제만을 사용한 피해자들 4명(이하 '단독사용 피해자들'), CMIT/MIT 성분의 가습기살균제와 PHMG 등 성분의 가습기살균제를 함께 사용한 피해자들 94명(이하 '복합사용 피해자들') 합계 98명의 가습기살균제 소비자를 사망 또는 상해에 이르게 하였다는 업무상과실치사상으로 기소된 사안이다.

[법리 쟁점]

의사의 연락이나 주의의무위반에 대한 공동의 인식이 없더라도 과실범의 공동정범이 성립할 수 있는지 여부(소극)

[참조조문]

[1] 형법 제30조 [2] 구 형법(2020. 12. 8. 법률 제17571호로 개정되기 전

의 것) 제268조, 형법 제30조

[참조판례]

[1] 대법원 1982. 6. 8. 선고 82도781 판결(공1982, 660); 대법원 1994. 3. 22. 선고 94도35 판결(공1994상, 1377); 대법원 1997. 11. 28. 선고 97도1740 판결(공1998상, 184)

[원심 판단]

제1심법원은 피고인들에게 유죄를 선고하였다.
원심법원은 피고인들에게 유죄를 선고하였다.
원심은, 복합사용 피해자들에 대한 업무상과실치사상 부분에 관하여, 대량생산과 대량 소비를 특징으로 하는 현대 산업사회에서는 경쟁관계에 있는 복수의 제조업자가 동일한 유형의 제품을 제조·판매하고 소비자가 시중에 유통되는 여러 종류의 제품들을 사용하는 것이 당연히 예정되어 있으므로, 가습기살균제 제품의 개발·제조·판매에 관여한 사람들 모두가 공동의 주의의무와 인식 아래 업무상과실로 결함 있는 가습기살균제를 각각 제조·판매하였다고 보아야 하고, 그렇게 보는 것이 형사정책적 목적에서도 타당하다는 이유 등을 들어, CMIT/MIT 성분 가습기 살균제의 제조·판매에 관여한 피고인들과 PHMG 등 성분 가습기 살균제의 제조·판매에 관여한 관련사건 피고인들이 공동정범의 관계에 있다고 판단하였다. 또한 이를 전제로 공소시효 완성에 관한 피고인들의 주장을 배척하고, 피고인들의 업무상 주의의무위반과 피해자들의 사망 또는 상해 결과발생에 관한 인과관계를 인정하였다.
피고인들이 상고하였다.

[대법원 판단]

대법원은 원심판결을 파기하고, 사건을 서울고등법원에 환송한다.
대법원은, ① 피고인들과 관련사건 피고인들은 서로간의 협력이나 의견교환 없이 각자가 소속된 회사 등에서 맡은 지위, 역할에 따라 그 회사 등의 가습기살균제 개발·출시 또는 제조·판매에 관여하였고, PHMG 등과 CMIT/MIT는 주원료의 성분, 체내분해성, 대사물질 등이 전혀 다르며, 어느 하나가 다른 하나를 활용하거나 응용하여 개발·출시되었다고 보기도 어려운 점,
② 어떠한 제품이 개발·출시된 후 경쟁업체가 '기존 제품과 주요 요소가

전혀 다른 대체 상품'을 독자적으로 개발·출시하는 것은 당연히 예정되어 있다고 보기 어려울 뿐더러, 주요 요소가 전혀 다른 제품을 독자적으로 개발·출시한 사람들이 서로 상대방 제품에 독자적 결함 내지 하자가 존재할 수 있다는 사정이나, 자신의 제품의 결함 내지 하자와 상대방 제품의 독자적 결함 내지 하자가 누적·결합되어 소비자들에게 사망 또는 상해의 결과가 발생할 수 있다는 사정을 공동으로 인식할 수 있었다고 볼 여지는 없는 점,
③ 과실범의 공동정범을 인정하는 형사정책적 목적이나 취지, 소비자들이 주원료의 차이를 알고 구매하는 것이 어려웠다는 점 등 원심이 들고 있는 사정들은, 관련사건 피고인들 및 이 사건 피고인들의 인식 내지 의사와 아무런 관련이 없어 그들 사이에 공동의 인식 내지 의사의 연락이 있었음을 뒷받침할 수 있는 사정들이 아니고, 그러한 사정들만으로 과실범의 공동정범 성립을 인정한다면, 대량생산과 대량소비를 특징으로 할 뿐만 아니라 인터넷망 등을 통해서 국경을 초월한 상품의 구매·소비가 용이하게 이루어지는 현대사회에서 상품 제조·판매자들 등에 대한 과실범의 공동정범 성립범위가 무한정 확장될 수밖에 없는 점 등에 비추어 보면, 피고인들과 관련사건 피고인들 사이의 공동정범 성립을 인정하기 어렵다고 보아, 이와 달리 판단한 원심을 파기·환송하였다.

낭독 형법 판결문 12

대법원 2024. 12. 26. 선고 2024도1856 판결 [업무상과실치사·업무상과실치상]
〈주원료가 상이한 가습기살균제 제조·판매자들 사이에 과실범의 공동정범이 성립하는지 여부가 문제된 사건〉

판시 사항

[1] 과실범의 경우에도 공동정범이 성립할 수 있는지 여부(적극) / 의사의 연락이나 주의의무 위반에 대한 공동의 인식이 없더라도 과실범의 공동정범이 성립하는지 여부(소극)
[2] 피고인 갑 등은 CMIT / 주원료로 하는 을, 병 가습기살균제의 제조·판매에, 피고인 정 등은 그중 병 살균제의 제조·판매에 관여하면서 주

원료에 관한 안전성 검사를 실시하지 아니하였고, 한편 관련사건 피고인들은 PHMG 등을 주원료로 하는 무 살균제 등의 제조·판매에 관여하면서 주원료에 관한 안전성 검사 등 미실시로 업무상과실치사상죄 등의 유죄판결이 확정되었는데, 피고인 갑 등이 피고인 정 등과 상호 공모하거나 그에 더하여 관련사건 피고인들과 공모하여 을 살균제만을 사용한 피해자들 및 을, 병 살균제와 무 살균제 등을 함께 사용한 피해자들(복합사용 피해자들)을 사망 또는 상해에 이르게 하고, 피고인 정 등이 피고인 갑 등 및 관련사건 피고인들과 공모하여 복합사용 피해자들 중 병 살균제를 사용한 피해자들을 사망 또는 상해에 이르게 하였다는 업무상과실치사상의 공소사실로 기소되어 복합사용 피해자들에 관한 공동정범 성립 여부가 문제 된 사안에서, 피고인들과 관련사건 피고인들이 공동정범의 관계에 있다고 본 원심판단에 과실범의 공동정범 성립에 관한 법리오해 등의 잘못이 있다고 한 사례.

판결 요지

[1] **형법 제30조 소정의**
'2인 이상이 공동하여 죄를 범한 때'의 '죄'에는
고의범뿐만 아니라
과실범도 포함되는 것이므로
과실범의 경우에도 공동정범이 성립할 수 있으나, 있다. 그러나

의사의 연락이나 주의의무위반에 대한 공동의 인식이 없었다면
'공동하여' 죄를 범하였다고 볼 수 없으므로,
과실범의 공동정범이 성립한다고 볼 수 없다
(대법원 1982. 6. 8. 선고 82도781 판결, 대법원 1994. 3. 22. 선고 94도35 판결, 대법원 1997. 11. 28. 선고 97도1740 판결 등 참조).

[2] **피고인 갑 등은 CMIT/MIT를 주원료로 하는**
을, 병 가습기살균제의 제조·판매에,

피고인 정 등은 그중 병 살균제의 제조·판매에 관여하면서
주원료에 관한 안전성 검사를 실시하지 아니하였고,
한편 관련사건 피고인들은 PHMG 등을 주원료로 하는
무 살균제 등의 제조·판매에 관여하면서
주원료에 관한 안전성 검사 등 미실시로
업무상과실치사상죄 등의 유죄판결이 확정되었는데, 확정되었다.

피고인 갑 등이 피고인 정 등과 상호 공모하거나
그에 더하여 관련사건 피고인들과 공모하여
을 살균제만을 사용한 피해자들 4명 및
을, 병 살균제와 무 살균제 등을 함께 사용한
피해자들(이하 '복합사용 피해자들'이라고 한다) 94명
합계 98명의 피해자들을 사망 또는 상해에 이르게 하고,
피고인 정 등이 피고인 갑 등 및 관련사건 피고인들과 공모하여
복합사용 피해자들 중 병 살균제를 사용한 22명의 피해자들을
사망 또는 상해에 이르게 하였다는
업무상과실치사상의 공소사실로 기소되어
복합사용 피해자들에 관한 공동정범 성립 여부가
문제 된 사안에서, 사안이다.

① 피고인들과 관련사건 피고인들은
서로 간의 협력이나 의견교환 없이
각자가 소속된 회사 등에서 맡은 지위, 역할에 따라
그 회사 등의 가습기살균제 개발·출시 또는
제조·판매에 관여하였을 뿐이고,
주원료인 PHMG 등과 CMIT/MIT는
그 성분, 체내분해성, 대사물질 등이 전혀 다르며,

어느 하나가 다른 하나를 활용하거나 응용하여
개발·출시되었다고 보기 어렵고,
관련사건 피고인들과 피고인들이
서로 상대방 가습기살균제의 개발·출시를 인식하였다거나
그에 관하여 서로 의사를 연락하였음을
인정할 만한 사정을 발견할 수 없는 점,

② 관련사건 피고인들이 제조·판매에 관여하였던 가습기살균제와
피고인들이 제조·판매에 관여하였던 가습기살균제는
그 용도나 용법이 동일할 뿐 주원료 등 주요 요소가 전혀 다르고,
어느 하나가 다른 하나를 개량한 제품이라고 볼 수 없으며,
관련사건 피고인들이나 피고인들이
각 가습기살균제에 모두 결함 내지 하자가 존재한다는
사정이나 그러한 결함 내지 하자가 누적·결합되어
복합사용 피해자들에게 사망 또는 상해의 결과를
발생시킬 수 있다는 사정을
공동으로 인식할 수 있었다거나
그에 관한 묵시적 의사연락을 하였다고 볼 수 없는 점,

③ 과실범의 공동정범을 인정하는 형사정책적 목적이나 취지,
소비자들이 주원료의 차이를 알고 구매하는 것이
어려웠다는 사정 등은
관련사건 피고인들 및 피고인들의 인식 내지 의사와
아무런 관련이 없어
그들 사이에 공동의 인식 내지 의사의 연락이 있었음을
뒷받침할 수 없고,
그러한 사정들만으로 과실범의 공동정범 성립을 인정한다면
대량생산과 대량소비를 특징으로 할 뿐만 아니라

인터넷망 등을 통해서 국경을 초월한 상품의 구매·소비가
용이하게 이루어지는 현대사회에서
상품 제조·판매자들 등에 대한 과실범의 공동정범 성립범위가
무한정 확장될 수밖에 없는 점 등에 비추어 보면,
피고인들과 관련사건 피고인들 사이에
공동정범 성립을 인정하기 어렵다는 이유로,
이와 달리 피고인들과 관련사건 피고인들이
공동정범의 관계에 있다고
본 원심의 판단에 과실범의 공동정범 성립에 관한 법리오해 및
심리미진의 잘못이 있다고 한 사례.

판결 해설

대상판결 쟁점은 과실범의 공동정범이다. 형법 제30조에서 정한 '2인 이상이 공동하여 죄를 범한 때'의 '죄'에는 고의범뿐만 아니라 과실범도 포함된다. 과실범도 공동정범이 성립할 수 있다. 그러나 의사의 연락이나 주의의무 위반에 대한 공동의 인식이 없었다면 '공동하여' 죄를 범하였다고 볼 수 없다. 그러므로 과실범의 공동정범이 성립하지 않는다.

이 사안에서 피고인들에게 인과관계와 객관적 귀속을 인정할 수 없다. 객관적 예견가능성과 지배가능성이 없다. 원심은, 피고인들의 업무상 주의의무 위반이 공동정범 관계에 있는 관련사건 피고인들의 업무상 주의의무 위반과 중첩적 또는 순차적으로 경합되고 피해자들의 사망 또는 상해 결과발생에 영향을 미쳤다는 이유만으로 인과관계를 인정하였다. 피고인들의 업무상 주의의무 위반과 피해자들의 사망 또는 상해 결과 사이에 상당인과관계가 인정되는지에 관해서는 판단하지 않았다.

대상판결은 가습기 살균제 중독 사고에서 주의의무 위반행위와 과실범의 공동정범 그리고 인과관계와 객관적 귀속 법리를 명확히 설명한다. 대법원 판결은 타당하다. 국가고시·변호사시험 선택형으로 출제 가능성이 있다.

13

위법성조각사유
형법 제310조 위법성조각사유 유추적용

군형법상 상관명예훼손죄에 대한 위법성조각사유가 문제된 사건

대법원 2024. 4. 16. 선고 2023도13333 판결
[상관명예훼손]

[공소사실 요지]

피고인이 '국방부유해발굴단 감식단장이 유해의 국적에 대해 다른 국적 가능성을 묵살하였다'는 내용의 인터넷 기사 댓글에 '위 기사의 제보자(피해자)는 현재 성희롱 등으로 검찰조사 받고 있다'는 댓글을 게시함으로써 공연히 사실을 적시하여 상관인 피해자의 명예를 훼손하였다.

검사는 피고인을 군형법 제64조 제3항 상관명예훼손죄로 기소하였다.

[법리 쟁점]

군형법상 상관명예훼손죄에 대하여 형법 제310조 위법성조각사유의 유추적용이 가능한지 여부(적극)

[참조조문]

군형법 제64조 제3항, 형법 제307조 제1항, 제310조.

[참조판례]

대법원 2013. 12. 12. 선고 2013도4555 판결(공2014상, 215); 대법원 2015. 9. 24. 선고 2015도11286 판결(공2015하, 1633)

[원심 판단]

제1심법원은 피고인에게 유죄를 선고하였다.

원심법원은 피고인에게 무죄를 선고하였다.

원심은, 군형법 제64조 제3항의 사실적시 상관명예훼손죄에 형법 제310조

를 유추적용할 수 있다고 보았다. 또한 피고인이 이 사건 댓글을 게시한 행위는 진실한 사실로서 오로지 공공의 이익에 관한 때에 해당하여 위법성이 조각된다고 보아, 이 사건 공소사실을 유죄로 인정한 제1심판결을 파기하고 무죄로 판단하였다.

검사가 상고하였다.

[대법원 판단]

대법원은 상고를 기각한다.

대법원은, 군형법 제64조 제3항의 사실적시 상관명예훼손죄에 형법 제310조를 유추적용할 수 있고 피고인의 행위가 진실한 사실로서 오로지 공공의 이익에 관한 때에 해당한다고 보아, 이 사건 공소사실을 무죄로 판단한 원심판결을 수긍하여 상고를 기각하였다.

낭독 형법 판결문 13

대법원 2024. 4. 16. 선고 2023도13333 판결 [상관명예훼손]

〈군형법상 상관명예훼손죄에 대한 위법성조각사유가 문제된 사건〉

판시 사항

군형법 제64조 제3항의 행위에 대해 형법 제307조 제1항의 행위에 대한 위법성조각사유를 규정한 형법 제310조가 유추적용되는지 여부(적극)

판결 요지

군형법은 제64조 제3항에서
'공연히 사실을 적시하여 상관의 명예를 훼손한 경우'에 대해
형법 제307조 제1항의 사실적시에 의한 명예훼손죄보다
형을 높여 처벌하도록 하면서
이에 대해 형법 제310조와 같이
공공의 이익에 관한 때에는
처벌하지 아니한다는 규정을 별도로 두지 않았다.

그러나 입법에도 불구하고 입법자가 의도하지 않았던
규율의 공백이 있는 사안에 대하여
법규범의 체계, 입법 의도와 목적 등에 비추어
정당하다고 평가되는 한도 내에서
그와 유사한 사안에 관한
법규범을 적용할 수 있다고 할 것인바, 것이다.
형법 제307조 제1항의 행위에 대한
위법성조각사유를 규정한 형법 제310조는
군형법 제64조 제3항의 행위에 대해
유추적용된다고 보아야 한다. • 형법 제310조 위법성조각사유 유추적용

그 이유는 다음과 같다.
군형법상 상관명예훼손죄는 상관에 대한 사회적 평가,
즉 외부적 명예 외에 군 조직의 질서 및
통수체계 유지 역시 보호법익으로 한다
(군형법상 상관모욕죄에 관한 대법원 2013. 12. 12. 선고 2013도4555 판결, 대법원 2015. 9. 24. 선고 2015도11286 판결 등 참조).

그런데 군형법 제64조 제3항의 상관명예훼손죄는
행위의 상대방이 '상관'이라는 점에서
형법 제307조 제1항의 명예훼손죄와 구별되는 것일 뿐
구성요건적 행위인 명예훼손을
형법상의 개념과 다르게 해석할 이유가 없다.

따라서 군형법상 상관명예훼손죄와
형법상 명예훼손죄의 불법내용에
본질적인 차이가 있다고 보기 어렵고,
문제되는 행위가

'공공의 이익에 관한 때'에 해당하는지를 심사할 때에 상관명예훼손죄가 보호하고자 하는 군의 통수체계와 위계질서에 대한 침해 위험 등을 추가적으로 고려함으로써 위법성조각사유의 해당 여부를 판단하면 충분하다.

판결 해설

대상판결 쟁점은 위법성조각사유이다. 형법 제310조 위법성조각사유 유추적용이다. 군형법상 상관명예훼손죄에 대한 위법성조각사유가 문제된 사건이다.

대법원은, 군형법 제64조 제3항의 상관명예훼손죄는 행위의 상대방이 '상관'이라는 점에서 형법 제307조 제1항의 명예훼손죄와 구별되는 것일 뿐 구성요건적 행위인 명예훼손을 형법상의 개념과 다르게 해석할 이유가 없다고 판시하였다.

이 사안에서 피고인이 이 사건 댓글을 게시한 행위는 진실한 사실로서 오로지 공공의 이익에 관한 때에 해당하여 위법성이 조각된다. 군형법 제64조 제3항의 사실적시 상관명예훼손죄에 형법 제310조를 유추적용할 수 있다고 판단하였다.

대상판결은 위법성조각사유·형법 제310조 위법성조각사유 유추적용·군형법상 상관명예훼손죄에 대한 위법성조각사유 법리를 명확히 설명한다. 대법원 판결은 타당하다. 국가고시·변호사시험 선택형으로 출제 가능성이 있다.

입법 제언을 하면, 군형법 개정이 필요하다. 군형법 제64조 제3항에 단서 조항 신설이다. 형법 제310조 위법성조각사유를 참조하여 더 명확히 규정한다. 법리 논란을 줄이는 길이다. 형법은 규범 선도 기능과 재판 규범 기능이 있다. 군형법도 마찬가지다. 대법원 판결은 이 문제를 정확하게 지적한다. 입법 공백을 유추적용으로 자꾸 보완해서는 안 된다.

14

위법성조각사유 전제사실 착오
형법 제16조 법률착오 '정당한 이유'

위법성조각사유의 전제사실에 대한 착오가 문제된 사건

대법원 2024. 7. 25. 선고 2023도16951 판결
[공무집행방해]

[공소사실 요지]
택시기사가 승차를 거부한다고 주장하던 피고인이 방문신고를 받고 현장에 나온 경찰관 A에게 소리치고 욕설하면서 몸을 밀쳤다. **• 요약**
검사는 피고인을 형법 제136조 제1항 공무집행방해죄로 기소하였다.

피고인은 2022. 6. 25. 00:00경 서울 용산구(주소 생략)에 있는 ○○○파출소 앞 도로에서, '손님이 마음대로 타서 안 내린다.'라는 취지의 방문신고를 받고 현장에 나온 경찰관으로부터 '승차거부와 관련하여서는 120번으로 민원을 접수하면 된다.'라는 설명을 듣고도 사건을 접수해 달라고 항의하고, 갑자기 "아이 씨 좀 다르잖아."라고 크게 소리치며 공소외 1 순경에게 몸을 들이밀어 공소외 2 경위로부터 이를 제지받자 화가 나, "왜 미는데 씹할."이라고 욕설하면서 손으로 공소외 2 경위의 몸을 4회 밀쳤다. 이로써 피고인은 경찰공무원의 신고사건 처리에 관한 정당한 직무집행을 방해하였다.

[법리 쟁점]
[1] 공무집행방해죄의 전제인 '공무집행의 적법성'의 요건과 판단 기준
[2] 공무집행방해죄에서 공무집행의 적법성에 관한 피고인의 잘못된 법적 평가로 인하여 자신의 행위가 금지되지 않는다고 오인한 경우, 피고인의 오인에 형법 제16조의 '정당한 이유'가 있는지 판단하는 기준

[참조조문]

[1] 형법 제136조 제1항 [2] 형법 제16조, 제136조 제1항

[참조판례]

[1] 대법원 2021. 10. 14. 선고 2018도2993 판결(공2021하, 2211) [2] 대법원 2006. 3. 24. 선고 2005도3717 판결(공2006상, 766); 대법원 2013. 1. 31. 선고 2012도3475 판결

[원심 판단]

제1심법원은 피고인에게 무죄를 선고하였다.

원심법원은 피고인에게 무죄를 선고하였다.

원심은, 피고인은 경찰관들에게 고성으로 항의만 하였을 뿐 유형력을 행사할 의도가 없었는데도 경찰관 A가 자신의 몸을 밀치자 이를 위법하다고 오인하여 저항한 것이므로, 위법성조각사유의 전제사실에 대한 착오에 해당하고 그 오인에 정당한 사유가 있다는 이유로, 이 사건 공소사실을 무죄로 판단한 제1심판결을 그대로 유지하였다.

검사가 상고하였다.

[대법원 판단]

대법원은 원심판결을 파기하고, 사건을 서울서부지방법원으로 환송한다.

대법원은, ① 피고인이 술에 취하여 항의를 계속하다가 갑자기 경찰관 B에게 고성을 지르고 몸을 들이밀면서 다가간 상황에서, 경찰관 A가 피고인을 급하게 밀쳐내는 방법으로 피고인과 경찰관 B를 분리한 조치는 경찰관 직무집행법 제6조에서 정하는 '범죄의 예방과 제지'에 관한 적법한 공무에 해당하고,

② 피고인이 경찰관 A를 밀친 행위로 나아가게 된 전제사실 자체에 관하여는 피고인의 인식에 어떠한 착오도 존재하지 않고, 다만 경찰관 A의 직무집행 적법성에 대한 주관적인 법적 평가가 잘못되었을 여지가 있을 뿐이므로 위법성조각사유의 전제사실에 대한 착오가 있었다고 보기 어려우며,

③ 피고인에게 자신을 제지한 경찰관 A의 행위가 위법하다고 오인할 만한 정당한 이유가 있다고 할 수도 없다고 보아, 이와 달리 판단한 원심을 파기·환송하였다.

낭독 형법 판결문 14

대법원 2024. 7. 25. 선고 2023도16951 판결 [공무집행방해]
〈위법성조각사유의 전제사실에 대한 착오가 문제된 사건〉

판시 사항

[1] 공무집행방해죄의 전제인 '공무집행의 적법성'의 요건과 판단 기준
[2] 공무집행방해죄에서 공무집행의 적법성에 관한 피고인의 잘못된 법적 평가로 인하여 자신의 행위가 금지되지 않는다고 오인한 경우, 피고인의 오인에 형법 제16조의 '정당한 이유'가 있는지 판단하는 기준

판결 요지

[1] 공무집행방해죄는
공무원의 적법한 공무집행이 전제되어야 하고,
공무집행이 적법하기 위해서는 그 행위가
공무원의 추상적 직무 권한에 속할 뿐만 아니라
구체적으로 그 권한 내에 있어야 하며,
직무행위로서 중요한 방식을 갖추어야 한다.

추상적인 권한에 속하는 공무원의 어떠한 공무집행이
적법한지는 행위 당시의 구체적 상황에 기초를 두고
객관적·합리적으로 판단해야 하고,
사후적으로 순수한 객관적 기준에서 판단할 것은 아니다(대법원 2021. 10. 14. 선고 2018도2993 판결 참조).

[2] 형법 제16조에서 자기가 행한 행위가 법령에 의하여
죄가 되지 아니한 것으로 오인한 행위는
그 오인에 정당한 이유가 있는 때에
한하여 벌하지 아니한다고 규정하고 있으므로있다.
공무집행방해죄에서

공무집행의 적법성에 관한 피고인의 잘못된 법적 평가로 인하여
자신의 행위가 금지되지 않는다고 오인한 경우에는
그 오인에 정당한 이유가 있는지를 살펴보아야 한다.
이때 피고인의 오인에 정당한 이유가 있는지 여부는
구체적인 행위 정황, 오인에 이르게 된 계기나 원인,
행위자 개인의 인식 능력, 행위자가 속한 사회집단에서
일반적으로 기대되는 오인 회피 노력의 정도와
회피 가능성 등을 고려할 때
피고인이 이러한 오인을 회피할 가능성이 있는지에 따라
판단하여야 한다(대법원 2013. 1. 31. 선고 2012도3475 판결, 대법원 2006. 3. 24. 선고 2005도3717 판결 취지 참조).

[3] 이 사건에서 위와 같은 행위로 나아가게 된 전제사실
자체에 관하여는 피고인의 인식에 어떠한 착오도 존재하지 않고,
다만 경찰관인 공소외 2의 직무집행의 적법성에 대한
피고인의 주관적인 법적 평가가 잘못되었을 여지가 있을 뿐이다.
그러므로 피고인에게 위법성조각사유의 전제사실에 대한 착오가
있었다고 보기 어렵다.
앞서 살펴본 것처럼
공무집행이 적법한데도 위법하다고 오인한 경우에는
형법 제16조가 적용되므로
그 오인에 정당한 이유가 있는 때에 한하여 벌하지 아니한다.

그런데 피고인은 택시 승차거부와 관련한
경찰관들의 반복된 설명에도 불구하고
근거 없는 항의를 계속하다가,
위와 같은 경위로 공소외 2가 공소외 1을 보호하기 위하여
피고인의 행동을 제지하자

곧바로 공소외 2에게 욕설하면서
공소외 2의 몸을 여러 차례 밀었다.
이러한 피고인의 행위는
당시 피고인이 술에 취하였던 점이나
그 상태에서 근거 없는 항의를 계속하면서
스스로 흥분하게 된 점과도 무관하지 않아 보인다.
이처럼 피고인이 스스로 오인의 계기를 제공하지 않았거나
이러한 상황에서 일반적으로 기대되는 정도의
오인 회피 노력을 기울였다면
이 사건에 이르지 않았을 것으로 보인다.

그런데도 원심은 달리
피고인의 오인에 정당한 이유가 있다고 할 만한 사정이
무엇인지 구체적으로 밝히지 않은 채
정당한 이유가 있다는 결론에 이르렀다.
설령 원심의 판단처럼
피고인에게 자신을 제지한 공소외 2의 행위가
위법하다고 오인할 만한 정당한 이유가 있더라도,
이는 공소외 2를 밀친 피고인의 최초 행위를
정당화할 근거가 될 수 있을지는 몰라도
그 이후 공소외 2가
피고인에게 선제적으로 유형력을 행사하지 않았는데도
여러 차례에 걸쳐 먼저 공소외 2를 밀치며
유형력을 계속 행사한 피고인의 행위까지
정당화하는 근거가 될 수는 없다.
그런데도 원심은 피고인의 오인에 정당한 이유가 있는지를
구체적으로 판단하지 않은 채,

판시와 같은 이유만으로 이 사건 공소사실을
무죄로 판단한 제1심판결을 그대로 유지하였다.
이러한 원심의 판단에는
위법성조각사유의 전제사실에 대한 착오,
형법 제16조의 '정당한 이유'에 관한 법리를 오해하여
판결에 영향을 미친 잘못이 있다.

판결 해설

대상판결 쟁점은 위법성조각사유 전제사실 착오이다. 형법 제16조 법률착오 '정당한 이유'이다. 위법성조각사유의 전제사실에 대한 착오가 문제된 사건이다.

대법원은, 공무집행방해죄에서 공무집행의 적법성에 관한 피고인의 잘못된 법적 평가로 인하여 자신의 행위가 금지되지 않는다고 오인한 경우에는 그 오인에 정당한 이유가 있는지를 살펴보아야 한다. 이때 피고인의 오인에 정당한 이유가 있는지 여부는 구체적인 행위 정황, 오인에 이르게 된 계기나 원인, 행위자 개인의 인식 능력, 행위자가 속한 사회집단에서 일반적으로 기대되는 오인 회피 노력의 정도와 회피 가능성을 고려하여 피고인이 오인을 회피할 가능성이 있는지에 따라 판단하여야 한다.

이 사안에서 이와 같은 행위로 나아가게 된 전제사실 자체에 관하여는 피고인의 인식에 어떠한 착오도 존재하지 않고, 다만 경찰관인 공소외 2의 직무집행의 적법성에 대한 피고인의 주관적인 법적 평가가 잘못되었을 여지가 있을 뿐이다. 그러므로 피고인에게 위법성조각사유의 전제사실에 대한 착오가 있었다고 보기 어렵다고 판단하였다.

대상판결은 공무집행 적법성 요건·위법성조각사유 전제사실 착오·형법 제16조 법률착오 '정당한 이유' 법리를 명확히 설명한다. 대법원 판결은 타당하다. 국가고시·변호사시험 선택형으로 출제 가능성이 있다.

15

공동정범
공동정범 판단기준

유사기관 설치로 인한 「지방교육자치에 관한 법률」 위반죄에서 공동정범 성립 여부가 문제된 사건

대법원 2024. 12. 12. 선고 2024도7642 판결
[지방교육자치에관한법률위반]

[공소사실 요지]

피고인들이 공모하여 제8회 부산광역시 교육감 선거에서 피고인 1의 당선을 목적으로 공직선거법이 금지하는 유사기관인 이 사건 포럼을 설치하였다는 유사기관 설립·설치로 인한 「지방교육자치에 관한 법률」 위반으로 기소된 사안이다.

[법리 쟁점]

「지방교육자치에 관한 법률」이 준용하는 공직선거법 제89조 제1항이 금지하는 유사기관 설립·설치 범행이 즉시범인지 여부(적극) 및 유사기관 설립·설치 이후 관여한 행위를 유사기관 설립·설치로 인한 공직선거법위반죄의 공동정범으로 처벌할 수 있는지 여부(소극)

[참조조문]

공직선거법 제61조, 제89조 제1항, 제255조 제1항 제13호

[참조판례]

없음

[원심 판단]

제1심법원은 피고인들에게 유죄를 선고하였다.
원심법원은 피고인 2에게 무죄를 선고하였다.

원심은, 「지방교육자치에 관한 법률」 제49조 제1항에 의하여 준용되는 공직선거법 제89조 제1항이 금지하는 유사기관 설치 범행은 즉시범이므로 교육감 선거운동을 목적으로 한 유사기관인 이 사건 포럼이 설치된 이후 그 활동에 참여한 피고인 2에 대하여는 유사기관 설치 범행의 공동정범이 성립할 수 없다는 이유로, 피고인 2에 대한 이 부분 공소사실을 유죄로 판단한 제1심판결을 파기하고 무죄로 판단하였다.
피고인들 및 검사(피고인 2에 대하여)가 상고하였다.

[대법원 판단]
대법원은 상고를 모두 기각한다.

낭독 형법 판결문 15

대법원 2024. 12. 12. 선고 2024도7642 판결[지방교육자치에관한법률위반]
〈유사기관 설치로 인한 「지방교육자치에 관한 법률」 위반죄에서 공동정범 성립 여부가 문제된 사건〉

판시 사항

공직선거법 제89조 제1항에서 금지하는 '유사기관 설립·설치' 이후에 관여한 행위에 대하여 유사기관 설립·설치로 인한 공직선거법 위반죄의 공동정범으로 처벌할 수 있는지 여부(소극)

판결 요지

공직선거법은 제61조에서
선거운동기구인 선거사무소와 선거연락소 및
선거대책기구에 관하여
그 설치 주체를 정당 또는 후보자 등으로 제한하고
설치 숫자 및 장소 등을 엄격히 규제하는 한편,
제89조 제1항 본문에서
누구든지 위 규정에 따른 선거사무소, 선거연락소 및

선거대책기구 외에는 후보자 또는 후보자가 되려는 사람을 위하여 명칭 여하를 불문하고 유사기관을 새로이 설립 또는 설치하거나 이용할 수 없다고 하여 이를 금지하고 있으며, 제255조 제1항 제13호에서 그 위반행위자를 처벌하도록 하고 있다. 이는 후보자 간 선거운동기구의 형평성을 유지하고 각종 형태의 선거운동기구의 난립으로 인한 과열경쟁 및 낭비를 방지하기 위해 마련된 것이다.

이와 같이 공직선거법이 '유사기관 설립·설치'와 '유사기관 이용'을 구분하여 규정하고 있는 점, '설립' 내지 '설치'의 객관적 의미, 입법목적 등에 비추어 볼 때, 유사기관 설립·설치로 인한 공직선거법위반죄는 공직선거법에서 금지하는 유사기관을 설립·설치한 때에 성립함과 동시에 완성되는 즉시범이므로, 설립·설치 이후에 관여한 행위는 유사기관 설립·설치로 인한 공직선거법위반죄의 공동정범으로 처벌할 수 없다.

판결 해설

대상판결 쟁점은 공동정범이다. 유사기관 설치로 인한 「지방교육자치에 관한 법률」 위반죄에서 공동정범 성립 여부가 문제된 사건이다.

대법원은, 유사기관 설립·설치로 인한 공직선거법 위반죄는 공직선거법에서 금지하는 유사기관을 설립·설치한 때에 성립함과 동시에 완성되는 즉시범이다. 그러므로 설립·설치 이후 관여한 행위는 유사기관 설립·설치로 인한 공직선거법 위반죄의 공동정범으로 처벌할 수 없다.

대상판결은 공동정범 법리를 명확히 설명한다. 대법원 판결은 타당하다. 국가고시·변호사시험 선택형으로 출제 가능성이 있다.

공동정범론

1. 공동정범 의의

공동정범共同正犯은 2인 이상이 공동하여 죄를 범한 사람이다. 특징은 기능적 행위지배이다. 공동정범 본질은 범죄공동설과 행위공동설이 대립한다. 다수설과 판례는 행위공동설이다(임웅, 형법총론, 제13정판, 법문사, 2023, 463−489면).

2. 공동정범 성립요건

주관적 요건으로 공동가공 의사와 객관적 요건으로 기능적 행위지배이다. 동시범은 2인 이상이 죄를 범하여도 공동의사가 없어서 공동정범이 될 수 없다.

3. 공동정범 유형

편면적 공동정범은 인정될 수 없다. 한 사람만 범죄의사를 가진 경우이다. 공동의사 방법은 묵시적·암묵적 의사연결이 인정되면 충분하다.

공모공동정범은 공동의사가 행위 이전에 성립한 경우이다. 우연적 공동정범은 공동의사가 행위시에 성립한 경우이다.

승계적 공동정범은 공동의사가 행위 도중, 즉 실행행위 일부 종료 후 그 기수 이전에 성립한 경우이다. 판례는 승계적 공동정범을 인정한다. 후행자에게 가담 이후 행위에 대해 공동정범 성립을 인정한다.

과실범의 공동정범도 인정된다. 성립요건은 공동의 주의의무위반과 구성요건 실현행위의 공동이다. 판례는 행위공동설에 따라 과실범의 공동정범을 인정한다. 과실범의 공동정범에서 망을 보는 사람은 실행행위를 분담한 것이다. 실행행위의 분담은 반드시 현장에서 함께 하지 않아도 된다.

공모공동정범은 2인 이상 사람이 공모하여 일부가 범죄 실행에 나아간 때 실행행위를 담당하지 아니한 공모자에게도 공동정범이 성립한다. 판례는 배후거물이나 분담형 공모공동정범을 정범으로 처벌한다. 분업에 의한 기능적 역할분담에 중심이 있다. 적어도 공모자 중 1인은 실행에 착수하여야 한다. 판례는 “공모공동정범에서 공모는 어느 범죄에 공동가담하여 그 범죄를 실현하려는 의사 결합만 있으면 족하다"고 판시하였다. 전체 계획에 중요한 역할을 담당해야 한다.

4. 공모관계로부터 이탈과 공동정범과 중지미수

대법원 판례는 "다른 공모자가 실행에 착수한 후에 이탈한 경우, 다른 공범자에 의하여 그 범죄가 기수에 이른 때, 피고인은 그 범죄의 기수로 처벌받으며, 중지미수가 되지 않는다"고 판시하였다.

대법원은 종래 공모자 1인이 다른 공모자가 실행행위에 이르기 전에 공모관계에서 이탈한 때, 다른 공모자 행위에 대하여 공동정범 성립을 부정하였다. 그리고 공모자가 공모에 주도적으로 참여하여 다른 공모자 실행에 영향을 미친 때, 범행을 저지하기 위하여 적극적으로 노력하는 등 실행에 미친 영향력을 제거하지 아니하는 한, 공모관계에서 이탈하였다고 할 수 없다"고 보았다.

5. 공동의사와 공동정범의 형사처벌

공동정범은 각자를 그 죄의 정범으로 처벌한다(형법 제30조 제1항). 대법원은 "강도의 공동정범 가운데 한 사람이 상해를 가한 이상 다른 공동정범도 당연히 강도상해죄 공동정범의 죄책을 면할 수 없다"고 판시하였다. 공동정범은 공동의사 범위를 초과하여 성립할 수 없다. 초과한 부분에 대하여 공동정범이 성립하기 위해서 다른 공동자에게 고의가 있어야 한다(임웅, 형법총론, 제13정판, 법문사, 2023, 481－486면).

6. 결과적 가중범과 공동정범

결과적 가중범에서 공동정범은 인정된다. 대법원은 행위공동설의 입장에서 "기본행위에 대한 공동이 있는 이상 다른 공동자도 결과적 가중범에 대한 책임을 면할 수 없다"고 판시하였다. 결과적 가중범의 공동정범을 인정하기 위해서 공동정범의 각자가 형법 제15조 제2항에 근거하여 결과발생을 예견할 수 있어야 한다.

7. 비신분자와 공동정범

공무원 아닌 자도 수뢰죄 또는 허위공문서작성죄 공동정범이 될 수 있다. 비점유자도 점유자와 같이 횡령죄 공동정범이 될 수 있다. 타인과 공동하여 친족 재물을 절취한 사람은 처벌되지 않는다. 그러나 공동자는 절도죄 책임을 면할 수 없다. 타인과 공동하여 타인 존속을 살해한 사람은 보통살인죄가 성립한다.

8. 공동정범과 착오

공동정범 착오는 사실 착오에 대한 이론이 적용된다. 공동정범에서 한 사람의 객체착오는 다른 공동정범의 고의를 조각하지 않는다.

죄질이 서로 다른 구성요건 사이에 착오가 있는 경우 공동정범 성립을 부정한다. 질적 착오이다. 다만 공동의사 부분은 음모죄 또는 예비죄로 처벌된다. 갑과 을이 절도 공모를 하였지만, 을이 강간한 경우이다.

죄질이 서로 같은 구성요건 사이에 착오가 있는 경우 공동정범이 성립한다. 양적 초과 실행의 경우 공모한 부분만 공동정범이 성립한다. 갑과 을이 절도를 공모하였지만, 을이 강도한 경우이다. 과소 실행의 경우 실행한 사실의 범위에서 공동정범이 성립한다. 갑과 을이 강도를 공모하였지만, 을이 절도한 경우이다.

9. 공동정범과 합동범

합동범은 "2인 이상이 합동하여 범죄를 실현하는 경우" 성립한다. 형법 제331조 제2항 특수절도죄·형법 제334조 제2항 특수강도죄·형법 제146조 특수도주죄이다. 형벌을 가중하는 특별규정이다.

합동범의 본질은 현장설·가중적 공동정범설·공모공동설로 대립한다. 현장설은 "2인 이상이 합동"이라는 문언에서 법리를 구성한다. "시간적·장소적 협동"이다. 합동을 공동정범보다 좁은 개념으로 이해한다. 합동범의 성립요건은 '현장에서' 실행분담을 말한다. 대법원 판례는 1998년 5월 20일까지 가중적 공동정범설을 지지하였다. 현재는 '현장설'을 채택하고 있다. 현장(現場)은 시간(時間)·장소(場所)이다.

현장 이외의 장소에서 범죄에 가담한 사람은 '합동범'의 공동정범이다. 대법원 1998. 5. 21. 선고 98도321 전원합의체 판결은 종전 판례를 변경하였다. 합동범에 대한 공동정범·교사범·방조범은 모두 성립한다.

16

공범과 신분
공모자 수수 금품과 직무 관련 뇌물성 판단기준

공무원이 비공무원과 공모하여 수수한 금품 전체에 대한 뇌물성이 문제된 사건

대법원 2024. 3. 12. 선고 2023도17394 판결
[특정범죄가중처벌등에관한법률위반(뇌물)·사기·뇌물공여]

[공소사실 요지]

공무원으로 간주되는 도시개발조합장인 피고인 1과 공무원이 아닌 피고인 2가 공모하여 뇌물을 수수하였다고 기소된 사안이다. • **요약**

(지구명 생략)지구도시개발조합[이하 '(지구명 생략)지구조합'이라 한다]은 2021. 3. 무렵 피고인 1이 새로운 조합장으로 선출된 뒤, 사업비 마련을 위하여 90블럭 1롯트 8,624㎡(이하 '이 사건 체비지'라 한다)를 포함한 32개 체비지를 공개추첨입찰 방식으로 매각하기로 하고 이를 공고하였다.

이러한 (지구명 생략)지구 체비지 매각사실을 알게 된 피고인 2는 2021. 4. 중순 무렵 주식회사 (회사명 1 생략)[이하 '(회사명 1 생략)'이라 한다]을 운영하는 공소외 1에게 전화하여 "(지구명 생략)지구에 좋은 체비지가 있으니 소개비로 1억 원을 주면 공개추첨을 거치지 않고 수의계약을 체결하도록 하겠다."라고 제의하여, 공소외 1은 이를 승낙하였다.

이후 피고인 2는 2021. 4. 말 무렵 (지구명 생략)지구조합의 감사인 공소외 2에게 공소외 1이 이 사건 체비지를 수의계약으로 매수하고 싶어 한다는 의사를 전달하면서, 공소외 1은 수의계약 대가로 1억 원을 준다고 하는데 자신도 수수료로 1억 원을 챙겨야 하고, 중간에서 소개해 준 사람에게 1억 원을 줘야 하니, 공소외 1에게는 (지구명 생략)지구조합에서 3억 원을 요구한다고 전달하여 3억 원을 받게 되면 피고인 2가 2억 원, 피고

인 1과 공소외 2가 나머지 1억 원을 나누어 가지자고 제안하였다. 공소외 2는 이를 피고인 1에게 다시 전달하여 피고인 1이 이를 승낙함으로써 피고인들과 공소외 2는 공소외 1로부터 3억 원을 뇌물로 받기로 순차적으로 공모하였다.

이후 피고인 1과 공소외 1은 2021. 5. 3. 이 사건 체비지에 관하여 매매대금을 163억 원으로 하는 수의계약을 체결하였고, 공소외 1은 준비해 온 현금 3억 원을 피고인 2에게 전달하였다. 피고인 2는 공소외 1로부터 받은 3억 원 중 2억 원을 가지고, 공소외 2는 피고인 1의 아들 공소외 3에게 5,500만 원을 가져다주었으며, 자신은 4,500만 원을 가져갔다.

이로써 피고인들은 공소외 2와 공모하여 (지구명 생략)지구조합에서 취급하는 이 사건 체비지 매매와 관련하여, 공소외 1에게 수의계약으로 매매하는 대가로 공소외 1로부터 3억 원을 교부받아 뇌물을 수수하였다.

[법리 쟁점]

공무원이 공무원이 아닌 사람과 공모하여 금품을 수수한 경우 각 수수자가 수수한 금품별로 직무 관련성 유무를 달리 볼 수 있다면 각 금품마다 직무와의 관련성을 따져 뇌물성을 인정하여야 하는지 여부(적극)

[참조조문]

형법 제129조, 특정범죄 가중처벌 등에 관한 법률 제2조 제1항

[참조판례]

대법원 2011. 5. 26. 선고 2009도2453 판결(공2011하, 1335); 대법원 2012. 1. 12. 선고 2011도12642 판결

[원심 판단]

제1심법원은 피고인들에게 유죄를 선고하였다.

원심법원은 피고인들에게 유죄를 선고하였다.

원심은, 피고인들이 수수한 돈에 피고인 1의 직무행위에 대한 대가로서의 성질과 직무 외의 행위에 대한 대가로서의 성질이 불가분적으로 결합되어 있어 수수한 금품 전부가 뇌물에 해당한다고 판단하였다.

피고인들이 상고하였다.

[대법원 판단]

대법원은 원심판결 중 피고인들에 대한 유죄 부분을 파기하고, 이 부분

사건을 대구고등법원에 환송한다.
대법원은, 뇌물 가액 산정에 있어 각 수수자가 수수한 금품별로 직무 관련성 유무를 달리 볼 수 있다면 각 금품마다 직무와의 관련성을 따져 뇌물성을 인정하여야 한다는 법리를 설시하면서, 피고인들이 공모하여 수수한 금품 중 일부는 피고인 1의 직무와 직접 관련이 없어 수수한 금품 전부를 피고인 1의 직무행위에 대한 대가라고 보기 어렵다고 보아, 이와 달리 판단한 원심을 파기·환송하였다.

낭독 형법 판결문 16

대법원 2024. 3. 12. 선고 2023도17394 판결 [특정범죄가중처벌등에관한법률위반(뇌물)·사기·뇌물공여]
〈공무원이 비공무원과 공모하여 수수한 금품 전체에 대한 뇌물성이 문제된 사건〉

판시 사항

공무원이 수수한 금품에 직무행위에 대한 대가로서의 성질과 직무 외의 행위에 대한 대가로서의 성질이 불가분적으로 결합되어 있는 경우, 수수한 금품 전부가 직무행위에 대한 대가로서의 성질을 가지는지 여부(적극) / 금품의 수수가 수회에 걸쳐 이루어지고 각 수수 행위별로 직무 관련성 유무를 달리 볼 여지가 있는 경우 및 공무원이 아닌 사람과 공무원이 공모하여 금품을 수수하고 각 수수자가 수수한 금품별로 직무 관련성 유무를 달리 볼 수 있는 경우, 직무 관련성을 판단하는 방법

판결 요지

[1] 도시개발법 제84조는
"조합의 임직원, 제20조에 따라 그 업무를 하는 감리원은
형법 제129조부터 제132조까지의 규정에 따른 벌칙을
적용할 때 공무원으로 본다."라고 규정하고 있고, 있다.
「특정범죄 가중처벌 등에 관한 법률」(이하 '특정범죄가중법'이라 한다) 제2조 제1항은

형법 제129조·제130조 또는 제132조에 규정된 죄를 범한 사람을
그 수수·요구 또는 약속한 뇌물의 가액에 따라
가중처벌하고 있으므로, 있다.

위 도시개발법 조항에 따라 공무원으로 의제되는 조합의 임직원이
특정범죄가중법 제2조 제1항 각 호에서 정하는
액수 이상의 뇌물을 수수·요구 또는 약속한 경우에는
위 법률에 따라 가중처벌 된다.

위와 같이 뇌물죄에서의 수뢰액은
그 많고 적음에 따라 범죄구성요건이 되므로
엄격한 증명의 대상이 된다.

이때 공무원이 수수한 금품에
그 직무행위에 대한 대가로서의 성질과
직무 외의 행위에 대한 대가로서의 성질이
불가분적으로 결합되어 있는 경우에는
그 수수한 금품 전부가
불가분적으로 직무행위에 대한 대가로서의 성질을 가진다.

다만 그 금품의 수수가 수회에 걸쳐 이루어졌고
각 수수 행위별로 직무 관련성 유무를
달리 볼 여지가 있는 경우에는
그 행위마다 직무와의 관련성 여부를 가릴 필요가 있다(대법원 2011. 5. 26. 선고 2009도2453 판결, 대법원 2012. 1. 12. 선고 2011도12642 판결 등 참조).

그리고 공무원이 아닌 사람과 공무원이 공모하여
금품을 수수한 경우에도 각 수수자가 수수한 금품별로
직무 관련성 유무를 달리 볼 수 있다면,

각 금품마다 직무와의 관련성을 따져
뇌물성을 인정하는 것이 책임주의 원칙에 부합한다.

[2] (지구명 생략) 지구조합의 조합장인 피고인 1과
감사인 공소외 2는
공소외 1 운영의 (회사명 1 생략)에 (지구명 생략)지구조합의
이 사건 체비지를 수의계약으로 매도하는 대가로
처음부터 1억 원을 받기로 하였다.

다만 피고인 1과 공소외 2는 피고인 2가
중개업자로서 자신의 중개행위에 대한 수수료 또는 용역비로
조합을 핑계 삼아 피고인 1과 공소외 2가 받는 돈 이상을
공소외 1에게 요구하는 것을 묵인한 사실이 있을 뿐,
피고인 1의 조합장으로서의 직무집행에 대한 대가로서
공소외 1로부터 총 3억 원을 받는다는 인식과 의사는
없었던 것으로 보인다.
이러한 경우 피고인 2가 중개수수료 또는
용역비 명목으로 돈을 지급받은 것을
피고인 1이 직접 뇌물을 받은 것과 동일하게 평가하기는 어렵다.

공소외 1도 전체적으로 이 사건 체비지에 관한
매매계약 체결과 관련된
비용으로 생각하며 3억 원을 지급하면서
그저 막연히 3억 원을 조합 측 사람과
피고인 2 기타 수의계약을 소개하거나 체결에 관여한 사람들이
나눠 가질 것이라고만 인식한 것이지,
3억 원 전부가
이 사건 체비지에 관한 수의계약 대가로

조합 측에 전달될 것이라고 생각한 것은 아니었다.

**공소외 1이 3억 원을 누가 어떻게 분배해서 가져가는지에 대해
정확히 알지 못하였다는 사정만으로
3억 원 전부가
이 사건 체비지에 관한 수의계약 대가로서
불가분적으로 결합되어 있다고 할 수 없다.**

**따라서 공소외 1이 피고인 2에게 준 3억 원 전부를
조합 측에 대한 뇌물이라고 단정할 수 없고,
조합 임직원인 피고인 1, 공소외 2와 중개업자인 피고인 2의
각 수수금액별로 그 명목을 따져 보면,
3억 원 중 일부는
피고인 2가 중개업자로서 행한 중개행위에 대한
대가로 볼 여지가 있고
이 부분은 조합장인 피고인 1의 직무와 직접 관련이 없다.**

**따라서 피고인들이 수령한 3억 원 전부가
조합장 피고인 1의 직무행위에 대한 대가라고 보기는 어렵다.**

판결 해설

대상판결 쟁점은 공범과 신분이다. 공무원이 비공무원과 공모하여 수수한 금품 전체에 대한 뇌물성 판단기준이다.

대법원은, 각 수수 행위마다 직무 관련성 여부를 가릴 필요가 있다. 각 수수자가 수수한 금품별로 직무 관련성 유무를 달리 볼 수 있다면, 각 금품마다 직무와의 관련성을 따져 뇌물성을 인정하는 것이 책임주의 원칙에 부합한다고 판단하였다.

대상판결은 직무관련 뇌물성과 책임주의 법리를 명확히 설명한다. 대법원 판결은 타당하다. 국가고시·변호사시험 선택형으로 출제 가능성이 있다.

17

죄 수
실체적 경합범

형법 제114조의 범죄단체조직, 가입, 활동 및 「마약류 관리에 관한 법률」 위반(향정)죄 성립 여부가 문제된 사건

대법원 2024. 7. 25. 선고 2024도6909 판결
[마약류불법거래방지에관한특례법위반·마약류관리에관한법률위반(향정)·마약류관리에관한법률위반(대마)·범죄단체조직·범죄단체가입·범죄단체활동·범죄수익은닉의규제및처벌등에관한법률위반·사기·사기미수·상해]

[공소사실 요지]

피고인 1, 2, 3이 범죄집단을 조직하고, 나머지 피고인들이 위 범죄집단에 가입하여 범죄집단 구성원으로 활동하였다는 등의 범죄단체조직, 가입, 활동 및 「마약류 관리에 관한 법률」 위반(향정) 등으로 기소된 사안이다.

[법리 쟁점]

형법 제114조의 '범죄를 목적으로 하는 집단'과 조직, 가입, 활동의 의미 및 범죄집단활동죄와 개별 「마약류 관리에 관한 법률」 위반(향정)죄의 죄수관계(=실체적 경합범)

[참조조문]

[1] 형법 제114조 [2] 형법 제37조, 제114조, 마약류 관리에 관한 법률 제2조 제3호 (나)목, 제4조 제1항 제1호, 제60조 제1항 제2호

[참조판례]

[1][2] 대법원 2008. 5. 29. 선고 2008도1857 판결 [1] 대법원 2009. 9. 10. 선고 2008도10177 판결(공2009하, 1697); 대법원 2013. 10. 17. 선고 2013도6401 판결; 대법원 2020. 8. 20. 선고 2019도16263 판결(공2020하, 1824)

[원심 판단]

제1심법원은 피고인들에게 유죄를 선고하였다.

원심법원은 피고인들에게 유죄를 선고하였다.

원심은, 피고인 1, 2, 3이 마약류를 매매하고 마약류 판매대금을 세탁한다는 공동목적 아래 구성원들이 정해진 역할분담에 따라 행동함으로써 범죄를 반복적으로 실행할 수 있는 조직체계를 갖춘 계속적인 결합체로서 형법 제114조의 '범죄집단'을 조직하고, 나머지 피고인들이 위 범죄집단에 가입하여 함께 마약류 판매 등 범행, 범죄수익은닉 범행 등을 저지르면서 범죄집단의 구성원으로 활동하였으며, 범죄집단활동죄와 개별 「마약류 관리에 관한 법률」 위반(향정)죄는 실체적 경합관계에 있다고 보아 범죄집단조직, 가입, 활동죄 및 개별 「마약류 관리에 관한 법률」 위반(향정)죄가 성립한다고 판단하였다.

피고인들이 상고하였다.

[대법원 판단]

대법원은 상고를 모두 기각한다.

낭독 형법 판결문 17

대법원 2024. 7. 25. 선고 2024도6909 판결 [마약류불법거래방지에관한특례법위반·마약류관리에관한법률위반(향정)·마약류관리에관한법률위반(대마)·범죄단체조직·범죄단체가입·범죄단체활동·범죄수익은닉의규제및처벌등에관한법률위반·사기·사기미수·상해]

〈형법 제114조의 범죄단체조직, 가입, 활동 및 「마약류 관리에 관한 법률」 위반(향정)죄 성립 여부가 문제된 사건〉

판시 사항

[1] 형법 제114조에서 정한 '범죄집단'의 의미와 요건 / 범죄집단 '조직' 및 '가입'의 의미 / 범죄집단 구성원으로서의 '활동'의 의미 및 이에 해당하는지 판단하는 기준

[2] 범죄집단 구성원으로서 활동하는 행위로 인한 범죄집단활동죄와 개별 마약류 관리에 관한 법률 위반(향정)죄의 죄수관계(=실체적 경합범)

판결 요지

범죄집단이란 특정 다수인이
사형, 무기 또는 장기 4년 이상의 범죄를 수행한다는 공동목적 아래
구성원들이 정해진 역할분담에 따라 행동함으로써
범죄를 반복적으로 실행할 수 있는 조직체계를 갖춘
계속적인 결합체를 의미한다.

다만 그 단체를 주도하거나
내부의 질서를 유지하는 '최소한의 통솔체계'가
요구되는 '범죄단체'와 달리,
범죄의 계획과 실행을 용이하게 할 정도의
조직적 구조를 갖추어야 한다(대법원 2008. 5. 29. 선고 2008도1857 판결, 대법원 2020. 8. 20. 선고 2019도16263 판결 참조).

범죄집단의 '조직'은 특정 다수인이
의사 연락을 통하여 계속적으로 결합된 집합체를 형성함을
의미하고 일정한 형식을 필요로 하지 않는다.
또한 '가입'이란 이미 조직된 집단의 취지에 동조하여
구성원으로 참가하는 것을 말하고
그 방법이나 형식에 특별한 제한이 있는 것은 아니다.

범죄집단 구성원으로서의 '활동'이란
범죄집단의 조직구조에 따른
조직적·집단적 의사결정에 기초하여 행하는
범죄집단의 존속·유지를 지향하는 적극적인 행위를 일컫는다.

특정한 행위가
범죄집단의 구성원으로서의 '활동'에 해당하는지 여부는
당해 행위가 행해진 일시, 장소 및 그 내용,

행위가 이루어지게 된 동기 및 경위, 목적,
의사 결정자와 실행 행위자 사이의 관계 및
그 의사의 전달 과정 등의
구체적인 사정을 종합하여 실질적으로 판단하여야 한다(대법원 2009. 9. 10. 선고 2008도10177 판결, 대법원 2013. 10. 17. 선고 2013도6401 판결 등 참조).

또, 범죄집단활동죄와 개별 마약류관리에관한법률위반(향정)죄는
그 구성요건, 보호법익 및 입법취지가 다르므로
위 두 죄는 실체적 경합관계에 있다(범죄단체 구성원으로서 활동하는 행위와 집단감금 또는 집단상해행위는 각각 별개의 범죄구성요건을 충족하는 독립된 행위라고 본 대법원 2008. 5. 29. 선고 2008도1857 판결 참조).

판결 해설

대상판결 쟁점은 죄수이다. 실체적 경합범이다. 형법 제114조의 범죄단체조직, 가입, 활동 및 「마약류 관리에 관한 법률」 위반(향정)죄 성립 여부가 문제된 사건이다.

대법원은, 범죄집단활동죄와 개별 마약류 관리에 관한 법률 위반(향정)죄는 그 구성요건, 보호법익 및 입법 취지가 다르므로 위 두 죄는 실체적 경합관계에 있다고 판단하였다.

범죄단체 구성원으로서 활동하는 행위와 집단감금 또는 집단상해행위는 각각 별개의 범죄구성요건을 충족하는 독립된 행위라고 본 대법원 2008. 5. 29. 선고 2008도1857 판결을 참조하였다.

대상판결은 죄수·실체적 경합범·형법 제114조의 범죄단체조직, 가입, 활동 및 「마약류 관리에 관한 법률」 위반(향정)죄 성립 법리를 명확히 설명한다. 대법원 판결은 타당하다. 국가고시·변호사시험 선택형으로 출제 가능성이 있다.

18

누 범
다시 이들 죄를 범하여 누범으로 처벌하는 경우

특정범죄가중법 제5조의4 제5항 중 '다시 이들 죄를 범하여 누범으로 처벌하는 경우'의 의미가 문제된 사건

대법원 2024. 1. 25. 선고 2023도14307 판결
[특정범죄가중처벌등에관한법률위반(절도)]

[공소사실 요지]

특정범죄가중법위반(절도)죄, 상습절도죄 등으로 세 번 이상 징역형을 받은 전력이 있는 피고인이 준강도미수죄를 범하여 그 누범 기간에 있는 도중, 다시 야간방실침입절도죄 등을 범하여 특정범죄가중법 제5조의4 제5항 제1호 위반의 공소사실로 기소된 사안이다.

[법리 쟁점]

특정범죄 가중처벌 등에 관한 법률 제5조의4 제5항의 규정 취지 / 같은 항 제1호 중 '다시 이들 죄를 범하여 누범으로 처벌하는 경우' 부분에서 '이들 죄'의 의미(=형법 제329조 내지 제331조의 죄 또는 그 미수죄) 및 이때 누범관계에 있는 앞의 범행이 '이들 죄'와 동종의 범죄일 것을 요하는지 여부(적극)

[참조조문]

특정범죄 가중처벌 등에 관한 법률 제5조의4 제5항 제1호, 형법 제35조, 제329조, 제330조, 제331조, 제342조

[참조판례]

대법원 2020. 2. 27. 선고 2019도18891 판결(공2020상, 766)

[원심 판단]

제1심법원은 피고인에게 유죄를 선고하였다.

원심법원은 피고인에게 유죄를 선고하였다.

원심은, 피고인이 특정범죄가중법위반(절도)죄 등으로 세 번 이상 징역형을 받은 사실, 특정범죄가중법위반(절도)죄를 범하여 그 누범 기간 도중에 이 사건 각 범행을 저지른 사실을 인정하여 피고인에게 특정범죄가중법 제5조의4 제5항 제1호를 적용하여 유죄로 판단하였다.

피고인이 상고하였다.

[대법원 판단]

대법원은 원심판결을 파기하고, 사건을 서울서부지방법원에 환송한다.

대법원은, 피고인이 특정범죄가중법위반(절도)죄가 아닌 준강도미수죄로 처벌받아 그 누범 기간에 이 사건 각 범행을 저질렀고 달리 '형법 제329조 내지 제331조의 죄 또는 그 미수죄'를 범하여 그 누범 기간 내에 이 사건 각 범행을 저지른 것으로 보이지 않는 이상, 이 사건 공소사실은 특정범죄가중법 제5조의4 제5항 제1호에서 정한 '다시 이들 죄를 범하여 누범으로 처벌하는 경우'에 해당하지 않는다고 판단하여, 이와 달리 판단한 원심판결을 파기·환송하였다.

낭독 형법 판결문 18

대법원 2024. 1. 25. 선고 2023도14307 판결 [특정범죄가중처벌등에관한법률위반(절도)]

〈특정범죄가중법 제5조의4 제5항 중 '다시 이들 죄를 범하여 누범으로 처벌하는 경우'의 의미가 문제된 사건〉

판시 사항

특정범죄 가중처벌 등에 관한 법률 제5조의4 제5항의 규정 취지 / 같은 항 제1호 중 '다시 이들 죄를 범하여 누범으로 처벌하는 경우' 부분에서 '이들 죄'의 의미(=형법 제329조 내지 제331조의 죄 또는 그 미수죄) 및 이때 누범관계에 있는 앞의 범행이 '이들 죄'와 동종의 범죄일 것을 요하는지 여부(적극)

판결 요지

[1] 「특정범죄 가중처벌 등에 관한 법률」 제5조의4 제5항의 규정 취지는
같은 항 각호에서 정한 죄 가운데 동일한 호에서 정한 죄를
3회 이상 반복 범행하고,
다시 그 반복 범행한 죄와 동일한 호에서 정한 죄를 범하여
누범에 해당하는 경우에는
동일한 호에서 정한 법정형으로 처벌한다는 뜻으로 보아야 한다.
그러므로 「특정범죄 가중처벌 등에 관한 법률」 제5조의4 제5항 제1호(이하 '이 사건 조항'이라고 한다) 중
'다시 이들 죄를 범하여 누범으로 처벌하는 경우' 부분에서
'이들 죄'라 함은,
앞의 범행과 동일한 범죄일 필요는 없으나, 없다. 그러나
「특정범죄 가중처벌 등에 관한 법률」 제5조의4 제5항 각호에 열거된 모든 죄가 아니라
앞의 범죄와 동종의 범죄,
즉 형법 제329조 내지 제331조의 죄 또는 그 미수죄를 의미하고
(대법원 2020. 2. 27. 선고 2019도18891 판결 참조),
누범관계에 있는 앞의 범행이 '이들 죄'와
동종의 범죄일 것을 요한다.

[2] 피고인은 2018. 10. 26. 서울고등법원에서
준강도미수죄로 징역 2년을 선고받았고,
「특정범죄 가중처벌 등에 관한 법률」 위반(절도) 부분은
이유에서 무죄로 판단되었음을 알 수 있다.
준강도미수죄는 형법 제329조부터 제331조까지의 죄 또는
그 미수죄에 해당하지 않고,

기록에 의하여 확인되는 피고인의 다른 전과를 살펴보더라도,
피고인이 형법 제329조부터 제331조까지의 죄 또는
그 미수죄를 범하여 그 누범 기간 내에
이 사건 각 범행을 저지른 것이라고 보이지 않는다.
그런데도 피고인에게 이 사건 조항을 적용하여
이 사건 공소사실을 모두 유죄로 판단한 원심판결에는
이 사건 조항에서 정한 '다시 이들 죄를 범하여 누범으로
처벌하는 경우'의 해석 등에 관한 법리를 오해하여
필요한 심리를 다하지 아니함으로써
판결에 영향을 미친 잘못이 있다.
그러므로 상고이유에 대한 판단을 생략한 채
원심판결을 파기하고,
사건을 다시 심리·판단하도록 원심법원에 환송하기로 하여,
관여 대법관의 일치된 의견으로 주문과 같이 판결한다.

판결 해설

대상판결 쟁점은 누범이다. '다시 이들 죄를 범하여 누범으로 처벌하는 경우'의 의미이다.

대법원은, 「특정범죄 가중처벌 등에 관한 법률」 제5조의4 제5항 제1호 중 '다시 이들 죄를 범하여 누범으로 처벌하는 경우' 부분에서 '이들 죄'라 함은, 앞의 범행과 동일한 범죄일 필요는 없다. 그러나 「특정범죄 가중처벌 등에 관한 법률」 제5조의4 제5항 각호에 열거된 모든 죄가 아니라 앞의 범죄와 동종의 범죄, 즉 형법 제329조 내지 제331조의 죄 또는 그 미수죄를 의미하고(대법원 2020. 2. 27. 선고 2019도18891 판결 참조), 누범관계에 있는 앞의 범행이 '이들 죄'와 동종의 범죄일 것을 요한다고 판단하였다.

대상판결은 누범 법리를 명확히 설명한다. 대법원 판결은 타당하다. 국가고시·변호사시험 선택형으로 출제 가능성이 있다.

19

몰 수
휴대전화 몰수와 비례원칙

휴대전화 몰수가 비례의 원칙에 위반되는지 여부가 문제된 사건

대법원 2024. 1. 4. 선고 2021도5723 판결
[마약류관리에관한법률위반(향정)·마약류관리에관한법률위반(대마)]

[공소사실 요지]

검사는 피고인이 대마 관련 범행 시 문자메시지를 몇 차례 주고받고 필로폰 관련 범행 시 통화를 1회할 때 사용한 휴대전화를 '범죄행위에 제공된 물건'에 해당된다고 보아 몰수하였다.

[법리 쟁점]

[1] 형법상 몰수에 비례의 원칙에 따른 제한이 적용되는지 여부(적극)
[2] 몰수가 비례의 원칙에 위반되는지 여부 판단방법

[참조조문]

구 형법(2020. 12. 8. 법률 제17571호로 개정되기 전의 것) 제48조 제1항 제1호

형법 제48조(몰수의 대상과 추징)

① 범인 외의 자의 소유에 속하지 아니하거나 범죄 후 범인 외의 자가 사정을 알면서 취득한 다음 각 호의 물건은 전부 또는 일부를 몰수할 수 있다.
1. 범죄행위에 제공하였거나 제공하려고 한 물건
2. 범죄행위로 인하여 생겼거나 취득한 물건
3. 제1호 또는 제2호의 대가로 취득한 물건

② 제1항 각 호의 물건을 몰수할 수 없을 때에는 그 가액(가액)을 추징한다.

③ 문서, 도화(도화), 전자기록(전자기록) 등 특수매체기록 또는 유가증권의 일부가 몰수의 대상이 된 경우에는 그 부분을 폐기한다.

[전문개정 2020.12.8.]

[참조판례]

대법원 2006. 9. 14. 선고 2006도4075 판결(공2006하, 1774); 대법원 2008. 4. 24. 선고 2005도8174 판결; 대법원 2013. 5. 23. 선고 2012도11586 판결(공2013하, 1172); 대법원 2017. 10. 23. 선고 2017도5905 판결

[원심 판단]

제1심법원은 피고인에게 유죄를 선고하였다. 휴대전화가 구 형법 제48조 제1항 제1호의 '범죄행위에 제공한 물건'에 해당된다고 보아 몰수를 명하였다.
원심법원은 피고인에게 유죄를 선고하였다.
원심은, 대마 관련 범행 시 문자메시지를 몇 차례 주고받고 필로폰 관련 범행 시 통화를 1회할 때 사용한 휴대전화를 '범죄행위에 제공된 물건'에 해당된다고 보아 몰수를 명한 제1심판결을 유지하였다.
피고인이 상고하였다.

[대법원 판단]

대법원은 원심판결을 파기하고, 사건을 수원지방법원에 환송한다.
대법원은, ① 타인 명의 휴대전화의 개통 경위·목적·사용기간·사용내역,
② 마약 등의 수수 및 흡연(투약)을 본질로 하는 이 사건 범죄의 실행행위 자체 또는 범행의 직접적 도구로 사용된 것은 아닌 점,
③ 이 사건 범행으로 체포되기까지 약 1년 6개월 동안 이 사건 휴대전화를 일상적인 생활도구로 사용하던 중 이 사건 범죄사실과 관련하여 상대방과의 연락 수단으로 일시적으로 이용한 것일 뿐 이 사건 범행의 직접적이고 실질적인 목적·수단·도구로 사용하기 위하여 또는 그 과정에서 범행·신분 등을 은폐하기 위한 부정한 목적으로 타인 명의로 개통하여 사용한 것으로 보이지는 않는 등 이 사건 범죄와의 상관성은 매우 낮은 편이어서 이를 몰수되지 않으면 다시 이를 직접적이고 실질적인 범행의 목적·수단·도구로 이용하여 동종 범행을 저지를 가능성이나 위험성이 높다고 보기 어려운 점,
④ 이 사건 휴대전화의 증거가치 혹은 관련·동종의 범행 예방 차원에서 피고인의 점유 내지 소유권을 박탈할 필요성이 높아 보이지 않는 점,
⑤ 이 사건 휴대전화는 단순히 금전적·경제적 가치를 넘어 해외에 거주하는 가족과 연락할 수 있는 수단이자 지인의 연락처·금융거래 및 각종 계

정 등 다수의 개인정보와 전자정보가 저장된 장치로서 피고인에게는 일상생활과 경제활동 등에 필수불가결한 물건으로 보이는 점 등을 종합하여, 이 사건 휴대전화는 비록 최초 압수 당시에는 몰수 요건에 형식적으로 해당한다고 볼 수 있었다 하더라도 **몰수로 인하여 피고인에게 미치는 불이익의 정도가 지나치게 큰 편이라는 점에서 비례의 원칙상 몰수가 제한되는 경우에 해당한다고 볼 여지가 많다**고 보아, 이와 달리 판단한 원심판결을 파기·환송하였다.

낭독 형법 판결문 19

대법원 2024. 1. 4. 선고 2021도5723 판결 [마약류관리에관한법률위반(향정)·마약류관리에관한법률위반(대마)]

〈휴대전화 몰수가 비례의 원칙에 위반되는지 여부가 문제된 사건〉

판시 사항

구 형법 제48조 제1항 제1호에서 몰수 대상으로 정한 '범죄행위에 제공한 물건'의 의미 / 위 조항에 의한 몰수가 임의적이라도 비례의 원칙에 따른 제한을 받는지 여부(적극) 및 비례의 원칙 위반 여부를 판단할 때 고려하여야 할 사정 / 휴대전화의 동영상 촬영기능을 이용하여 피해자를 촬영한 행위 자체가 범죄에 해당하는 경우, 휴대전화는 '범죄행위에 제공된 물건', 촬영되어 저장된 동영상은 휴대전화에 저장된 전자기록으로서 '범죄행위로 인하여 생긴 물건'에 각각 해당하는지 여부(적극) 및 이때 법원이 휴대전화를 몰수하지 않고 동영상만을 몰수하는 것도 가능한지 여부(적극)

판결 요지

구 형법(2020. 12. 8. 법률 제17571호로 일부 개정되기 전의 것, 이하 같다) **제48조 제1항 제1호의 '범죄행위에 제공한 물건'은**
범죄의 실행행위 자체에 사용한 물건만 의미하는 것이 아니라
실행행위 착수 전 또는 실행행위 종료 후 행위에 사용한 물건 중

범죄행위의 수행에 실질적으로 기여하였다고 인정되는
물건까지도 포함한다(대법원 2006. 9. 14. 선고 2006도4075 판결 등 참조).
한편, 위 조항에 따른 몰수는 임의적인 것이어서
그 요건에 해당되더라도 실제로 이를 몰수할 것인지 여부는
법원의 재량에 맡겨져 있지만
형벌 일반에 적용되는 비례의 원칙에 따른 제한을 받는데, 받는다.
몰수가 비례의 원칙에 위반되는 여부를 판단하기 위해서는,
몰수 대상 물건이 범죄 실행에 사용된 정도와 범위 및
범행에서의 중요성,
물건의 소유자가 범죄 실행에서 차지하는 역할과 책임의 정도,
범죄 실행으로 인한 법익 침해의 정도,
범죄 실행의 동기, 범죄로 얻은 수익,
물건 중 범죄 실행과 관련된 부분의 별도 분리 가능성,
물건의 실질적 가치와 범죄와의 상관성 및 균형성,
물건이 행위자에게 필요불가결한 것인지 여부,
몰수되지 아니할 경우 행위자가 그 물건을 이용하여
다시 동종 범죄를 실행할 위험성 유무 및 그 정도 등
제반 사정이 고려되어야 한다(대법원 2008. 4. 24. 선고 2005도8174 판결, 대법원 2013. 5. 23. 선고 2012도11586 판결 참조).
또한, 전자기록은
일정한 저장매체에 전자방식이나 자기방식에 의하여
저장된 기록으로서 저장매체를 매개로 존재하는 물건이므로
위 조항에 정한 사유가 있는 때에는 이를 몰수할 수 있는바, 있다.
가령 휴대전화의 동영상 촬영기능을 이용하여
피해자를 촬영한 행위 자체가 범죄에 해당하는 경우,
휴대전화는 '범죄행위에 제공된 물건',
촬영되어 저장된 동영상은

휴대전화에 저장된 전자기록으로서 ‘범죄행위로 인하여 생긴 물건’에 각각 해당하고 이러한 경우 법원이 휴대전화를 몰수하지 않고 동영상만을 몰수하는 것도 가능하다(대법원 2017. 10. 23. 선고 2017도5905 판결).

판결 해설

대상판결 쟁점은 몰수이다. 휴대전화 몰수와 비례원칙이다. 대법원은, 전자기록은 일정한 저장매체에 전자방식이나 자기방식에 의하여 저장된 기록으로서 저장매체를 매개로 존재하는 물건이다. 그러므로 위 조항에 정한 사유가 있는 때에는 이를 몰수할 수 있다. 휴대전화의 동영상 촬영기능을 이용하여 피해자를 촬영한 행위 자체가 범죄에 해당하는 경우, 휴대전화는 ‘범죄행위에 제공된 물건’, 촬영되어 저장된 동영상은 휴대전화에 저장된 전자기록으로서 ‘범죄행위로 인하여 생긴 물건’에 각각 해당한다. 이러한 경우 법원이 휴대전화를 몰수하지 않고 동영상만을 몰수하는 것도 가능하다고 판단하였다.

대상판결은 몰수 법리를 명확히 설명한다. 대법원 판결은 타당하다. 국가고시·변호사시험 선택형으로 출제 가능성이 있다.

“전자기록은 일정한 저장매체에 전자방식이나 자기방식에 의하여 저장된 기록으로서 저장매체를 매개로 존재하는 물건이다.” 디지털 시대에 부합하는 해석이다. 입법에 널리 반영되기를 기대한다. 형법 제346조(동력)와 형사소송법 제106조(압수) 개정이다.

1. 형법 제346(동력)

(1) 현행

✎ **참조 조문**

> **형법 제346조(동력)** 본장의 죄에 있어서 관리할 수 있는 동력은 재물로 간주한다.
>
> [출처] 형법 일부개정 2025.04.08 [법률 제20908호, 시행 2025.4.8.] 법무부

(2) 개선방안

✎ 입법 제안

형법 제346조(동력) 제38장 절도죄와 강도죄에서 재물은 유체물·관리 가능한 물리적 동력·전파·레이저·광선에너지·전자형태 아이템(item)·전자문서·전자기록을 포함한다.

[개정방향] ※ 명확성·간결성·가독성
※ 본장의 죄에 있어서 ⇒ 제38장 절도죄와 강도죄에서
※ 디지털시대 재물개념 변화 수용. 재산 가치 있는 유형물건·무형물건으로 정비가 필요함

(3) 개정이유

형법 제346조는 전면개정이 필요하다. 우리는 현재 정보이용 관점에서 보면, 세대교체 중에 있다. 사람들은 인쇄정보를 유일한 정보형태로 신뢰한다. 그러나 책 속에 정보가 들어 있든, 단말기 안에 있든, 다른 형태로 되어 있든, 정보는 정보다.

이런 시각에서 보면, 대법원 2002. 7. 12. 선고 2002도745 판결 <컴퓨터에 저장되어 있는 '정보'의 재물성 유무(소극)>는 아쉬움이 많다. 엄격해석 때문이다. 그 해결은 입법개정 밖에 없다.

생각건대 전통적 재물개념은 디지털시대에 부합하지 않는다. 인쇄매체시대 형법 규정은 디지털시대에 맞게 개정되어야 한다. 입법자들은 디지털시대에서 전자로 된 새로운 형태의 중대한 변화와 그 의미를 발견해야 한다. 가상공간은 현실공간만큼 적극적이다. 오히려 더 창조적인 공간이 되었다. 정보가 보호되고 지켜질 때 재가공 되며, 변화될 때 정보가 더 가치를 발하는 공간이다. 여기서 갈등을 해소하고 변화를 조정하기 위해, 효과적인 법률이 필요하다. 이제 낡은 법률을 폐지하고, 새로운 법제 환경을 창출해야 한다. 형법 제346조가 그 역할을 수행해야 한다. 재물은 유체물·관리 가능한 물리적 동력·전파·레이저·광선에너지·전자형태 아이템(item)·전자문서·전자기록을 포함한다. 디지털(digital) 재물개념이다(하태영, 형법조문강화, 법문사, 2019, 632−634면).

2. 형사소송법 제106조(압수)

(1) 현행

✎ 참조 조문

형사소송법 제106조(압수) ① 법원은 필요한 때에는 피고사건과 관계가 있다고 인정할 수 있는 것에 한정하여 증거물 또는 몰수할 것으로 사료하는 물건을 압수할 수 있다. 단, 법률에 다른 규정이 있는 때에는 예외로 한다. 〈개정 2011.7.18〉

② 법원은 압수할 물건을 지정하여 소유자, 소지자 또는 보관자에게 제출을 명할 수 있다.

③ 법원은 압수의 목적물이 컴퓨터용디스크, 그 밖에 이와 비슷한 정보저장매체(이하 이 항에서 "정보저장매체등"이라 한다)인 경우에는 기억된 정보의 범위를 정하여 출력하거나 복제하여 제출받아야 한다. 다만, 범위를 정하여 출력 또는 복제하는 방법이 불가능하거나 압수의 목적을 달성하기에 현저히 곤란하다고 인정되는 때에는 정보저장매체등을 압수할 수 있다. 〈신설 2011.7.18〉

④ 법원은 제3항에 따라 정보를 제공받은 경우 「개인정보 보호법」 제2조제3호에 따른 정보주체에게 해당 사실을 지체 없이 알려야 한다. 〈신설 2011.7.18.〉

[출처] 형사소송법 일부개정 2024.10.16 [법률 제20460호, 시행 2025.1.17.] 법무부

(2) 개선방안

✎ 입법 제안

형사소송법 제106조(압수) ① 법원은 필요한 경우 피고사건 범죄혐의에 한정하여 증거물·몰수할 물건(전자기록 포함)을 압수할 수 있다. 다만 법률에 다른 규정이 있으면 그 규정을 적용한다. [개정 2011.7.18] [[시행일 2012.1.1]]

② 법원은 압수할 물건을 지정하여 소유자·소지자·보관자에게 제출을 명할 수 있다.

③ 법원은 압수목적물이 컴퓨터용디스크·그 밖에 이와 비슷한 정보저장매체(이하 이 항에서 "정보저장매체 등"이라 한다)인 경우 다음 순서로 압수절차를 진행한다.

1. 기억된 정보에서 범위를 정하여 출력·복제하여 제출을 받는다.
2. 정보 범위를 정하여 출력·복제하는 방법이 불가능한 경우 정보저장매체 등을 압수할 수 있다.
3. 압수 목적 달성이 현저히 곤란하다고 인정되는 경우 정보저장매체 등을 압

수할 수 있다. [신설 2011.7.18] [[시행일 2012.1.1]]
④ 법원은 제3항에 근거하여 정보를 제공받은 경우 「개인정보 보호법」 제2조 제3호에 근거한 정보주체에게 해당 사실을 지체 없이 알린다. [신설 2011.7. 18] [[시행일 2012.1.1.]]

[개정방향]
※ 일본식 조사 '의'(の) 삭제⇒국어는 띄어쓰기를 하고 있음
※ 명확성·간결성·가독성
※ 국어문법 정비
※ 제3항 개조식 정비: 제1호(임의제출)·제2호(임의제출 불가능)·제3항(압수목적달성 불가능)
※ ① 법원은 필요한 때에는⇒법원은 필요한 경우
※ 피고사건과 관계가 있다고 인정할 수 있는 것에 한정하여⇒피고사건 범죄혐의에 한정하여
※ 증거물 또는 몰수할 것으로 사료하는 물건을 압수할 수 있다.⇒증거물·몰수할 물건(전자기록 포함)을 압수할 수 있다.
※ 단, …있는 때에는 예외로 한다.⇒다만 …있으면 그 규정을 적용한다.
※ ② 소유자, 소지자 또는 보관자에게⇒소유자·소지자·보관자에게
※ ③ 법원은 압수의 목적물이 … 정보저장매체인 경우에는⇒법원은 압수목적물이 컴퓨터용 디스크·그 밖에 이와 비슷한 정보저장매체인 경우
※ 기억된 정보의 범위를 … 압수할 수 있다.⇒다음 순서로 압수절차를 진행한다.
1. 기억된 정보에서 범위를 정하여 출력·복제하여 제출을 받는다.
2. 정보 범위를 정하여 출력·복제하는 방법이 불가능한 경우 정보저장매체 등을 압수할 수 있다.
3. 압수 목적 달성이 현저히 곤란하다고 인정되는 경우 정보저장매체 등을 압수할 수 있다.

(3) 개정이유

대법원 판결문을 입법에 반영할 필요가 있다.

대법원 2017. 10. 23. 선고 2017도5905 판결 [아동·청소년의성보호에관한법률위반(강간)·성폭력범죄의처벌등에관한특례법위반(카메라등이용촬영)·상해·특수폭행]

[판시사항] 형법 제48조 제1항에 의한 몰수 여부가 법원의 재량인지 여부(적극) 및 전자기록을 몰수할 수 있는지 여부(적극)

[판결요지] 형법 제48조 제1항에 의한 몰수는 임의적인 것이므로 몰수의 요건에 해당되는 물건이라도 이를 몰수할 것인지의 여부는 법원의 재량에 맡겨져 있다(대법원 2002. 9. 4. 선고 2000도515 판결 등 참조).

전자기록은 일정한 저장매체에 전자방식이나 자기방식에 의하여 저장된 기록으로서 저장매체를 매개로 존재하는 물건이므로 형법 제48조 제1항 각호의 사유가 있는 때에는 이를 몰수할 수 있다.

원심이 인용한 제1심판결에 따르면, 피고인은 피해자의 의사에 반하여 압수된 휴대전화기(증 제2호, 이하 '이 사건 휴대전화기'라고 한다)의 동영상 촬영기능을 이용하여 피해자에 대한 강간범행 장면을 촬영하여 저장(이하 '이 사건 동영상'이라고 한다)한 사실을 알 수 있다.

이러한 사실관계를 위의 법리에 비추어 살펴보면, 이 사건 휴대전화기는 형법 제48조 제1항 제1호가 정하는 '범죄행위에 제공된 물건'에, 이 사건 동영상은 이 사건 휴대전화기에 저장된 전자기록으로서 형법 제48조 제1항 제2호가 정하는 '범죄행위로 인하여 생긴 물건'에 각각 해당하고, 이러한 경우 이 사건 휴대전화기와 이 사건 동영상의 몰수 여부는 법원의 재량이므로, 법원이 이 사건 휴대전화기를 몰수하지 않고 이 사건 휴대전화기 중 이 사건 동영상만을 몰수하였다고 하여 이를 위법하다고까지 할 수는 없다.

같은 취지에서 이 사건 동영상만을 몰수한 제1심판결을 그대로 유지한 원심의 판단에는 상고이유 주장과 같이 몰수와 폐기에 관한 법리를 오해한 잘못이 있다고 할 수 없다. 그러므로 상고를 기각하기로 하여, 관여 대법관의 일치된 의견으로 주문과 같이 판결한다.

읽어 볼만한 문헌으로 오정희, 디지털 증거 압수수색에 있어 관련성 문제 디지털환경과 성범죄의 진화: 디지털성범죄와 성매매를 중심으로, 대법원, 2021, 3-21면; 조은별, 정보저장매체 '압수'의 검토: 형사소송법 제106조 제3항 단서의 해석을 중심으로, 형사법의 신동향 통권 제80호, 대검찰청, 2023, 34-76면.

20

추 징

「부패재산의 몰수 및 회복에 관한 특례법」 제6조 제1항

「부패재산의 몰수 및 회복에 관한 특례법」 제6조 제1항에서 몰수·추징의 요건으로 규정한 '범죄피해자가 그 재산에 관하여 범인에 대한 재산반환청구권 또는 손해배상청구권 등을 행사할 수 없는 등 피해회복이 심히 곤란한 경우'에 해당하는지 여부가 문제된 사건

대법원 2024. 6. 13. 선고 2023도17596 판결
[특정경제범죄가중처벌등에관한법률위반(횡령)·특정경제범죄가중처벌등에관한법률위반(배임)·강제집행면탈·예금자보호법위반]

[공소사실 요지]

피고인이 피해자 회사의 대표이사로서 보관 중이던 회사의 자금 600만 달러를 배우자에게 허위 용역비 명목으로 지급함으로써 횡령하였다. • **요약**

검사는 「특정경제범죄 가중처벌 등에 관한 법률」 위반(횡령) 등으로 기소하였다. 최종적으로 제1심 재판 진행 중인 2022. 5. 20. 위 600만 달러를 피해자 회사 명의인 이 사건 계좌로 송금한 사안이다.

피고인은 2005. 3. 29.부터 현재까지 캄보디아 부동산 개발사업을 목적으로 하는 공소외 1 주식회사(이하 '공소외 1 회사'라 한다)의 대표이사, 2006. 2. 28.경부터 현재까지 캄보디아 ○○○ 리조트 개발사업을 목적으로 하는 해외법인인 공소외 2 회사의 대표이사로서, 2016. 11. 11. 공소외 2 회사의 ○○○ 리조트 개발사업 부지를 미화 24,566,072.50달러(이하 '달러'는 미화를 의미한다)에 매각한 다음 그 매각대금에서 개인투자자들에 대한 정산금 등 지급을 모두 완료하여 나머지 금원인 8,982,070.90달러와 공소외 1 회사에 대한 감자대금 248,750달러 등을 합한 금원인

9,230,820.90달러를 공소외 1 회사와의 사업 정산과 공소외 1 회사에 대한 감자대금 지급 등을 위하여 업무상 보관하던 중, 위 금원을 정산하여 공소외 1 회사에 지급할 경우 공소외 1 회사에 대한 채권자들로부터 압류되는 등의 사유로 이를 사용할 수 없게 될 것을 우려하여 공소외 1 회사에 송금하지 않은 채 피고인의 처 공소외 3 명의로 취득하여 임의로 사용하기로 마음먹고, 사실은 공소외 3이 위 ○○○ 리조트 개발사업과 관련하여 공소외 2 회사에 컨설팅 용역을 제공하거나 위 리조트 개발사업 수행에 아무런 역할을 한 사실이 없음에도, 2017년경 마치 공소외 2 회사와 공소외 3이 위 ○○○ 리조트 개발사업에 관하여 용역대금 600만 달러의 컨설팅 용역 계약을 체결한 것처럼 작성일을 '2006. 3. 1.'로 소급하여 허위의 'PM 서비스 계약서'(Agreement for Project Management Services for Development of Resort Project in ○○○ Province)를 작성한 다음, 공소외 2 회사가 공소외 3에게 위 계약에 따라 정상적으로 'PM 용역비'(PM Service Fee)를 지급하는 것처럼 가장하여 2017. 9. 1. 200만 달러, 2017. 10. 11. 200만 달러, 2017. 11. 14. 200만 달러 등 합계 600만 달러를 각각 수표로 인출하여 공소외 3에게 지급함으로써 업무상 보관 중이던 피해자 공소외 2 회사의 법인 자금 600만 달러를 횡령하였다.

[법리 쟁점]

「부패재산의 몰수 및 회복에 관한 특례법」 제6조 제1항에서 규정한 '범죄피해자가 그 재산에 관하여 범인에 대한 재산반환청구권 또는 손해배상청구권 등을 행사할 수 없는 등 피해회복이 심히 곤란한 경우'에 해당하여 피고인에게 횡령액 상당의 추징을 명할 있는지 여부에 관한 구체적 판단 방법

[참조조문]

[1] 부패재산의 몰수 및 회복에 관한 특례법 제6조 제1항 [2] 헌법 제12조 제1항, 형법 제1조 제1항, 부패재산의 몰수 및 회복에 관한 특례법 제6조 제1항

[참조판례]

[2] 대법원 2006. 11. 9. 선고 2006도4888 판결(공2006하, 2125)
대법원 2022. 7. 28. 선고 2019두63447 판결(공2022하, 1772)
대법원 2023. 1. 12. 선고 2019도16782 판결(공2023상, 455)

[원심 판단]

제1심법원은 피고인에게 유죄를 선고하였다.

원심법원은 피고인에게 유죄를 선고하였다.

원심은 이 부분 공소사실을 유죄로 판단하면서, 피고인이 이 사건 계좌에 예치된 600만 달러로 횡령 범죄의 실질적 피해자 회사의 채권자에게 채무를 변제하는 등 특별한 조치를 취하는 등의 사정이 없는 한, 위 600만 달러가 이 사건 계좌에 입금되어 있다는 사정만으로 피해자 회사의 피해가 실질적으로 회복되었다고 볼 수 없다. 그러므로 부패재산몰수법 제6조 제1항에서 규정한 '범죄피해자가 그 재산에 관하여 범인에 대한 재산반환청구권 또는 손해배상청구권 등을 행사할 수 없는 등 피해회복이 심히 곤란한 경우'에 해당한다. 피고인에 대하여 위 횡령액인 600만 달러의 추징을 명하였다.

피고인이 상고하였다.

[대법원 판단]

대법원은 원심판결 중 추징 부분을 파기한다. 검사의 상고와 피고인의 나머지 상고를 모두 기각한다.

대법원은, 추징과 관련된 검사의 이 부분 공소는 피고인의 횡령 범죄로 인한 피해자가 피해자 회사임을 전제로 하고 있으므로 피고인이 피해자 회사 명의의 이 사건 계좌로 600만 달러를 입금한 이상 특별한 사정이 없는 한 피해자 회사가 입은 재산상 피해는 범죄 이전의 상태로 회복되었다고 보아야 하고, 원심 판단은 문언의 통상적인 의미를 벗어나 피고인에게 불리한 방향으로 부패재산몰수법 제6조 제1항의 몰수·추징 요건을 해석·적용한 것으로 보여 선뜻 받아들이기 어렵다고 보아, 원심판결 중 추징 부분을 파기·자판하였다.

낭독 형법 판결문 20

대법원 2024. 6. 13. 선고 2023도17596 판결 [특정경제범죄가중처벌등에관한법률위반(횡령)·특정경제범죄가중처벌등에관한법률위반(배임)·강제집행면탈·예금자보호법위반]

〈「부패재산의 몰수 및 회복에 관한 특례법」 제6조 제1항에서 몰수·추징의 요건으로 규정한 '범죄피해자가 그 재산에 관하여 범인에 대한 재산반환청구권 또는 손

해배상청구권 등을 행사할 수 없는 등 피해회복이 심히 곤란한 경우'에 해당하는지 여부가 문제된 사건〉

판시 사항

[1] 부패재산의 몰수 및 회복에 관한 특례법 제6조 제1항에서 정한 몰수·추징의 요건 및 제도적 취지 / 위 조항에 근거한 검사의 몰수·추징은 범죄피해재산을 피해자에게 환부하기 위한 선행 절차인지 여부(적극)
[2] 형사법상 몰수를 갈음하는 추징이 형벌적 성격을 가지는지 여부(적극) / 몰수·추징의 요건을 정한 부패재산의 몰수 및 회복에 관한 특례법 제6조 제1항을 해석할 때 고려할 사항

판결 요지

[1] 「**부패재산의 몰수 및 회복에 관한 특례법**」(이하 '**부패재산몰수법**'이라 한다)
제6조 제1항은 몰수·추징의 요건으로
'범죄피해자가 그 재산에 관하여 범인에 대한
재산반환청구권 또는 손해배상청구권 등을 행사할 수 없는 등
피해회복이 심히 곤란한 경우'를 들고 있다.
위 법률조항의 문언에서도 알 수 있듯이
위 몰수·추징 제도는
검사가 범죄피해재산을 몰수 혹은 추징한 다음
이를 다시 피해자에게 환부하여
특정 범죄행위로 인하여
피해자가 입은 재산상 피해를 회복시키기 위한 제도이다.
따라서 위 법률조항에 근거한 검사의 몰수·추징은
범죄피해재산을 피해자에게 환부하기 위한 선행 절차이다.

[2] **형사법상 몰수를 갈음하는 추징은**
공소사실에 관하여

형사재판을 받는 피고인에 대한 유죄의 판결에서 선고되는 부수처분으로서 형벌적 성격을 가진다(대법원 2006. 11. 9. 선고 2006도4888 판결, 대법원 2022. 7. 28. 선고 2019두63447 판결 참조). • **추징(=유죄선고·부수처분·형벌 성격)**

따라서 몰수·추징의 요건을 정한
부패재산몰수법 제6조 제1항을 해석함에 있어서도,
형벌법규의 해석은 엄격하여야 하고,
문언의 가능한 의미를 벗어나
피고인에게 불리한 방향으로 해석하는 것은
죄형법정주의의 내용인 확장해석금지에 따라
허용되지 않는다(대법원 2023. 1. 12. 선고 2019도16782 판결 참조)**는**
법리의 취지를 고려할 필요가 있다.

[3] 이 점에 비추어 보면,
'피고인이 이 사건 계좌에 예치된 600만 달러로
위 횡령 범죄의 실질적 피해자인 공소외 1 회사
(공소외 2 회사에 대한 채권자)에 채무를 변제하거나,
피고인이 공소외 2 회사의 경영권을 상실하여
위 돈을 인출할 수 없게 되거나,
피고인 스스로 위 돈을 함부로 인출할 수 없게 하는
특별한 조치를 취하는 등의 사정이 없는 한,
위 600만 달러가 이 사건 계좌에 입금되어 있다는 사정만으로
공소외 2 회사의 피해가 실질적으로 회복되었다고 볼 수 없다.'는
취지의 원심판단은,
문언의 통상적인 의미를 벗어나
피고인에게 불리한 방향으로
위 법률조항의 몰수·추징 요건을 해석·적용한 것으로 보여

선뜻 받아들이기 어렵다.
그렇다면 이 사건은
피고인에 대한 특정경제범죄법 위반(횡령)죄와 관련하여
부패재산몰수법 제6조 제1항에서 정한
'피해자에 대한 피해회복이 심히 곤란하다고 인정되는 경우'에
해당하지 않으므로,
피고인에 대하여
위 법률조항에 따른 추징을 명할 수 없다고 봄이 타당하다.
따라서 피고인에 대하여 횡령액 600만 달러의 추징을 명한
원심판결에는 부패재산몰수법 제6조 제1항의 추징 등에 관한
법리를 오해하여 판결에 영향을 미친 잘못이 있고,
이 점을 지적하는 피고인의 상고이유 주장은 이유 있다.
그러므로 원심판결 중 추징에 관한 부분을 파기하되,
이 부분은 이 법원이 재판하기에 충분하므로 자판하기로 하는바,
앞서 본 바와 같은 이유로
피고인으로부터 추징을 하면 아니 됨에도
원심은 피고인에게 추징을 명하여 위법하므로,
원심판결 중 추징에 관한 부분을 파기하고
(피고인에게 별도의 추징을 명하지 않으므로 이에 관한 원심판결을 파기하는 것으로 충분하다),
검사의 상고와 피고인의 나머지 상고는 모두 기각하기로 하여,
관여 대법관의 일치된 의견으로 주문과 같이 판결한다.

판결해설

대상판결 쟁점은 추징이다. 「부패재산의 몰수 및 회복에 관한 특례법」 제6조 제1항이다. 「부패재산의 몰수 및 회복에 관한 특례법」 제6조 제1항에서 몰수·추징의 요건으로 규정한 '범죄피해자가 그 재산에 관하여 범인에 대한 재산반환청구권 또는 손해배상청구권 등을 행사할 수 없는 등 피해회복이 심히 곤란한 경우'에 해당하는지 여부가 문제된 사건이다. 검사는 피고인을 「특정경제범죄 가중처벌 등에 관한 법률」 위반(횡령)죄로 기소하였다.

대법원은, 형사법상 몰수를 갈음하는 추징은 공소사실에 관하여 형사재판을 받는 피고인에 대한 유죄의 판결에서 선고되는 부수처분으로서 형벌적 성격을 가진다(대법원 2006. 11. 9. 선고 2006도4888 판결, 대법원 2022. 7. 28. 선고 2019두63447 판결 참조).

따라서 몰수·추징의 요건을 정한 부패재산몰수법 제6조 제1항을 해석함에 있어서도, 형벌법규의 해석은 엄격하여야 하고, 문언의 가능한 의미를 벗어나 피고인에게 불리한 방향으로 해석하는 것은 죄형법정주의의 내용인 확장해석금지에 따라 허용되지 않는다(대법원 2023. 1. 12. 선고 2019도16782 판결 참조)는 법리의 취지를 고려할 필요가 있다고 판시하였다.

이 사건에서 추징과 관련된 검사의 이 부분 공소는 피고인의 횡령범죄로 인한 피해자가 피해자 회사임을 전제로 하고 있다. 그러므로 피고인이 피해자 회사 명의의 이 사건 계좌로 600만 달러를 입금한 이상, 특별한 사정이 없는 한, 피해자 회사가 입은 재산상 피해는 범죄 이전의 상태로 회복되었다고 판단하였다.

대상판결은 추징·「부패재산의 몰수 및 회복에 관한 특례법」 제6조 제1항에서 몰수·추징의 요건으로 규정한 '범죄피해자가 그 재산에 관하여 범인에 대한 재산반환청구권 또는 손해배상청구권 등을 행사할 수 없는 등 피해회복이 심히 곤란한 경우'에 해당하는지 여부에 대한 법리를 명확히 설명한다. 대법원 판결은 타당하다. 국가고시·변호사시험 선택형으로 출제 가능성이 있다.

21

추 징
성매매처벌법과 범죄수익은닉처벌법의 추징 판단기준

성매매알선 행위를 통하여 공범인 직원이 지급받은 급여를 「범죄수익은닉의 규제 및 처벌 등에 관한 법률」에 의하여 추징할 수 있는지 여부가 문제된 사건

대법원 2024. 9. 27. 선고 2024도8707 판결
[성매매알선등행위의처벌에관한법률위반(성매매알선등)] (아) 상고기각

[공소사실 요지]

피고인들이 공모하여 영업으로 성매매를 알선하였다는 성매매처벌법 위반(성매매알선등)으로 기소된 사안이다. • **요약**

원심이 적법하게 채택하여 조사한 증거들에 의하면, 수사기관은 2020. 6. 27. 18:35경 이 사건 업소에 대하여 성매매알선등행위의처벌에관한법률위반(성매매알선등) 등의 혐의로 발부받은 압수·수색·검증(사전) 영장을 집행한 사실, 피고인들은 2018. 3. 21.까지 2020. 6. 27.까지 이 사건 업소에서 성매매 여성들로 하여금 남자손님들로부터 금원을 교부받고 성교행위를 하도록 알선함으로써 영업으로 성매매를 알선한 사실, 단속 당일 압수된 2020. 6. 27. 주간 영업장부 상 2020. 6. 27. 오전 9:58경부터 단속시까지의 성매매알선으로 인한 총 매출액은 577만 원(손님 27명)이고, 성매매 여성들에게 지급할 돈은 365만 원인 사실을 인정할 수 있다.

여기에다가 위 영업장부 외에 단속 당일 00:00시부터 09:58경 전까지의 성매매알선으로 인한 매출에 관한 자료나 진술이 없는 점을 더하여보면, 범행기간은 830일(2018. 3. 21.부터 2020. 6. 27.까지)이지만, 범행기간의 성매매알선으로 인한 수익을 산정함에 있어서는 829일(2018. 3. 21.부터 2020. 6. 26.까지) 동안의 평균 수익에다가 2020. 6. 27.의 실제 수익인

212만 원(=577만 원−365만 원)을 합산하는 것이 타당하다.

[출처] 서울중앙지방법원 2024. 5. 23. 선고 2023노3479 판결

[법리 쟁점]

[1] 성매매알선 등 행위를 한 주범이 비용 지출의 일환으로 공범인 직원에게 급여를 지급한 경우, 공범인 직원에 대하여 「성매매알선 등 행위의 처벌에 관한 법률」 제25조 후단에 의한 추징이 허용되는지 여부(소극)

[2] 위와 같은 경우 공범인 직원에 대하여 구 「범죄수익은닉의 규제 및 처벌 등에 관한 법률」(2022. 1. 4. 법률 제18672호로 개정되기 전의 것) 제10조 제1항, 제8조 제1항 제1호에 의한 추징이 허용되는지 여부(적극)

[참조조문]

성매매알선 등 행위의 처벌에 관한 법률 제19조 제2항 제1호, 제25조, 구 범죄수익은닉의 규제 및 처벌 등에 관한 법률(2022. 1. 4. 법률 제18672호로 개정되기 전의 것) 제2조 제1호 [별표] 제13호, 제2호 (가)목, 제8조 제1항 제1호, 제10조 제1항

[참조판례]

대법원 2018. 7. 11. 선고 2018도6163 판결

[원심 판단]

제1심법원은 피고인들에게 유죄를 선고하였다.

원심법원은 피고인들에게 유죄를 선고하였다.

원심은 ① 주범인 피고인 2의 추징금을 산정함에 있어 안마비와 피고인 2를 제외한 나머지 피고인들에게 지급된 총 급여액을 공제하지 아니하였고, ② 피고인 2를 제외한 나머지 피고인들에 대하여 성매매처벌법 제25조에 의한 추징은 허용될 수 없으나, 구 범죄수익은닉규제법 제10조 제1항, 제8조 제1항 제1호에 의하여 위 급여 상당액을 추징할 수 있다고 판단하였다.

피고인들이 상고하였다.

[대법원 판단]

대법원은 상고를 기각한다.

대법원은, 원심을 수긍하여 상고를 기각하였다.

낭독 형법 판결문 21

대법원 2024. 9. 27. 선고 2024도8707 판결 [성매매알선등행위의처벌에관한법률위반(성매매알선등)]

〈성매매알선 행위를 통하여 공범인 직원이 지급받은 급여를 「범죄수익은닉의 규제 및 처벌 등에 관한 법률」에 의하여 추징할 수 있는지 여부가 문제된 사건〉

판시 사항

성매매알선 등 행위를 한 주범이 공범인 직원에게 급여를 지급하였으나 범죄수익 분배의 일환으로 지급한 것이 아니라 단순히 범죄수익을 얻기 위하여 비용 지출의 일환으로 지급한 것에 불과한 경우, 공범인 직원에 대하여 성매매알선 등 행위의 처벌에 관한 법률 제25조 후단에 의한 추징이 허용되는지 여부(소극) / 공범인 직원이 성매매알선 등 행위(성매매에 제공되는 사실을 알면서 자금·토지 또는 건물을 제공하는 행위는 제외한다)를 하여 그 범죄행위의 보수 명목으로 급여 등을 받아 실질적으로 귀속된 이익금이 있는 경우, 구 범죄수익은닉의 규제 및 처벌 등에 관한 법률 제10조 제1항, 제8조 제1항 제1호에 의하여 공범인 직원으로부터 급여 등의 이익금을 추징할 수 있는지 여부(적극)

판결 요지

「성매매알선 등 행위의 처벌에 관한 법률」(이하 '성매매처벌법'이라 한다) 제19조 제2항 제1호를
위반한 범죄로 인하여 얻은 금품이나 그 밖의 재산은
성매매처벌법 제25조 후단에 의하여 추징의 대상이 되고,
위 추징은 부정한 이익을 박탈하여 이를 보유하지 못하게 함에
그 목적이 있는 것이라 할 것이므로,
수인이 공동으로
성매매알선 등 행위를 하여 이익을 얻은 경우에는
각자에게 실질적으로 귀속된 이익금을
개별적으로 추징하여야 한다.

한편 범죄수익을 얻기 위해 범인이 지출한 비용은
그것이 범죄수익으로부터 지출되었다 하더라도
범죄수익을 소비하는 방법에 지나지 않으므로
추징할 범죄수익에서 공제할 것은 아니다.
따라서 성매매알선 등 행위를 한 주범이
공범인 직원에게 급여를 지급한 경우,
주범이 이를 범죄수익 분배의 일환으로 지급한 것이 아니라
단순히 범죄수익을 얻기 위하여 비용 지출의 일환으로
공범인 직원에게 급여를 지급한 것에 불과하다면
공범인 직원에 대하여 위 규정에 의한 추징은 허용될 수 없다(대법원 2018. 7. 11. 선고 2018도6163 판결 참조).
그러나 구 「범죄수익은닉의 규제 및 처벌 등에 관한 법률」(2022. 1. 4. 법률 제18672호로 개정되기 전의 것, 이하 '구 범죄수익은닉규제법'이라 한다)
제2조 제1호 [별표] 제13호는
성매매처벌법 제19조 제2항(성매매알선 등 행위 중 성매매에 제공되는 사실을 알면서 자금·토지 또는 건물을 제공하는 행위는 제외한다)의 죄를 '중대범죄'로 규정하고 있고,
구 범죄수익은닉규제법 제2호 가목은
중대범죄에 해당하는 범죄행위에 의하여 생긴 재산뿐만 아니라,
그 '범죄행위의 보수로 얻은 재산'도
'범죄수익'으로 규정하고 있으며,
위 '범죄수익'은 구 범죄수익은닉규제법 제10조 제1항, 제8조 제1항 제1호에 의하여 추징의 대상이 된다.
따라서 공범인 직원이
성매매알선 등 행위(성매매에 제공되는 사실을 알면서 자금·토지 또는 건물을 제공하는 행위는 제외한다)를 하여

그 범죄행위의 보수 명목으로 급여 등을 받아
실질적으로 귀속된 이익금이 있다면,
이에 대하여 성매매처벌법 제25조 후단에 의한 추징은
허용될 수 없다 하더라도, 구 범죄수익은닉규제법
제10조 제1항, 제8조 제1항 제1호에 의하여
공범인 직원으로부터 급여 등의 이익금을 추징할 수 있다.

판결 해설

1. 사안 쟁점

대상판결 쟁점은 추징이다. 성매매처벌법과 범죄수익은닉처벌법의 추징 판단기준이다. 전체 범죄 수익에서 종업원 급여를 어떻게 판단하느냐이다. 성매매알선 행위를 통하여 공범인 직원이 지급받은 급여를 「범죄수익은닉의 규제 및 처벌 등에 관한 법률」에 의하여 추징할 수 있는지 여부가 문제된 사건이다.

대법원은, 성매매알선 등 행위를 한 주범이 공범인 직원에게 급여를 지급하였으나 범죄수익 분배의 일환으로 지급한 것이 아니라 단순히 범죄수익을 얻기 위하여 비용 지출의 일환으로 지급한 것에 불과한 경우, 공범인 직원에 대하여 성매매알선 등 행위의 처벌에 관한 법률 제25조 후단에 의한 추징이 허용되는지 않는다고 판단하였다.

공범인 직원이 성매매알선 등 행위(성매매에 제공되는 사실을 알면서 자금·토지 또는 건물을 제공하는 행위는 제외한다)를 하여 그 범죄행위의 보수 명목으로 급여 등을 받아 실질적으로 귀속된 이익금이 있는 경우, 구 범죄수익은닉의 규제 및 처벌 등에 관한 법률 제10조 제1항, 제8조 제1항 제1호에 의하여 공범인 직원으로부터 급여 등의 이익금을 추징할 수 있다고 판단하였다.

2. 범죄수익

성매매알선업은 업무 구조상 여러 명이 은밀하게 관여한다. 주범과 종범 관계이다. 현행법에서 성매매행위는 반사회적 행위이다. 그러므로 범죄수익은 모두 성매매처벌법 제25조 후단에 근거하여 추징한다. 이 사업에서 공동동업자라면 공동정범으로 볼 수 있다. 고용동업자라면 방조범으로 볼 수 있다. 정범과 공범이 벌어들인 전체 범죄 수익은 사후 어떻게 분배되고, 어디에 남고, 어디로 흘러가든지 모두 추징된다.

3. 추 징

이 사건에서 주범은 피고인 2이다. 나머지 범죄자들은 모두 성매매알선업에 고용된 사람이다. 형법에서 방조범으로 보인다. 왜냐하면 기능적 행위지배가 없기 때문이다. 사안에서 이 부분이 명확하지 않다. 그럼에도 만일 범죄 수익이 분배되었다면, 범죄 수익이 어디에 있든 모두 성매매처벌법 제25조 후단에 근거하여 추징된다.

4. 대상판결 문제점

대상판결 문제점은 주범인 피고인 2의 추징금 산정이다. 여러 관여자를 법리로 구분하지 않았고, 안마비·성매매비·고용한 사람의 급여가 섞여 있다.

5. 추징금 산정과 추징 방법

그렇다면 정상적인 안마비 수입·성매매 수입을 구분해야 한다. 성매매알선으로 얻은 수익을 특정하여 전체 총액을 확정해야 한다. 이 수익 총액에서 급여가 지급되면, 추징 방법이 다를 수 있다. 대상판결이 안고 있는 문제점이다.

6. 성매매처벌법 제25조 후단에 근거하여 추징과 범죄수익은닉규제법 제10조 제1항, 제8조 제1항 제1호에 근거하여 급여 상당액 추징

현재 주범이 소유한 범죄 수익은 성매매처벌법 제25조 후단에 근거하여 추징할 수 있고, 나머지는 구 범죄수익은닉규제법 제10조 제1항, 제8조 제1항 제1호에 근거하여 위 급여 상당액을 추징할 수 있다. 대법원 판결의 논리이다.

7. 대법원 판결

대법원 판결문을 읽어보면, “안마비와 피고인 2를 제외한 나머지 피고

인들에게 지급된 총 급여액을 공제하지 아니하였고, ② 피고인 2를 제외한 나머지 피고인들에 대하여 성매매처벌법 제25조에 의한 추징은 허용될 수 없으나, 구 범죄수익은닉규제법 제10조 제1항, 제8조 제1항 제1호에 의하여 위 급여 상당액을 추징할 수 있다."는 논지이다. 이 말은 주범인 피고인 2와 나머지 피고인들 사이의 관계를 모르겠다는 것이다.

8. 성매매알선업 방조범

대상판결은 급여수여 대상자를 성매매알선업 방조범으로 보지 않았다. 그래서 이렇게 법리를 구성한 듯하다. 만약 방조범이라면 성매매처벌법 제25조에 근거하여 추징할 수 있을 것이다.

대상판결에 있는 참조조문을 보면, 형법 제32조가 전혀 언급이 없다. 이 문제가 더 명쾌하게 밝혀지면 법리해석이 더 분명해 것이다. 좌우지간 전체 수익에 흘러서 나갔기 때문이다.

9. 정범과 공범 특정 후 추징 산정

대상판결은 추징금 산정 방법을 더 복잡하게 빙빙 돌아 해석하고 있다. 왜냐하면 정범과 공범을 특정하지 않았기 때문이다.

10. 결 론

향후 추징금 산정문제는 새롭게 정리가 필요하다. 성매매는 논란이 있지만, 어쨌든 반사회적 집단들이 하는 사업이다. 구조상 주종관계를 이루어 사업한다. 종업원들도 반사회적 행위를 함께 인식하면서 공생하고 있다. 정범과 공범의 종속관계이다. 월급 또는 일당은 모두 성매매처벌법 제25조에 의한 추징대상이다. 이 돈이 새로운 투자(주식·부동산·저금 등)로 파생 이익을 남긴 경우 구 범죄수익은닉규제법 제10조 제1항, 제8조 제1항 제1호에 의한 추징대상이 될 것이다.

11. 판례연구

대상판결은 추징 산정 법리를 설명한다. 대법원 판결은 법리에서 아쉬움이 있다. 영남형사판례연구회는 2025년 2월 13일 대상판결을 장시간 토론하였다. 국가고시·변호사시험 선택형으로 출제 가능성이 있다.

22

추 징

「지방교육자치법」 위반죄와 추징보전청구

검사가 「지방교육자치에 관한 법률」 위반죄로 기소된 피고인에 대하여 추징보전을 청구한 사건

대법원 2024. 3. 12.자 결정 2023모465 판결
[추징보전청구 기각결정에 대한 재항고]

[공소사실 요지]

검사는 피고인을 교육자치법 위반죄로 기소하고 피고인이 취득한 범죄수익을 추징보전액으로 하여 추징보전을 청구하였으나, 법원이 그 청구를 기각하자, 검사가 이에 대하여 항고를 제기하였다.

[법리 쟁점]

「부패재산의 몰수 및 회복에 관한 특례법」에서 정한 부패범죄에 「지방교육자치에 관한 법률」을 위반한 죄 또는 공직선거법이 준용되는 죄가 포함되는지 여부(소극)

[참조조문]

부패재산의 몰수 및 회복에 관한 특례법 제2조 제1호 [별표] 제7호, 지방교육자치에 관한 법률 제49조 제1항, 공직선거법 제230조

[원심 판단]

제1심법원은 피고인에게 유죄를 선고하였다. 검사의 추징보전청구를 기각하였다.

원심법원은 피고인에게 유죄를 선고하였다. 검사의 추징보전청구를 기각하였다.

원심은, 교육자치법 위반행위로 얻은 범죄수익을 부패재산몰수법 제5조 제1항에 따라 추징할 수 없다고 보아 검사의 추징보전청구를 기각한 제1

심 결정을 유지하였다.
검사가 재항고를 제기하였다.

[대법원 판단]
대법원은 재항고를 기각한다.

낭독 형법 판결문 22

대법원 2024. 3. 12.자 결정 2023모465 판결 [추징보전청구 기각결정에 대한 재항고]
〈검사가 「지방교육자치에 관한 법률」 위반죄로 기소된 피고인에 대하여 추징보전을 청구한 사건〉

판시 사항

「부패재산의 몰수 및 회복에 관한 특례법」에서 정한 부패범죄에 「지방교육자치에 관한 법률」을 위반한 죄 또는 공직선거법이 준용되는 죄가 포함되는지 여부(소극)

판결 요지

「부패재산의 몰수 및 회복에 관한 특례법」(이하 '부패재산몰수법'이라 한다)은 제2조 제1호에서
"'부패범죄'란 불법 또는
부당한 방법으로 물질적·사회적 이득을 얻거나
다른 사람으로 하여금 얻도록 도울 목적으로 범한 죄로서
별표에 규정된 죄를 말한다."라고 규정하고
별표 제7호에서 '공직선거법 제230조의 죄'를
부패범죄로 규정하고 있다.
그러나 위 별표에서 「지방교육자치에 관한 법률」(이하 '교육자치법'이라 한다)을 위반한 죄
또는 공직선거법이 준용되는 죄를

부패범죄로 규정하고 있지는 아니하다.
따라서 교육자치법 제49조 제1항에서
공직선거법 제230조를 준용하고 있더라도
교육자치법을 위반한 죄가
부패재산몰수법에서 정한 부패범죄에 포함된다고
해석할 수는 없다.
교육자치법 위반행위로 얻은 범죄수익을
부패재산몰수법 제5조 제1항에 따라 추징할 수 없다.
이 사건 추징보전청구를 기각한 제1심결정을 유지한 원심결정에
재항고이유 주장과 같이
재판에 영향을 미친 헌법·법률·명령 또는 규칙을
위반한 잘못이 없다.

판결 해설

대상판결 쟁점은 추징이다. 「지방교육자치법」 위반죄와 추징보전청구이다. 검사가 「지방교육자치에 관한 법률」 위반죄로 기소된 피고인에 대하여 추징보전을 청구한 사건이다.

대법원은, 교육자치법 제49조 제1항에서 공직선거법 제230조를 준용하고 있더라도 교육자치법을 위반한 죄가 부패재산몰수법에서 정한 부패범죄에 포함된다고 해석할 수는 없다. 그러므로 교육자치법 위반행위로 얻은 범죄수익을 부패재산몰수법 제5조 제1항에 따라 추징할 수 없다고 판단하였다.

대상판결은 추징·「지방교육자치법」 위반죄와 추징보전 법리를 명확히 설명한다. 대법원 판결은 타당하다. 국가고시·변호사시험 선택형으로 출제 가능성이 있다.

23

수강명령·이수명령 「마약류관리법」 제40조2 제2항 마약류사범

마약류 관리에 관한 법률 제40조의2 제2항에 따른 수강명령 또는 이수명령 대상인 '마약류사범'의 의미가 문제된 사건

대법원 2024. 9. 12. 선고 2024도5033 판결
[마약류관리에관한법률위반(향정)등]

[공소사실 요지]

피고인이 공범의 팔에 주사를 하는 방법 등으로 필로폰을 투약하였다는 공소사실로 공범과 함께 마약류관리법 위반으로 기소된 사안이다.

[법리 쟁점]

마약류를 스스로 투약, 흡연, 또는 섭취하지 아니한 사람이 마약류 관리에 관한 법률 제40조의2 제2항에 따른 수강명령 또는 이수명령 대상인 '마약류사범'에 해당하는지 여부(소극)

[참조조문]

마약류 관리에 관한 법률 제40조의2 제1항, 제2항, 형법 제30조

[참조판례]

없음

[원심 판단]

제1심법원은 피고인에게 유죄를 선고하였다.
원심법원은 피고인에게 유죄를 선고하였다.
원심은, 피고인의 공소사실을 유죄로 인정하면서 피고인이 마약류사범임을 전제로 이수명령을 병과한 제1심판결을 유지하였다.
피고인이 상고하였다.

[대법원 판단]

대법원은 원심판결과 제1심판결 중 피고인에 대한 이수명령 부분을 파기·자판한다. 피고인의 상고를 기각한다.

대법원은, 피고인이 공범으로 하여금 필로폰 연기를 흡입하게 하거나 피고인이 공범의 팔에 주사를 놓았을 뿐 스스로 마약류를 투약, 흡연, 섭취한 것이 아니어서 마약류관리법 제40조의2에서의 '마약류사범'에 해당하지 않는다고 보아, 원심판결과 제1심판결 중 이수명령 부분을 파기·자판하였다.

낭독 형법 판결문 23

대법원 2024. 9. 12. 선고 2024도5033 판결 [마약류관리에관한법률위반(향정)등]

〈마약류 관리에 관한 법률 제40조의2 제2항에 따른 수강명령 또는 이수명령 대상인 '마약류사범'의 의미가 문제된 사건〉

판시 사항

마약류를 스스로 투약, 흡연, 또는 섭취하지 아니한 사람이 마약류 관리에 관한 법률 제40조의2 제2항에 따른 수강명령 또는 이수명령 대상인 '마약류사범'에 해당하는지 여부(소극)

판결 요지

「마약류 관리에 관한 법」(2019. 12. 3. 법률 제16714호로 개정된 것, 이하 '마약류관리법'이라 한다) 제40조의2 제2항은
'마약류사범'에 대하여 선고유예 외의 유죄판결을 선고하는 경우
재범예방에 필요한 교육의 수강명령이나
재활교육 프로그램의 이수명령을 병과하도록 규정한다.
여기서의 '마약류사범'이란
마약류관리법 제3조, 제4조 또는 제5조를 위반하여
마약류를 투약, 흡연 또는 섭취한 사람을 가리킨다(마약류관리법 제40조의2 제1항).
한편 마약류관리법 부칙(2019. 12. 3. 법률 제16714호)**에 의하면**

위 규정은 공포 후 1년이 경과한 날인 2020. 12. 4.부터 시행되고 (제1조 단서),
시행 후 최초로 마약류를 투약, 흡연 또는 섭취한 사람부터 적용된다(제2조).
마약류관리법 제40조의2 제2항에 따른
수강명령 또는 이수명령 대상인 '마약류사범'은
마약류를 스스로 투약, 흡연 또는 섭취함으로써
마약류에 직접 노출된 사람만을 의미한다고 보아야 한다.
수강명령 또는 이수명령은
마약류의 중독성으로 인해
재범 가능성이 높은 사람들에 대한 치료 및 교육을 통하여
그들이 건강한 사회구성원으로 복귀할 수 있도록 지원하는 데에
그 취지가 있기 때문이다.
따라서 직접 마약류를 투약, 흡연 또는 섭취하지 않은 자라면
설령 마약류관리법 위반죄에 관한 공범으로 처벌을 받더라도
여기서의 마약류사범에는 해당하지 않는다.
그러한 경우는 마약류의 중독성으로 인한
재범 가능성이 있다고 할 수 없어
재범예방이나 재활을 위한 교육이 필요한 경우라고 볼 수 없다.

판결 해설

대상판결 쟁점은 수강명령·이수명령이다. 「마약류관리법」 제40조2 제2항 마약류사범의 의미이다.

대법원은, 마약류관리법 제40조의2 제2항에 따른 수강명령 또는 이수명령 대상인 '마약류사범'은 마약류를 스스로 투약, 흡연 또는 섭취함으로써 마약류에 직접 노출된 사람만을 의미한다고 판단하였다.

대상판결은 수강명령·이수명령 법리를 명확히 설명한다. 대법원 판결은 타당하다. 국가고시·변호사시험 선택형으로 출제 가능성이 있다.

24

보호처분
'보호처분 해당할 사유' 심리와 판단기준

공범이 있는 소년 피고인에 대한 소년부송치결정에 대하여 검사가 재항고를 제기한 사건

대법원 2024. 3. 13.자 2024모398 결정
[소년부송치결정에 대한 재항고]

[공소사실 요지]

소년인 피고인은 공범들과 공모하여 향정신성의약품인 케타민 약 2.961kg 도매가 192,465,000원(소매가 740,250,000원) 상당을 수입하려다가 미수에 그쳤다는 공소사실로 기소되어 제1심에서 징역 장기 6년, 단기 4년의 유죄판결을 선고받았는데, 제1심판결에 대하여 피고인과 검사가 항소하였다.

[법리 쟁점]

소년법 제50조에 따른 '보호처분에 해당할 사유'의 인정을 위한 소년 피고사건의 심리 및 판단기준

[참조조문]

소년법 제1조, 제32조, 제50조, 제58조 제2항

[참조판례]

대법원 2003. 4. 25. 선고 2003도29 판결; 대법원 2009. 11. 26. 선고 2009도9416 판결; 대법원 2021. 5. 28.자 2021모978 결정

[원심 판단]

제1심법원은 피고인에게 유죄를 선고하였다.
원심법원은 피고인에게 유죄를 선고하였다.
원심은, 피고인이 범행 당시 17세의 고등학생으로 범행이 미수에 그쳤고

케타민은 모두 압수되어 유통되지 아니한 점, 피고인은 자신의 범행을 모두 인정하면서 깊이 반성하고 있으며, 이 사건 외에 아무런 범죄전력이나 보호처분 전력이 없고, 피고인이 재학한 초등·중·고등학교의 생활기록부 및 선생님들의 탄원서 등에 비추어 볼 때 피고인이 평소 학교에서 성실하게 생활하며 학업을 수행해 온 것으로 보이는 점, 피고인의 가족들이 선처를 탄원하면서 피고인의 교화 및 재범방지를 위해 적극 노력하겠다고 다짐하고 있는 점, 법정 및 구금기간 동안의 피고인의 태도, 가족 및 지인들과의 유대관계 등에 비추어 피고인은 보호처분을 통해 품행을 교정하는 것이 충분히 가능하다고 보아 피고인에 대해 소년부송치결정을 하였다.

검사가 재항고를 제기하였다.

[대법원 판단]

대법원은 원심결정을 파기하고, 사건을 서울고등법원에 환송한다.

대법원은, ① 소년인 피고인이 다른 소년 등과 공범인 사건인 점,

② 피고인과 공범들이 저지른 마약류 관련 범죄가 매우 중한 범행인 점,

③ 피고인이 범행 당시 약 17세 10개월의 비교적 성인에 가까운 판단능력을 갖추어 가는 나이로 원심결정일로부터 성년이 되는 시점까지는 불과 6개월이 채 남지 않은 상태였던 점,

④ 피고인과 공범들 사이에 형사처분이나 보호처분의 처우를 뚜렷하게 달리해야 할 사정이 있다고 단정하기 어렵고, 피고인의 가담정도가 상당히 무거웠던 점에 비추어 피고인과 공범 사이에 형량이나 처우를 달리 하기 위해서는 형평성과 균형에 현저히 반하는 결과가 초래되지 않도록 충실한 심리가 필요하였을 것으로 보이는 점,

⑤ 아직 인격의 형성 도중에 있어 개선가능성이 풍부하고 심신의 발육에 따른 특수한 정신적 동요상태의 시기에 있는 소년인 피고인이 '잘못을 저질러도 그에 마땅한 정도의 형사처분이나 보호처분을 피할 수 있는 방법이 존재한다'는 잘못된 신호를 얻어 건전한 사회인으로 성장하는 데 있어 오히려 방해되는 경험으로 작용할 우려가 있으므로, 더욱 신중한 판단이 요구되는 점 등에 비추어 보면,

원심으로서는 소년인 피고인이 다른 소년 등과 공범인 이 사건에서 피고인과 공범들의 관계, 공범으로 가담한 동기와 경위, 가담 정도, 구체적인 가담 행위와 그 태양, 범행으로 얻은 이익의 분배 여부와 그 정도, 범행 후의 반성 태도, 공범들의 각 나이와 성행, 지능, 공범 간 범죄전력 및 비

행전력의 차이 여부, 공범들의 각 부모 등 보호자의 보호의지 및 보호능력 등의 주변 환경, 공범들 각자의 학교생활 및 교우관계 등에 대해 충실히 심리하여 공범들 사이의 형사처분 또는 보호처분의 처우에 있어 형평성과 균형에 현저히 반하지 않도록 함으로써 보호처분이 소년의 건전한 성장이라는 소년법의 지도이념을 달성하는 데 적합한 처우인지를 살펴 '보호처분에 해당할 사유'가 있는지를 판단하였어야 하는데도 충실한 심리 없이 피고인에 대하여 소년부송치결정을 한 것은 재량의 한계를 현저하게 벗어났다고 보아 원심결정을 파기·환송하였다.

낭독 형법 판결문 24

대법원 2024. 3. 13.자 결정 2024모398 판결 [소년부송치결정에 대한 재항고]
〈공범이 있는 소년 피고인에 대한 소년부송치결정에 대하여 검사가 재항고를 제기한 사건〉

판시 사항

소년에 대한 피고사건을 심리한 법원이 그 결과에 따라 보호처분에 해당할 사유가 있는지를 인정하는 것은 법관의 자유재량에 의하여 판정될 사항인지 여부(적극) / 법원이 소년에 대한 형사사건을 심리할 때 보호처분에 해당할 사유를 판단하는 방법 및 그러한 판단은 소년 한 사람 한 사람에게 개별적으로 이루어져야 하는지 여부(적극) / 소년이 다른 소년 등과 공범인 사건의 경우 특별히 고려할 사항 / 소년법상 '보호처분에 해당할 사유'를 판단하는 경우 법관 재량의 한계 및 그 재량의 한계를 현저하게 벗어난 판단이 허용되는지 여부(소극)

판결 요지

법원은 소년에 대한 피고사건을 심리한 결과
보호처분에 해당할 사유가 있다고 인정하면
결정으로써 사건을 관할 소년부에 송치하여야 한다(소년법 제50조).

- **소년부 송치**

소년에 대한 피고사건을 심리한 법원이
그 결과에 따라 보호처분에 해당할 사유가 있는지 여부를
인정하는 것은 법관의 자유재량에 의하여 판정될 사항이다(대법원 2003. 4. 25. 선고 2003도29 판결, 대법원 2009. 11. 26. 선고 2009도9416 판결 및 대법원 2021. 5. 28.자 2021모978 결정 등 참조). • 소년 형사피고사건 심리와 판단기준·보호처분·법관 자유재량

한편 소년법은 반사회성이 있는 소년의 환경 조정과
품행 교정을 위한 보호처분 등의 필요한 조치를 하고,
형사처분에 관한 특별조치를 함으로써
소년이 건전하게 성장하도록
돕는 것을 목적으로 한다(소년법 제1조). • 보호처분

따라서 법원은 소년에 대한 형사사건을 심리할 때
소년이 건전하게 성장하도록 돕는다는 지도이념에 초점을 맞추어
소년의 심신상태, 품행, 경력, 가정상황,
그 밖의 환경 등에 대하여
정확한 사실을 밝힐 수 있도록
특별히 유의하여(소년법 제58조 제2항),
소년의 나이, 성행, 지능, 부모의 보호의지 및 보호능력 등의
주변 환경, 피해자와의 관계 및 학교생활, 교우관계,
비행·보호 처분경력, 범죄 정상의 경중,
범행 후의 정상, 과형에 의한 폐해·영향,
공범자의 처우와의 균형, 피해감정,
사회의 불안·처벌감정·정의관념 등을 종합하여
보호처분에 해당할 사유를 판단하여야 하고,
그러한 판단은 소년 한 사람 한 사람에게
개별적으로 이루어져야 한다. • 개별 심리

나아가 소년이 다른 소년 등과 공범인 사건에서는
다음과 같은 점을 특별히 살펴보아야 한다.
즉 소년과 공범들의 관계, 공범으로 가담한 동기와 경위,
가담 정도, 구체적인 가담 행위와 그 태양,
범행으로 얻은 이익의 분배 여부와 그 정도,
범행 후의 반성 태도, 공범들과 피해자와의 관계,
피해회복 노력 정도, 공범들의 각 나이와 성행,
지능, 공범 간 범죄전력 및 비행전력의 차이 여부,
공범들의 각 부모 등 보호자의 보호의지 및
보호능력 등의 주변 환경, 공범들 각자의 학교생활 및
교우관계 등에 대한 정확한 사실을 밝힐 수 있도록
충실하게 심리하고 심리한다. • 공범 사건 심리
이를 바탕으로 공범들과의 관계에서
해당 소년에 대한 적합한 처우가 무엇인지
신중하게 정해야 한다. • 적합한 처우 심리
그렇지 않을 경우 공범들 사이의 형사처분 또는
보호처분의 처우에 있어
형평성과 균형에 현저히 반하는 결과를 초래할 수 있고, 있다.
그로 인해 소년이 공범과 비교하여
자신이 받은 처분이
자신의 잘못에 상응하는 처우라고
보기 어려운 처분으로 인식하게 되는 경우
아직 인격의 형성 도중에 있어 개선가능성이 풍부하고
심신의 발육에 따른 특수한 정신적 동요상태에 있는
소년의 시기에 건전한 사회인으로 성장하는 데
방해되는 경험으로 작용할 가능성이 있다. • 상응한 처분
또래나 같은 무리들의 상황 또는

처지에 민감하게 반응하거나 쉽게 영향을 받는다는 것이
소년의 특성 중 하나인 점을 고려하면 더욱 그러하다. • 소년 특성
결국 납득할 만한 합리적인 이유 없이
소년과 공범들 사이의 형사처분 또는 보호처분의 처우에 있어
형평성과 균형에 현저히 반하는 결과가 발생하는 경우
소년의 품행 교정과 개선가능성에도 심한 악영향을 미쳐
소년의 건전한 성장이라는
소년법의 지도이념 달성 자체가 어렵게 될 수 있다. • 형평성과 균형
특히 살인, 강도, 강간, 아동·청소년 대상 성폭력범죄, 마약 등
가중처벌조항이 적용되는 범죄 등과 같이
법정형이 높고 죄질이 나쁜 중범죄의 경우
소년과 공범들 사이의 형사처분 또는 보호처분의 처우에 있어
형평성과 균형에 현저히 반하는 결과를 초래하지 않도록
충실한 심리를 도모할 필요성이 더욱 크다. • 중범죄 심리
그러므로 '보호처분에 해당할 사유'에 대한 판단이
법관의 재량에 맡겨져 있다고 하더라도
거기에는 앞서 본 바와 같이
소년의 건전한 성장이라는 소년법의 지도이념과
보호처분의 목적에 따른 재량의 한계가 있고,
따라서 그 재량의 한계를 현저하게 벗어난 판단은
허용되지 아니한다고 할 것이다. • 소년법 지도이념과 보호처분 목적 숙고

판결 해설

대상판결 쟁점은 보호처분이다. 소년법 제50조 '보호처분에 해당할 사유' 심리와 판단기준이다. 공범이 있는 소년 피고인에 대한 소년부송치결정에 대하여 검사가 재항고를 제기한 사건이다.

대법원은, 소년에 대한 피고사건을 심리한 법원이 그 결과에 따라 보

호처분에 해당할 사유가 있는지를 인정하는 것은 법관의 자유재량에 의하여 판정될 사항이다. 법원이 소년에 대한 형사사건을 심리할 때 보호처분에 해당할 사유를 판단하는 방법 및 그러한 판단은 소년 한 사람 한 사람에게 개별적으로 이루어져야 한다. 소년이 다른 소년 등과 공범인 사건의 경우 소년법의 지도이념을 특별히 고려해야 한다. 소년법상 '보호처분에 해당할 사유'를 판단하는 경우 법관 재량의 한계 및 그 재량의 한계를 현저하게 벗어난 판단은 허용되지 않는다. 소년인 피고인이 다른 소년 등과 공범인 이 사건에서 피고인과 공범들의 관계, 공범으로 가담한 동기와 경위, 가담 정도, 구체적인 가담 행위와 그 태양, 범행으로 얻은 이익의 분배 여부와 그 정도, 범행 후의 반성 태도, 공범들의 각 나이와 성행, 지능, 공범 간 범죄전력 및 비행전력의 차이 여부, 공범들의 각 부모 등 보호자의 보호의지 및 보호능력 등의 주변 환경, 공범들 각자의 학교생활 및 교우관계 등에 대해 충실히 심리하여 공범들 사이의 형사처분 또는 보호처분의 처우에 있어 형평성과 균형에 현저히 반하지 않도록 함으로써 보호처분이 소년의 건전한 성장이라는 소년법의 지도이념을 달성하는 데 적합한 처우인지를 살펴 '보호처분에 해당할 사유'가 있는지를 판단하였어야 한다고 판단하였다.

이 사안에서 원심은 위와 같은 사정에 대해 충실하게 심리하지 아니한 채 피고사건에 대하여 1회 기일에 변론을 진행, 종결한 다음 약 1개월 뒤 그 판시와 같은 이유로 소년부송치결정을 하였다. 이러한 원심의 조치 및 판단은 재량의 한계를 현저하게 벗어난 판단으로서, 원심결정에는 '보호처분에 해당할 사유'를 인정하기 위한 소년에 대한 피고사건의 심리 및 판단 기준에 관한 법리를 오해하여 소년법 제50조를 위반함으로써 재판에 영향을 미친 잘못이 있다고 판단하였다.

대상판결은 보호처분 법리와 소년법 제50조 '보호처분에 해당할 사유' 심리와 판단기준 법리를 명확히 설명한다. 대법원 판결은 타당하다. 국가고시·변호사시험 선택형으로 출제 가능성이 있다.

제2장

형법 각론

25~41

25

특수상해죄·특수협박죄
위험한 물건을 '휴대하여'

피고인이 위험한 물건을 '휴대하여' 피해자를 협박하고 상해를 가하였는지 여부가 문제된 사건

대법원 2024. 6. 13. 선고 2023도18812 판결
[폭행·특수상해(인정된 죄명: 상해)·특수협박(인정된 죄명: 협박)·감금]

[공소사실 요지]

피고인이 위험한 물건인 칼을 휴대하여 사실혼 관계인 피해자를 협박하고 상해를 가하였으며 약 4시간 30분 동안 피해자를 감금하였다. • **요약**

검사는 피고인을 형법 제258조2 제1항·제257조 제1항 특수상해, 형법 제284조 특수협박 등으로 기소하였다.

피고인은 2023. 1. 30. 02:00경 피해자의 주거지에서 피해자가 자신에게 입금해 주기로 한 80만 원에서 형광등 값 2만 원을 제하였다는 이유로 화가 나 손으로 피해자의 머리 등을 수회 때리고, 발로 피해자의 옆구리 등을 걷어차고, 그곳 주방에 있는 의자와 그릇 등을 피해자를 향해 집어던졌다. 계속하여 피고인은 그곳 주방에 있는 위험한 물건인 칼(총길이 30cm, 칼날길이 20cm)을 들고 피해자에게 "씹할 년이 칼로 확 얼굴 쑤셔버려야 되나, 목을 따야 되나?"라고 말하며 위 칼로 주방의자를 찌르고, 피해자의 머리 등을 수회 때리는 등 같은 날 06:30경까지 약 4시간 30분 정도 피해자를 협박하고 때려서 피해자에게 약 2주간의 치료를 요하는 흉요추부 요통 등의 상해를 가하였다.

[법리 쟁점]

특수상해죄, 특수협박죄에서 위험한 물건을 '휴대하여'의 의미

[참조조문]

형법 제257조 제1항, 제258조의2 제1항, 제283조 제1항, 제284조

[참조판례]

대법원 2002. 6. 14. 선고 2002도1341 판결; 대법원 2004. 6. 11. 선고 2004도2018 판결(공2004하, 1198); 대법원 2017. 3. 30. 선고 2017도771 판결

[원심 판단]

제1심법원은 피고인에게 유죄를 선고하였다.

원심법원은 피고인에게 공소사실에 포함된 축소사실인 상해죄, 협박죄를 유죄를 선고하였다.

원심은 사건 현장의 주방의자에 칼을 이용하여 위에서 아래로 찢은 듯한 손상이 관찰되나, 피고인의 주장과 같이 피고인이 주방 근처에서 넘어져 자신의 복부 쪽으로 쏟아진 칼을 짚고 일어나는 과정에서 주방의자가 손상되었을 가능성을 배제하기 어렵고, 피고인이 칼을 가지러 간 경위, 칼을 이용하여 보인 행동 등에 관한 피해자의 진술이 일관되지 아니하므로 위험한 물건을 이용하여 피해자를 폭행하거나 협박하였다고 보기 어렵다는 이유로, 특수상해, 특수협박 부분에 대하여 이유에서 무죄로 판단하고 위 공소사실에 포함된 축소사실인 상해죄, 협박죄를 유죄로 인정하였다.

검사가 상고하였다.

[대법원 판단]

대법원은 원심판결 중 유죄 부분(이유무죄 부분 포함)을 파기하고, 이 부분 사건을 대전지방법원에 환송한다. 검사의 나머지 상고를 기각한다.

대법원은, 사건 발생 장소 및 시기, 피고인의 범행 전후 행동, 피고인과 피해자의 관계, 사건 당시 피해자의 취약한 지위, 칼에 대한 피고인의 근접성과 사실상 지배 정도 및 칼의 사용에 관한 피고인의 언행 등을 종합하면, 피고인이 위험한 물건인 칼을 휴대하여 피해자를 협박하고 피해자에게 상해를 가하였다고 평가할 여지가 충분하다고 보아, 이와 달리 판단한 원심을 파기·환송하였다.

낭독 형법 판결문 25

대법원 2024. 6. 13. 선고 2023도18812 판결 [폭행·특수상해(인정된 죄명: 상해)·특수협박(인정된 죄명: 협박)·감금]

〈피고인이 위험한 물건을 '휴대하여' 피해자를 협박하고 상해를 가하였는지 여부가 문제된 사건〉

판시 사항

특수상해죄 및 특수협박죄의 구성요건 중 위험한 물건을 '휴대하여'의 의미 / 이때 범행 현장에서 위험한 물건을 사용하려는 의도가 있었는지 판단하는 기준 및 위험한 물건을 실제로 범행에 사용하였을 것까지 요구되는지 여부(소극) / 위험한 물건을 휴대하였다고 하기 위하여, 그 물건을 현실적으로 손에 쥐고 있는 등 피고인과 그 물건이 반드시 물리적으로 부착되어 있어야 하는지 여부(소극)

판결 요지

형법 제258조의2 제1항, 제257조 제1항, 제284조, 제283조 제1항은
위험한 물건을 휴대하여
사람의 신체를 상해한 자를 특수상해죄로,
사람을 협박한 자를 특수협박죄로 각 처벌하도록 규정하고 있다.
여기서 위험한 물건을 '휴대하여'는
범행 현장에서 사용하려는 의도 아래
위험한 물건을 소지하거나 몸에 지니는 경우를 의미한다(대법원 2017. 3. 30. 선고 2017도771 판결 참조).
범행 현장에서 위험한 물건을 사용하려는 의도가 있었는지는
피고인의 범행 동기,
위험한 물건의 휴대 경위 및 사용 방법,
피고인과 피해자와의 인적 관계,
범행 전후의 정황 등 모든 사정을

합리적으로 고려하여 판단하여야 한다(대법원 2002. 6. 14. 선고 2002도 1341 판결 참조).

피고인이 범행 현장에서 범행에 사용하려는 의도 아래
위험한 물건을 소지하거나 몸에 지닌 이상
피고인이 이를 실제로 범행에 사용하였을 것까지
요구되지는 않는다(대법원 2004. 6. 11. 선고 2004도2018 판결 참조).
또한 위험한 물건을 휴대하였다고 하기 위하여는,
피고인이
범행 현장에 있는 위험한 물건을
사실상 지배하면서
언제든지 그 물건을 곧바로 범행에 사용할 수 있는
상태에 두면 충분하고,
피고인이 그 물건을 현실적으로 손에 쥐고 있는 등
피고인과 그 물건이 반드시 물리적으로 부착되어
있어야 하는 것은 아니다.
피고인은 한밤중에 피해자의 주거지인 원룸에서
약 4시간 반 동안
사실혼 관계에 있던 피해자를 감금한 상태에서
계속하여 피해자를 때리고 협박하였다.
이를 통해 피고인은 피해자를 육체적·심리적으로
제압한 상황이었다.
피고인은 피해자에게 "여기 칼 있지?",
"너 내가 뱃대지 쑤셔가지고.",
"이게 칼로 확! 얼굴을 쑤셔 버려야 되나. 목을 따야 되나?",
"칼 들었다고? 고소해.",
"너 칼로 쑤시는 거로." 등 여러 차례 칼의 존재를 언급하며
그 칼을 사용할 수도 있음을 내비쳤다.

피고인이 계속하여 칼을 들고 있었다고 보이지는 않으나,
범행 현장은 좁은 공간이었고
피고인이 원하면 언제든지 자신과 가까이 있던 칼을
곧바로 사용할 수 있는 상황이었다.
이러한 사건 발생의 장소 및 시기, 피고인의 범행 전후 행동,
피고인과 피해자의 관계, 사건 당시 피해자의 취약한 지위,
칼에 대한 피고인의 근접성과 사실상 지배 정도 및
칼의 사용에 관한 피고인의 언행 등을 종합하면,
피고인은 위험한 물건인 칼을 휴대하여
피해자를 협박하고 피해자에게 상해를 가하였다고
평가할 여지가 충분하다.

판결 해설

대상판결 쟁점은 특수상해죄·특수협박죄이다. 피고인이 위험한 물건을 '휴대하여' 피해자를 협박하고 상해를 가하였는지 여부가 문제된 사건이다.

대법원은, 위험한 물건을 '휴대하여'는 범행 현장에서 사용하려는 의도 아래 위험한 물건을 소지하거나 몸에 지니는 경우를 의미한다. 피고인이 범행 현장에서 범행에 사용하려는 의도 아래 위험한 물건을 소지하거나 몸에 지닌 이상 피고인이 이를 실제로 범행에 사용하였을 것까지 요구되지는 않는다. 또한 위험한 물건을 휴대하였다고 하기 위하여는, 피고인이 범행 현장에 있는 위험한 물건을 사실상 지배하면서 언제든지 그 물건을 곧바로 범행에 사용할 수 있는 상태에 두면 충분하고, 피고인이 그 물건을 현실적으로 손에 쥐고 있는 등 피고인과 그 물건이 반드시 물리적으로 부착되어 있어야 하는 것은 아니다고 판단하였다.

대상판결은 특수상해죄·특수협박죄에서 위험한 물건을 '휴대하여' 법리와 판단기준을 명확히 설명한다. 대법원 판결은 타당하다. 국가고시·변호사시험 선택형으로 출제 가능성이 있다.

26

모 욕 죄
공연성

모욕죄의 구성요건 해당성에 관한 사건

대법원 2024. 1. 4. 선고 2022도14571 판결
[모욕]

[공소사실 요지]

피고인이 같은 정당에 소속된 상대방에게 카카오톡 메신저로 피해자가 같은 정당 소속 의원과 간담회에 참석한 사진을 보내면서 '거기에 술꾼인 피해자가 송총이랑 가 있네요 ㅋ 거기는 술 안 사주는데. 입 열면 막말과 비속어, 욕설이 난무하는 피해자와 가까이 해서 대장님이 득 될 것은 없다 봅니다.'는 취지의 메시지를 전송한 사안이다.

[법리 쟁점]

[1] 모욕죄에서 '공연성' 판단기준
[2] 전파가능성 인정 여부에 관한 소극적 사정

[참조조문]

[1] 형법 제311조, 형사소송법 제308조 [2] 형법 제13조, 제311조, 형사소송법 제308조

[참조판례]

[1][2] 대법원 2020. 1. 30. 선고 2016도21547 판결; 대법원 2020. 11. 19. 선고 2020도5813 전원합의체 판결(공2021상, 57) [1] 대법원 2022. 6. 16. 선고 2021도15122 판결; 대법원 2022. 7. 28. 선고 2020도8336 판결(공2022하, 1803) [2] 대법원 2004. 4. 9. 선고 2004도340 판결(공2004상, 850)

[원심 판단]

제1심법원은 피고인에게 유죄를 선고하였다.

원심법원은 피고인에게 유죄를 선고하였다.

원심은 피고인의 카카오톡 메시지 발송 행위가 공연성을 비롯한 모욕죄의 범죄구성요건을 충족한다고 판단하였다.

피고인이 상고하였다.

[대법원 판단]

대법원은 원심판결을 파기하고, 사건을 대구지방법원에 환송한다.

대법원은, ① 특정 단체의 대표에게 단체 업무와 관련한 구성원의 처신, 자질 등과 관련한 사실을 단체의 이해관계자가 제보하는 행위는 해당 단체의 평판 및 건전한 존속, 운영 등과 직결된 사항이므로 전파가능성 내지 그에 대한 제보자의 인식을 쉽게 인정할 것은 아닌 점,

② 피고인과 상대방이 상호 담당하는 지위·역할에 따른 업무상 또는 공식적 관계에서 주고받은 메시지의 내용을 불특정 또는 다수인에게 전파할 이유나 가능성이 객관적으로 증명되었다고 보기 어려운 점,

③ 상대방의 태도·의사·인식 및 메시지 처리 내역에 비추어 보면 공연성을 부정할 만한 소극적 사정이 존재하는 점,

④ 피고인이 전제되는 객관적 사실관계를 토대로 자신의 판단과 피해자가 취한 태도 등이 합당한가 하는데 대한 자신의 판단·의견을 밝히고 그 타당성을 강조하는 과정에서 부분적으로 모욕적인 표현이 사용된 것에 불과하다면, 이는 사회상규에 위배되지 않는 행위로서 형법 제20조에 의하여 위법성이 조각되는 점 등을 종합하여,

피고인이 카카오톡 메시지를 보낸 행위에 모욕죄의 공연성이 있었다거나 피고인에게 전파가능성에 대한 인식과 그 위험을 용인하는 의사가 있었다고 단정하기 어렵다고 보아, 이와 달리 판단한 원심판결을 파기·환송하였다.

낭독 형법 판결문 26

대법원 2024. 1. 4. 선고 2022도14571 판결 [모욕]

〈모욕죄의 구성요건 해당성에 관한 사건〉

판시 사항

[1] 개별적으로 소수의 사람에게 발언하였더라도 상대방이 불특정 또는 다수인에게 해당 내용을 전파할 가능성이 객관적으로 인정되는 경우, 모욕죄의 구성요건인 '공연성'을 인정할 수 있는지 여부(적극) 및 이때 전파가능성에 관하여는 검사의 엄격한 증명이 필수적인지 여부(적극) / 구체적인 사안에서 공연성이 인정되는지 판단하는 기준
[2] 전파가능성을 이유로 모욕죄의 공연성이 인정될 수 있는 경우, 주관적 구성요건요소로서 요구되는 고의의 내용 및 고의 유무를 판단하는 방법 / 발언 후 실제로 전파되었는지는 전파가능성 유무를 판단할 때 소극적 사정으로 고려될 수 있는지 여부(적극) / 발언 내용이 전체적으로 피해자의 입장에서 불쾌함을 느낄 정도의 부정적·비판적 의견이나 불편한 감정을 거칠게 나타낸 정도의 표현에 그치는 것으로서, 그와 같은 조악한 표현 자체를 피해자에게 그대로 옮겨 전파하리라는 사정을 쉽게 예상하기 어려운 경우, 전파가능성을 인정할 때 유의할 점

판결 요지

[1] **모욕죄의 구성요건인 '공연성'에 관하여도**
명예훼손죄의 '공연성'에 관한 법리가 동일하게 적용되므로(대법원 2022. 6. 16. 선고 2021도15122 판결 등 참조),
개별적으로 소수의 사람에게 발언하였더라도
그 상대방이 불특정 또는 다수인에게
해당 내용을 전파할 가능성이 객관적으로 인정되는 경우에는
공연성을 인정할 수 있지만,
특정한 소수에게만 발언하였다는 점은
공연성이 부정되는 유력한 사정이 될 수 있으므로,
그와 같은 사정하에서의 전파가능성에 관하여는
검사의 엄격한 증명이 필수적이다(대법원 2020. 11. 19. 선고 2020도5813 전원합의체 판결, 대법원 2022. 7. 28. 선고 2020도8336 판결 등 참조).

구체적인 사안에서
공연성이 인정되는지 여부는 발언을 하게 된 경위와
당시 상황, 발언의 내용·방법, 행위자의 의도,
행위자·상대방의 태도, 행위자·상대방·피해자의 관계와 지위 등
행위 당시의 구체적인 사정을 심리한 후
상대방이 불특정 또는
다수인에게 전파할 가능성이 있는지 등을 종합하여
객관적으로 판단하여야 한다(대법원 2020. 1. 30. 선고 2016도21547 판결, 대법원 2020. 11. 19. 선고 2020도5813 전원합의체 판결 등 참조).

[2] 전파가능성을 이유로
모욕죄의 공연성이 인정될 수 있는 경우에도
범죄구성요건의 주관적 요소로서 미필적 고의는 필수적이므로,
행위자가 당시에 전파가능성에 대한 인식을 전제로
그 위험을 용인하는 내심의 의사가 존재한다는 사실 및
그에 대한 증명이 있어야 한다.
행위자가 전파가능성을 용인하였는지 여부는
외부에 나타난 행위의 형태·상황 등
구체적 사정을 기초로 하여
일반인이라면 전파가능성을 어떻게 평가할 것인가를
고려하면서 행위자의 입장에서 심리상태를 추인하여야 하므로,
행위자의 고의를 인정함에 있어 신중할 필요가 있다.
한편 발언 후 실제로 전파되었는지 여부는
전파가능성 유무를 판단함에 있어
소극적 사정으로 고려될 수 있다(대법원 2004. 4. 9. 선고 2004도340 판결, 대법원 2020. 1. 30. 선고 2016도21547 판결, 대법원 2020. 11. 19. 선고 2020도5813 전원합의체 판결 등 참조).

특히 발언의 내용 역시 피해자의 외부적 명예나
인격적 가치에 대한 사회적 평가를 저하시키거나
인격을 허물어뜨릴 정도로 모멸감을 주는
혐오스러운 표현이라기보다는
전체적으로 피해자의 입장에서
불쾌함을 느낄 정도의 부정적·비판적 의견이나
불편한 감정을 거칠게 나타낸 정도의 표현에 그치는 것으로서,
발언에 담긴 취지가 아니라
그와 같은 조악한 표현 자체를 피해자에게
그대로 옮겨 전파하리라는 사정을
쉽게 예상하기 어려운 경우에는
전파가능성을 인정함에 더욱 신중을 기할 필요가 있다.

판결 해설

대상판결 쟁점은 모욕죄에서 공연성이다.

대법원은, 모욕죄의 구성요건인 '공연성'에 관하여도 명예훼손죄의 '공연성'에 관한 법리가 동일하게 적용된다. 개별적으로 소수의 사람에게 발언하였더라도 그 상대방이 불특정 또는 다수인에게 해당 내용을 전파할 가능성이 객관적으로 인정되는 경우에는 공연성을 인정할 수 있다. 특정한 소수에게만 발언하였다는 점은 공연성이 부정되는 유력한 사정이 될 수 있다. 전파가능성에 관하여는 검사의 엄격한 증명이 필수적이다. 불쾌함을 느낄 정도의 부정적·비판적 의견이나 불편한 감정을 거칠게 나타낸 정도의 표현에 그치는 것으로서, 발언에 담긴 취지가 아니라 그와 같은 조악한 표현 자체를 피해자에게 그대로 옮겨 전파하리라는 사정을 쉽게 예상하기 어려운 경우에는 전파가능성을 인정함에 더욱 신중을 기할 필요가 있다고 판단하였다.

대상판결은 모욕죄에서 공연성 법리를 명확히 설명한다. 대법원 판결은 타당하다. 국가고시·변호사시험 선택형으로 출제 가능성이 있다.

27

주거침입죄
침입

건조물침입죄 성립 여부에 관한 사건

대법원 2024. 1. 4. 선고 2022도15955 판결
[폭력행위등처벌에관한법률위반(공동감금)·폭력행위등처벌에관한법률위반(공동강요)·업무방해·폭력행위등처벌에관한법률위반(공동주거침입)·폭력행위등처벌에관한법률위반(공동퇴거불응)·특수공무집행방해·특수폭행치상]

[공소사실 요지]

호텔관리단 소속 피고인들이 업무시간 중 A건설, B저축은행, C저축은행에 사전 면담약속·방문 통지를 한 후 방문하거나 면담요청을 하기 위해 방문하였다가 면담이 무산되어 각 장소를 점거한 사안이다. • 요약

검사는 피고인들을 폭력행위처벌법위반(공동주거침입)죄로 기소하였다.

[법리 쟁점]

업무시간 중 출입 자격 등의 제한 없이 일반적으로 개방되어 있는 장소에 들어간 경우 건조물침입죄의 성립 여부(원칙적 소극)

[참조조문]

형법 제319조 제1항

형법 제319조 (주거침입·퇴거불응)

① 사람의 주거, 관리하는 건조물, 선박이나 항공기 또는 점유하는 방실에[2객체] 침입한[3행위] 자는[1주체] 3년 이하의 징역 또는 500만원 이하의 벌금에 처한다. <개정 1995. 12. 29.>

② 전항의 장소에서 퇴거요구를 받고 응하지 아니한 자도 전항의 형과 같다.

☞ 보호법익: 사생활 평온

☞ 보호정도: ①침해범(사생활 평온/다수설). ②위험범(=사생활 평온을 해치는 침입/판례)

[참조판례]

대법원 2022. 3. 24. 선고 2017도18272 전원합의체 판결(공2022상, 819); 대법원 2022. 6. 16. 선고 2021도7087 판결

[원심 판단]

제1심법원은 피고인들에게 일부 무죄와 일부 유죄를 선고하였다.
원심법원은 피고인들에게 일부 무죄와 일부 유죄를 선고하였다.
A건설, B저축은행, C저축은행의 추정적 의사를 주된 근거로 삼아 폭력행위처벌법위반(공동주거침입)죄를 유죄로 판단하였다.
1. 이 사건 공소사실 중 피고인 4의 2018. 8. 16.자 「폭력행위 등 처벌에 관한 법률」(폭력행위처벌법) 위반(공동주거침입) 및 업무방해의 점, 피고인 1·피고인 3의 2018. 8. 17.자 폭력행위처벌법위반(공동강요), 2018. 9. 5.자 폭력행위처벌법위반(공동주거침입) 및 업무방해의 점에 대하여 범죄의 증명이 없다고 보아 무죄를 선고한 제1심판결을 유지하였다.
2. 이 사건 공소사실 중 피고인 1·피고인 2·피고인 3·피고인 5·피고인 6의 2018. 8. 6.자 폭력행위처벌법위반(공동퇴거불응)의 점, 피고인 2·피고인 3·피고인 5의 2018. 8. 13.자 폭력행위처벌법위반(공동퇴거불응) 및 공소외 1에 대한 특수공무집행방해의 점, 피고인 1·피고인 3·피고인 5의 2018. 8. 20.자 폭력행위처벌법위반(공동퇴거불응) 및 피해자 공소외 2·공소외 3에 대한 폭력행위처벌법위반(공동감금)의 점에 대하여 유죄를 선고한 제1심판결을 유지하였다.
피고인들과 검사가 상고하였다.

[대법원 판단]

대법원은 원심판결 중 피고인 1·피고인 3·피고인 4·피고인 5·피고인 6에 대한 유죄부분을 모두 파기하고, 이 부분 사건을 인천지방법원에 환송한다. 피고인 2의 상고와 검사의 상고를 모두 기각한다.
피고인들이 업무시간 중 일반적으로 출입이 허용되어 개방된 장소이거나 또는 업무상 이해관계인의 출입에 별다른 제한이 없는 영업장소에 업무상 이해관계인 자격으로 관리자의 출입제한이나 제지가 없는 상태에서 사전에 면담 약속·방문 통지를 한 후 방문한 것이거나 또는 면담요청을 하기 위해 통상적인 방법으로 들어간 이상, 사실상의 평온상태를 해치는 행위태양으로 들어갔다고 볼 수 없다. 건조물침입죄에서 규정하는 침입행위에

해당한다고 보기 어렵다. 사후적으로 볼 때 위 피고인들의 위 각 장소에의 순차적 출입이 앞서 본 소란 등 행위로 인하여 결과적으로 각 관리자의 추정적 의사에 반하는 결과를 초래하게 되었더라도, 그러한 사정만으로 사실상의 평온상태를 해치는 행위 태양으로 출입하였다고 평가할 수 없다. 대법원은 이와 달리 판단한 원심판결을 파기·환송하였다.

낭독 형법 판결문 27

대법원 2024. 1. 4. 선고 2022도15955 판결 [폭력행위등처벌에관한법률위반(공동감금)·폭력행위등처벌에관한법률위반(공동강요)·업무방해·폭력행위등처벌에관한법률위반(공동주거침입)·폭력행위등처벌에관한법률위반(공동퇴거불응)·특수공무집행방해·특수폭행치상]

〈건조물침입죄 성립 여부에 관한 사건〉

판시 사항

주거침입죄의 구성요건적 행위인 '침입'의 의미 및 침입행위에 해당하는지 판단하는 기준 / 업무시간 중 출입자격 등의 제한 없이 일반적으로 개방되어 있는 장소에 들어간 경우, 관리자의 명시적 출입금지 의사 및 조치가 없었던 이상 그 출입행위가 결과적으로 관리자의 추정적 의사에 반하였다는 사정만으로 이를 주거침입죄에서 규정한 침입행위로 평가할 수 있는지 여부(소극)

판결 요지

[1] 법리

주거침입죄는 사실상 주거의 평온을 보호법익으로 한다. • 보호법익

주거침입죄의 구성요건적 행위인 침입은 • 행위

주거침입죄의 보호법익과의 관계에서 해석하여야 하므로, 한다. • 위험범(=행위=보호법익)

침입이란 주거의 사실상 평온상태를 해치는 행위 태양으로

주거에 들어가는 것을 의미하고, 한다. • 보호법익(=사생활 평온설)

침입에 해당하는지는
출입 당시 객관적·외형적으로 드러난
행위 태양을 기준으로 판단함이 원칙이다.
사실상의 평온상태를 해치는 행위 태양으로
주거에 들어가는 것이라면
대체로 거주자의 의사에 반하겠지만,반한다. 그러나
단순히 주거에 들어가는 행위 자체가
거주자의 의사에 반한다는 주관적 사정만으로는사정만으로
바로 침입에 해당한다고 볼 수 없다. • 행위 판단 이후 고의 판단
따라서 침입행위에 해당하는지는
거주자의 의사에 반하는지가 아니라
사실상의 평온상태를 해치는 행위 태양인지에 따라 판단되어야 한다(대법원 2022. 3. 24. 선고 2017도18272 전원합의체 판결, 대법원 2022. 6. 16. 선고 2021도7087 판결 등 참조). • 침입(=사생활 평온을 해하는 침입행위)
한편, 업무시간 중 출입자격 등의 제한 없이
일반적으로 개방되어 있는 장소에 들어간 경우,들어갔다. • 개방장소
이 경우 관리자의 명시적 출입금지 의사 및 조치가 없었던 이상없었다. • 출입금지
그 출입 행위가 결과적으로
관리자의 추정적 의사에 반하였다는 사정만으로는사정만으로
사실상의 평온상태사실상 평온상태를 해치는 행위 태양으로
출입하였다고 평가할 수 없다(위 대법원 2021도7087 판결 참조). • 침입 부정(=사실상 평온을 해하는 침입 부정)

[2] 판단
원심판결 이유를 관련 법리 및 원심이 적법하게 채택한 증거에 비추어 살펴보면,

① 피고인 1·피고인 3의 2018. 8. 16.자 신영건설에 대한 폭력행위처벌법위반(공동주거침입)의 점, ② 피고인 1·피고인 3·피고인 6의 2018. 8. 1.자 OSB저축은행에 대한 폭력행위처벌법위반(공동주거침입)의 점, ③ 피고인 1·피고인 3의 2018. 8. 8.자 대신저축은행에 대한 폭력행위처벌법위반(공동주거침입)의 점, ④ 피고인 4·피고인 5의 2018. 8. 14.자 신영건설에 대한 폭력행위처벌법위반(공동주거침입)의 점에 대하여 유죄를 선고한 제1심판결을 유지한 원심의 판단은 다음과 같은 이유에서 수긍할 수 없다.

(가) 위 피고인들이 들어간 'OSB저축은행·대신저축은행'은 업무시간에 출입자격 등의 제한 없이 일반적으로 개방되어 있는 장소이고, '신영건설'은 업무상 이해관계인의 출입에 별다른 제한이 없는 영업장소에 해당한다.

(나) 위 피고인들은 'OSB저축은행·대신저축은행·신영건설'에 출입할 당시에 별다른 출입의 제한출입 제한이나 제지를 받지 않았고, 특별한 출입통제조치가 되어 있지도 않았다.

(다) 위 피고인들은 물론 위 각 장소에 함께 들어간 구분소유자들은 3~4명씩 나누어 순차적으로 들어가거나 노인·여성부터 1~2명씩 먼저 들어간 것으로 보일 뿐 진입을 제지받았음에도 다수의 힘 또는 위세를 이용하여 들어간 것으로 보이지 않는다.

(라) 특히 위 피고인들은 '신영건설'에 미리 공문으로 방문 의사를 고지한 후 담당자와의 면담약속에 따라 방문하였고, '대신저축은행'의 경우 비록 사전약속은 없었으나 담당자와의 면담을 요청하기 위해 방문한 것으로, '대신저축은행·신영건설'에서 제공하는 회의실·대기실 등에서 약속된 담당자와 실제로 면담·회의를 하였거나 담당자와의 면담 가능 여부의 확인 또는 담당자가 노력하기로 한 대표자와의 면담을 위해 대기하였을 뿐이다. 'OSB저축은행'의 경우에도 사전에 담당자와 면담 약속을 한 후 방문하여, 그곳에서 제공하는 회의실·대기실 등에서 약속된 담당자와 실제로 면담·회의를 하였음은 위 다른 두 곳의 경우와 마찬가지로, 출입 과정에 관한 관계자의 증언을 보더라도 적극적·명시적 출입

금지 의사 및 조치는 없었던 것으로 보인다.
(마) 위 피고인들은 물론 함께 들어간 구분소유자들이 위 각 장소에 순차적으로 들어간 후 다중의 위력을 보일 수 있을 정도의 규모에 이르렀고, 그로부터 상당한 시간이 경과한 이후 그때까지 위 피고인들이 기대하였던 담당자 또는 대표이사와의 면담 등이 무산됨에 따라 일부 참석자들에 의한 소란 등 행위가 우발적으로 발생하였던 것으로 보일 뿐이다. 즉, 소란 등 행위에 가담한 이들에 대하여 판시 업무방해 또는 폭력행위처벌법위반(공동퇴거불응) 등 범행이 성립함은 별론으로 하고, 업무시간 중 일반적으로 출입이 허용되어 개방된 'OSB저축은행·대신저축은행'은 물론 업무상 이해관계인의 출입에 별다른 제한이 없는 영업장소인 '신영건설'에 위 피고인들이 업무상 이해관계인 자격으로 관리자의 출입제한이나 제지가 없는 상태에서 사전에 면담약속·방문 통지를 한 후 방문한 것이거나 면담요청을 하기 위해 통상적인 방법으로 들어간 이상, 사실상의 평온상태를 해치는 행위 태양으로 들어갔다고 볼 수 없어 건조물침입죄에서 규정하는 침입행위에 해당한다고 보기 어렵다. 설령 사후적으로 볼 때 위 피고인들의 위 각 장소에의 순차적 출입이 앞서 본 소란 등 행위로 인하여 결과적으로 각 관리자의 추정적 의사에 반하는 결과를 초래하게 되었더라도, 그러한 사후적 사정만으로는 사실상의 평온상태를 해치는 행위 태양으로 출입하였다고 평가할 수 없다.
(바) 그럼에도 'OSB저축은행·대신저축은행·신영건설'의 추정적 의사를 주된 근거로 삼아 폭력행위처벌법위반(공동주거침입)죄의 성립을 인정한 원심의 판단에는 건조물침입죄의 성립에 관한 법리를 오해하여 필요한 심리를 다하지 아니함으로써 판결에 영향을 미친 잘못이 있다.

[3] 결론
그러므로 원심판결 중 피고인 1·피고인 3·피고인 4·피고인 5·피고인 6에 대한 유죄 부분을 모두 파기하고,[한다.] 이 부분 사건을 다시 심리·판단하도록 원심법원에 환송하되,[한다.] 피고인 2의 상고와 검사의 상고를 모두 기각하기로 하여,[한다.] 관여 대법관의 일치된 의견으로 주문과 같이

판결한다.

판결 해설

1. 주거침입죄 개념

주거침입죄 보호법익은 사실상 평온이다. ① 사실상 평온설, ② 주거권설이 대립한다. 사실상 평온설이 타당하다. 입법 취지는 개인 사생활 보호이기 때문이다. 다수설과 판례는 사실상 평온설이다. 독일 통설은 주거권설이다. 문화가 다르다. 상습·2인 이상·흉기휴대·단체 위력·다중 위력을 보이고 주거침입 또는 퇴거불응하면, 죄질이 나빠 폭력행위처벌법 제2조 제2항과 제3조 제1항으로 가중 처벌된다.

2. 주거침입죄 보호정도

주거침입죄 보호정도는 침해범이다. 미수범 처벌 규정이 있다. 그럼에도 판례는 위험범으로 본다. 그래서 대법원 판례는 보호법익과 행위를 묶어서 '침입'을 해석한다. 주거자의 의사에 반해, 사생활 평온을 침해할 정도로, 신체 일부 또는 전부가 들어가면, 침입이다. 보호법익에 3개가 모두 결합되어 있다.

3. 주거침입죄 침입

그러나 침입侵入은 주거자 또는 관리자의 의사에 반하여 사람 신체가 들어가는 행위이다. 여기에 사생활 평온을 침입행위에서 논할 이유가 없다. 동의 · 허락 · 양해 없이 들어가면 침입이다. 그다음 결과인 사생활 평온을 침해하였는지 다시 판단한다. 그러면 주거 · 침입 · 사생활 평온을 나누어서 정밀하게 검토할 수 있다.

4. 주거침입죄 주거자 의사

주거자 의사는 현장에 있는 주거자 의사를 말한다. 출장·외출한 동거인의 동의·허락·양해를 받을 필요는 없다. 가벌성 범위가 확장한다. 추정 의사를 제한해야 가벌성이 준다. 범죄 목적으로 들어가도, 주거자·영업자가 행위자 내면을 확인하지 못하고, 주거 입장을 동의·허락·양해하였다면 침입이 아니다. 대법원 전원합의체 판례 입장이다.

5. 주거침입죄 착오

주거침입죄에서 주거자 의사를 착오하면 구성요건 착오이다. 고의가 성립하지 않는다.

6. 주거침입죄 기수

주거침입죄는 사실상 평온을 침해하면 기수이다. 주거침입죄는 계속범이다. 주거 침입행위가 종료되면 공소시효는 기산된다. 종료까지 정당방위가 가능하다.

7. 주거침입죄 미수

주거침입죄는 사실상 평온을 침해하지 않으면 미수이다. 주거자 의사에 반하여 주거침입행위를 하였지만, 사생활 평온을 침해하지 않으면 미수이다. 신체 일부 또는 전부 들어가는 행위는 모두 침입행위이다. 실행 착수가 있다.

사생활 평온으로 기수와 미수를 구분하면 정밀하다. 나는 대법원 판례와 달리 보호정도를 침해범으로 본다.

8. 주거침입죄 방조범

주거의 장기 점거를 지원하면 주거침입죄 방조범이 성립한다.

9. 주거침입죄 죄수

주거침입이 구성요건에 명시되어 있지 않다면, 주거침입행위를 평가해야 하고, 주거침입죄가 성립한다. **범죄를 범할 목적으로 주거에 침입하여 의도했던 범죄를 범한 경우이다. 주거침입죄와 다른 범죄는 실체적 경합관계이다. 2개의 행위이기 때문이다.**

야간에 건조물을 손괴하고, 주거에 침입하여 재물을 절취하면, 형법 제331조 제1항 특수절도죄가 성립한다. 주거침입행위가 결합범의 내용으로 규정되어 있기 때문이다(임웅, 형법각론, 제13정판, 법문사, 2023, 299−315면. 주거침입죄 참조).

28

강제추행죄
추행

추행행위 해당 여부와 추행의 고의 인정 여부가 문제된 사건

대법원 2024. 8. 1. 선고 2024도3061 판결
[강제추행·도로교통법위반]

[공소사실 요지]

피고인은 2021. 7. 25.경 운전 연수 차량 안에서 운전 연수를 받던 피해자의 운전이 미숙하다는 이유로 피해자의 오른쪽 허벅지를 1회 밀쳐 피해자를 강제로 추행하였다.

검사는 피고인을 형법 제298조 강제추행죄로 기소하였다.

[법리 쟁점]

강제추행죄에 있어서 추행의 의미와 판단 기준 및 형사재판에서 유죄의 인정을 위한 증거의 증명력 정도

[참조조문]

[1] 형법 제298조, 형사소송법 제307조, 제308조 [2] 형법 제298조, 형사소송법 제307조, 제308조

[참조판례]

[1] 대법원 2002. 4. 26. 선고 2001도2417 판결(공2002상, 1306); 대법원 2014. 10. 15. 선고 2014도4447 판결; 대법원 2020. 5. 14. 선고 2019도9872 판결

[원심 판단]

제1심법원은 피고인에게 유죄를 선고하였다.

원심법원은 피고인에게 유죄를 선고하였다.

원심은, 피해자의 진술에 신빙성이 있고, 피고인이 피해자의 허벅지를 밀친 사실 자체는 인정하고 있으며, 이러한 행위는 일반인에게 성적 수치심이나 혐오감을 일으키고 피해자의 성적 자유를 침해한 것으로 강제추행에 해당한다는 등의 이유로 이 부분 공소사실을 유죄로 판단하였다.
피고인이 상고하였다.

[대법원 판단]

대법원은 원심판결을 파기하고, 사건을 서울중앙지방법원에 환송한다.
대법원은, ① 피고인과 피해자의 관계, 피해자가 피고인에게서 운전 연수를 받던 과정에서 있었던 일들도 추행행위 해당 여부와 피고인의 추행의 고의 유무를 판단함에 있어 고려의 대상이 되고,
② 피해자는 수사기관 및 법정에서 피고인이 주먹으로 피해자의 오른쪽 허벅지를 1회 소리가 날 정도로 세게 때렸다고 하면서 그 이유에 관하여 운전 연수 중 피해자가 피고인의 지시대로 운전을 하지 못했을 때 피고인이 화가 나서 때린 것이라고 진술하였으며,
③ 피고인이 그 무렵 운전 연수를 받던 피해자나 제3자에 대해 보인 동일한 행위 태양을 고려하면 피고인이 주먹으로 피해자의 허벅지 부위를 밀친 행위에 대해 피고인의 폭행 가능성 내지 폭행의 고의를 배제한 채 곧바로 추행의 고의를 추단하기는 어렵고,
④ 피해자는 제1심법정에서 '피고인이 피해자의 허벅지를 때린 느낌이었는지 피해자의 신체에 손을 대고 싶었던 느낌이었는지'를 묻는 판사의 질문에 대하여 '알지 못 한다'는 취지로 대답한 점에 비추어 보면,
이 부분 범행이 추행행위에 해당한다는 점 및 당시 피고인에게 추행의 고의가 있었다는 점이 합리적인 의심을 할 여지가 없을 정도로 확신을 갖게 할 만큼 증명되었다고 단정하기 어렵다고 보아, 이 부분 공소사실을 유죄로 인정한 원심을 파기·환송하였다.

낭독 형법 판결문 28

대법원 2024. 8. 1. 선고 2024도3061 판결 [강제추행·도로교통법위반]
〈추행행위 해당 여부와 추행의 고의 인정 여부가 문제된 사건〉

판시 사항

[1] 강제추행죄에서 추행의 의미 및 어떠한 행위가 추행에 해당하는지 판단하는 방법 / 강제추행죄의 죄수 및 강제추행죄가 성립되기 위해서는 문제가 되는 행위마다 폭행 또는 협박 외에 추행행위와 그에 대한 범의가 인정되어야 하는지 여부(적극) / 형사재판에서 유죄의 인정을 위한 증거의 증명력 정도 및 추행의 범의에 대한 증명이 부족한 경우, 강제추행죄의 유죄로 판단할 수 있는지 여부(소극)
[2] 피고인이 차량 안에서 운전연수를 받던 갑의 운전이 미숙하다는 이유로 갑의 오른쪽 허벅지를 1회 밀쳐 강제로 추행하였다는 내용으로 기소된 사안에서, 공소사실을 유죄로 인정한 원심판단에 법리오해 등의 잘못이 있다고 한 사례.

판결 요지

[1] 강제추행죄에서의 추행은
객관적으로 일반인에게 성적 수치심이나 혐오감을 일으키게 하고
선량한 성적 도덕관념에 반하는 행위로서
피해자의 성적 자기결정권을 침해하는 것을 의미한다.
어떠한 행위가 추행에 해당하는지 여부는
피해자의 의사, 성별, 연령,
행위자와 피해자의 이전부터의 관계,
행위에 이르게 된 경위,
구체적 행위태양, 주위의 객관적 상황과
그 시대의 성적 도덕관념 등을 종합적으로 고려하여
신중하게 결정되어야 한다(대법원 2002. 4. 26. 선고 2001도2417 판결, 대법원 2020. 5. 14. 선고 2019도9872 판결 등 참조)**.**
강제추행죄는 특별한 사정이 없는 한
행위마다 1개의 범죄가 성립하고,
강제추행죄가 성립되기 위해서는 문제가 되는 행위마다

폭행 또는 협박 외에
추행 행위 및 그에 대한 범의가 인정되어야 한다.
형사재판에서 유죄의 인정은
법관으로 하여금 합리적인 의심을 할 여지가 없을 정도로
공소사실이 진정하다는 확신을 가지게 할 수 있는
증명력을 가진 증거에 의하여야 하므로한다.
추행의 범의에 대한 증명이 부족하다면
설령 피고인에게 유죄의 의심이 간다고 하더라도
강제추행죄의 유죄로 판단할 수는 없다(대법원 2014. 10. 15. 선고 2014도4447 판결 등 참조).

[2] 피고인이 차량 안에서
운전 연수를 받던 갑의 운전이 미숙하다는 이유로
갑의 오른쪽 허벅지를 1회 밀쳐 강제로 추행하였다는
내용으로 기소된 사안에서,사안이다.
운전 연수를 받으며 처음 알게 된 피고인과 갑의 관계,
갑이 피고인에게서 운전 연수를 받던 과정에서 있었던 일들도
추행행위 해당 여부와 피고인의 추행의 고의 유무를 판단할 때
고려의 대상이 되는데,된다.
수사기관 및 법정에서
피고인이 주먹으로 갑의 오른쪽 허벅지를
1회 소리가 날 정도로 세게 때렸다고 하면서,
그 이유에 관하여 운전 연수 중
갑이 피고인의 지시대로 운전을 하지 못했을 때
피고인이 화가 나서 때린 것이라고 진술한 점,
피고인이 그 무렵 운전 연수를 받던 갑이나 제3자에 대해 보인
동일한 행위태양을 고려하면,

피고인이 주먹으로 갑의 허벅지 부위를 밀친 행위에 대해
피고인의 폭행 가능성 내지 폭행의 고의를 배제한 채
곧바로 추행의 고의를 추단하기는 어려운 점,
갑이 제1심법정에서 '피고인이 갑의 허벅지를 때린 것이 때린
느낌이었는지 갑의 신체에 손을 대고 싶었던 느낌이었는지'를 묻는
판사의 질문에 '그것까지는 제가 알지 못한다.'고 한 답변에 비추어,
위 범행이 추행행위에 해당한다는 것 및 당시 피고인에게
추행의 고의가 있었음이 합리적인 의심을 할 여지가 없을 정도로
확신을 갖게 할 만큼
증명되었다고 단정하기 어려운 점을 종합하면,
공소사실을 유죄로 인정한 원심판단에
강제추행죄에서의 추행행위 해당 여부와
추행의 범의 및 유죄의 인정에 필요한 증명의 정도에 관한
법리오해 등의 잘못이 있다고 한 사례.

판결 해설

대상판결 쟁점은 강제추행죄에서 추행이다. 추행행위 해당 여부와 추행의 고의 인정 여부가 문제된 사건이다.

대법원은, 강제추행죄에서의 추행은 객관적으로 일반인에게 성적 수치심이나 혐오감을 일으키게 하고 선량한 성적 도덕관념에 반하는 행위로서 피해자의 성적 자기결정권을 침해하는 것을 의미한다. 강제추행죄는 특별한 사정이 없는 한 행위마다 1개의 범죄가 성립하고, 강제추행죄가 성립되기 위해서는 문제가 되는 행위마다 폭행 또는 협박 외에 추행행위 및 그에 대한 범의가 인정되어야 한다. 추행의 범의에 대한 증명이 부족하다면 설령 피고인에게 유죄의 의심이 간다고 하더라도 강제추행죄의 유죄로 판단할 수는 없다고 판단하였다.

대상판결은 강제추행죄에서 추행 법리를 명확히 설명한다. 대법원 판결은 타당하다. 국가고시·변호사시험 선택형으로 출제 가능성이 있다.

29

사 기 죄

기망

소송비용액확정결정신청의 소송비용액계산서에 실제 지출하지 않은 변호사비용을 기재한 행위가 소송사기에 해당하는지 여부가 문제된 사건

대법원 2024. 6. 27. 선고 2021도2340 판결
[사기미수·도시및주거환경정비법위반]

[공소사실 요지]

피고인이 가처분사건에서 변호사를 선임한 적이 없는데도 그 가처분사건에 관한 소송비용액확정결정신청을 하면서 실제 지출하지 않은 변호사비용을 기재하여 그 소송비용액 상당액을 편취하려다가 미수에 그쳤다. • **요약**

검사는 피고인을 형법 제347조 제1항, 제352조, 제25조 사기미수죄로 기소하였다.

피고인 1에 대한 공소사실의 요지는, 피고인 1은 2018. 10. 17.경 서울북부지방법원에서, 같은 법원 2017카합253 임시총회개최금지가처분 사건에 관하여 같은 법원 2018카확240호로, 같은 법원 2017카합234 임시총회금지가처분 사건에 관하여 같은 법원 2018카확241호로 각 소송비용액확정결정신청(이하 '이 사건 각 소송비용액확정신청'이라 하고, 위 각 가처분사건을 '이 사건 각 가처분사건'이라 한다)을 하면서 각 소송비용액계산서에 이 사건 각 가처분사건에서 변호사를 선임한 바가 없음에도 실제 지출하지 않은 변호사비용 5,000,000원을 각 기재하여 그 소송비용액 상당액을 편취하려고 하였으나, 피신청인 공소외인의 각 이의제기로 그 뜻을 이루지 못하고 각 미수에 그쳤다는 것이다.

[법리 쟁점]

소송비용액확정결정신청에서 당사자가 소명자료 등을 조작하거나 허위의

소명자료 등을 제출함이 없이 단지 실제 사실과 다른 비용액에 관한 주장만 하는 경우 사기죄의 성부(원칙적 소극)

[참조조문]

형법 제347조, 민사소송법 제110조 제1항, 제2항

[참조판례]

대법원 2006. 10. 12. 선고 2004재다818 판결(공2006하, 1875); 대법원 2011. 12. 22. 자 2011마1777 결정

[원심 판단]

제1심법원은 피고인에게 유죄를 선고하였다.
원심법원은 피고인에게 유죄를 선고하였다.
원심은 피고인에게 사기의 고의가 있었다고 보아 유죄로 판단하였다.
피고인이 상고하였다.

[대법원 판단]

대법원은 원심판결 중 피고인 1에 대한 부분을 파기하고, 이 부분 사건을 서울북부지방법원에 환송한다. 피고인 2의 상고를 기각한다.
대법원은, 피고인이 가처분사건에서 변호사를 선임한 적이 없는데도 소송비용액확정신청을 하면서 소송비용액계산서의 비용항목에 사실과 다르게 변호사비용을 기재하기 하였다. 그러나 이와 관련하여 소명자료 등을 조작하거나 허위의 소명자료를 제출하지는 않았다. 그러므로 피고인의 소송비용액확정신청이 객관적으로 법원을 기망하기에 충분하다고 보기는 어려워 이를 사기죄의 기망행위라고 단정할 수 없다. 이와 달리 사기미수죄의 성립을 인정한 원심을 파기·환송하였다.

낭독 형법 판결문 29

대법원 2024. 6. 27. 선고 2021도2340 판결 [사기미수·도시및주거환경정비법위반]
〈소송비용액확정결정신청의 소송비용액계산서에 실제 지출하지 않은 변호사비용을 기재한 행위가 소송사기에 해당하는지 여부가 문제된 사건〉

판시 사항

허위 내용으로 법원을 기망하여 자기에게 유리한 소송비용액확정결정을 받는 행위가 사기죄를 구성할 수 있는지 여부(적극) / 이때 소송비용액확정결정을 신청하는 당사자가 소명자료 등을 조작하거나 허위의 소명자료 등을 제출함이 없이 단지 실제 사실과 다른 비용액에 관한 주장만 하는 경우, 사기죄의 성립 여부(원칙적 소극)

판결 요지

소송비용부담의 재판은
소송비용상환의무의 존재를 확정하고 그 지급을 명하는 데 그치고,
구체적인 소송비용의 액수는
민사소송법 제110조 제1항에 의한 소송비용액확정결정을 통하여
확정되며확정된다.(대법원 2006. 10. 12. 선고 2004재다818 판결 참조),

소송비용의 상환을 구하는 자는
소송비용액확정결정에 집행문을 부여받아
그 확정된 소송비용액에 관하여 강제집행을 할 수 있는바,있다.
허위 내용으로 법원을 기망하여
자기에게 유리한 소송비용액확정결정을 받는 행위는
사기죄를 구성할 수 있다.

한편 소송비용액확정결정을 신청할 때에는
비용계산서, 그 등본과 비용액을 소명하는 데
필요한 서면을 제출하여야 하므로(민사소송법 제110조 제2항),
당사자가 단순히 실제 사실과 다른 비용액에 관한
주장만 한 경우를 사기죄로 인정하는 것에는 신중하여야 한다.
소송비용 중 당사자 등이 소송 기타 절차를 수행하기 위하여
법원에 납부하는 인지액 및 민사예납금 등

이른바 '재판비용'은 관할법원이
스스로 보존하고 있는 재판서 및 소송기록 등에 의하여
계산할 것이 예정되어 있고, 있다.
당사자가 소송 등 수행을 위하여
제3자에게 직접 지출하는 이른바 '당사자비용'은
신청인이 반드시 소명하여야 하므로 한다. (대법원 2011. 12. 22. 자 2011마1777 결정 등 참조),

소명자료 등을 조작하거나 허위의 소명자료 등을 제출함이 없이
단지 실제 사실과 다른 비용액에 관한 주장만 하는 경우에는
특별한 사정이 없는 한
법원을 기망하였다고 단정하기 어렵기 때문이다. • 기망부정

판결해설

대상판결 쟁점은 사기죄에서 기망이다. 소송비용액확정결정신청의 소송비용액계산서에 실제 지출하지 않은 변호사비용을 기재한 행위가 소송사기에 해당하는지 여부가 문제된 사건이다.

대법원은, 허위 내용으로 법원을 기망하여 자기에게 유리한 소송비용액확정결정을 받는 행위는 사기죄를 구성할 수 있다. 소명자료 등을 조작하거나 허위의 소명자료 등을 제출함이 없이 단지 실제 사실과 다른 비용액에 관한 주장만 하는 경우에는 특별한 사정이 없는 한 법원을 기망하였다고 단정하기 어렵기 때문이라고 판단하였다.

대상판결은 사기죄에서 기망·소송비용액확정결정신청의 소송비용액계산서에 실제 지출하지 않은 변호사비용을 기재한 행위가 소송사기에 해당하는지 여부에 대한 법리를 명확히 설명한다. 대법원 판결은 타당하다. 국가고시·변호사시험 선택형으로 출제 가능성이 있다.

30

사 기
기망

조정절차에서 임의이행의사나 능력에 관하여 거짓말하여 민사조정이 성립된 사건

대법원 2024. 1. 25. 선고 2020도10330 판결
[사기]

[공소사실 요지]

아파트 시행사업을 하던 피고인들이 투자자인 피해자로부터 약정금 반환을 구하는 소를 제기 당하자, 조정절차에서 합의된 금전의 지급 재원이 될 아파트 시행 사업 양도대금의 지급시기에 관하여 조정 상대방인 피해자를 기망하여 이에 속은 피해자가 조정에 응함으로써 약정금을 감액 받아 채무면제를 받았다는 이유로 사기죄로 기소된 사건이다. **• 요약**

검사는 피고인들을 형법 제347조 제1항 사기죄로 기소하였다.

공소외인은 피고인 1이 작성한 지급확약서(작성일자가 2005. 4. 16.로 기재되어 있다)에 따른 약정금 5억 4,000만 원을 지급받지 못하자 2015. 10. 23. 부산지방법원에 피고인 1 등을 피고로 하여 약정금 5억 4,000만 원의 지급을 구하는 민사소송을 제기하고, 피고인 1이 대표이사인 ○○건설 주식회사(이하 '○○건설'이라 한다)가 가지고 있는 토지 소유권이전등기청구권과 피고인 1, ○○건설이 피고인 2가 대표이사인 주식회사 △△개발(이하 '△△개발'이라 한다)과 주식회사 □□종합건설(이하 '□□종합건설'이라 한다)에 대하여 가지고 있는 양도대금채권을 가압류하였다.

피고인들은 공소외인과 분쟁이 계속되면 피고인들이 진행하는 부산 남구 ◇◇동 소재 아파트 시행 사업에 차질이 생길 것을 우려하여 위 아파트 준공예정일인 2019. 5. 이후에야 □□종합건설로부터 양도대금을 받아 합의금을 마련할 수 있는 상황이었지만 신속히 합의금을 지급하겠다고 기망

하여 공소외인과 합의하기로 공모하였다.

피고인 1은 2016. 4. 무렵 공소외인에게 "약정금 4억 5,000만 원을 판결을 통해 받으려면 2심을 거치는 등 몇 년이 걸릴 것이다. 합의해 주면 2016. 5. 말 ◇◇동 아파트 분양을 할 예정인데 그때는 돈을 받을 수 있으니 분양을 마친 후 2016. 6. 말에 합의금을 지급하겠다."라고 거짓말하고, 피고인들은 2016. 4. 13. ◇◇동 (상호명 생략)커피숍에서 공소외인에게 "피고인 1과 피고인 2가 대표이사인 △△개발이 연대하여 2016. 9. 말까지 2억 원, 2016. 12. 말까지 1억 원, 2019. 7. 말까지 1억 원 합계 4억 원을 지급하겠으니 약정금 청구를 취하하고 가압류 신청도 취하해 달라."라고 거짓말을 하였다.

그러나 피고인들은 □□종합건설로부터 아파트 분양 후가 아니라 아파트 준공 후부터 5개월 이내에 양도대금을 받기로 하였고, 달리 재산이 없어 3억 원이라는 거액을 2016. 12. 말까지 마련할 수 없었으므로 공소외인과 합의하더라도 합의금을 제때 지급할 의사나 능력이 없었다.

피고인들은 위와 같이 공소외인을 기망하여 이에 속은 공소외인과 2016. 4. 13. 위 커피숍에서 '피고인 1, △△개발은 연대하여 공소외인에게 4억 원을 지급하되, 그중 2억 원은 2016. 9. 말까지, 1억 원은 2016. 12. 말까지, 1억 원은 2019. 7. 말까지 지급하고, 공소외인은 약정금 소를 취하하고 각 가압류 신청을 취하한다.'는 내용으로 합의하고, 2016. 4. 25. 14:30 무렵 부산지방법원 조정실에서 공소외인으로 하여금 합의 내용으로 조정에 응하게 하였다.

이로써 피고인들은 공모하여 공소외인으로부터 약정금 5억 4,000만 원을 4억 원으로 감액받아 피고인 1이 1억 4,000만 원 채무를 면제받았다.

[법리 쟁점]

조정절차에서 사기죄의 기망행위 판단기준

[참조조문]

형법 제347조 제1항

[참조판례]

대법원 2004. 6. 25. 선고 2003도7124 판결(공2004하, 1277)

[원심 판단]

제1심법원은 피고인들에게 유죄를 선고하였다.

원심법원은 피고인들에게 유죄를 선고하였다.

원심은, 피고인들이 피해자로 하여금 약정 기한에 금전을 수령할 수 있을 것처럼 믿게 하였고, 만일 조정절차에서 합의된 금전의 지급 재원이 될 아파트 시행 사업 양도대금의 지급시기가 약정기한인 2016년이 아닌 2019년이라는 점을 알았더라면 조정에 응하지 않았을 것이라는 등의 이유로 피고인들에 대한 사기죄의 공소사실을 일부 유죄로 인정하였다.

피고인들이 상고하였다.

[대법원 판단]

대법원은 원심판결을 파기하고, 사건을 서울동부지방법원에 환송한다.

대법원은, 기망행위의 성립범위를 엄격하게 제한하는 소송사기에 관한 법리가 소송절차에서 이루어지는 민사조정에서도 마찬가지로 적용된다는 점을 최초로 선언하면서, 피고인들이 민사소송의 조정 과정에서 피해자에게 아파트 시행 사업 양도대금의 지급시기를 설명하지 않았다는 사정만으로 곧바로 기망행위가 성립하였다거나 그로 인한 손해가 발생하였다고 할 수 없다고 보아, 이와 달리 판단한 원심판결을 파기·환송하였다.

낭독 형법 판결문 30

대법원 2024. 1. 25. 선고 2020도10330 판결 [사기]

〈조정절차에서 임의이행의사나 능력에 관하여 거짓말하여 민사조정이 성립된 사건〉

판시 사항

소송사기죄 적용의 엄격성 및 소송사기를 유죄로 인정할 수 있는 경우 / 소송당사자들이 조정절차를 통해 원만한 타협점을 찾는 과정에서 다소간의 허위나 과장이 섞인 언행을 한 경우, 이러한 언행이 사기죄에서 말하는 기망행위에 해당하는지 여부(한정 소극) / 조정에 따른 이행의무를 부담하는 피고가 조정성립 이후 청구원인에 관한 주된 조정채무를 제때 이행하지 않았다는 사정만으로 원고에게 신의칙상 주의의무를 다하지 아니하였다거나 조정성립과 상당인과관계 있는 손해가 발생하였다

고 단정할 수 있는지 여부(소극)

판결 요지

소송사기는 법원을 속여 자기에게 유리한 판결을 얻음으로써
상대방의 재물 또는 재산상 이익을 취득하는 범죄로서,
이를 쉽사리 유죄로 인정하게 되면
누구든지 자기에게 유리한 주장을 하고
소송을 통하여 권리구제를 받을 수 있는
민사재판제도의 위축을 가져올 수밖에 없다(대법원 2004. 6. 25. 선고 2003도7124 판결 참조).

이러한 위험성은
당사자 간 합의에 의하여 소송절차를 원만하게
마무리하는 민사조정에서도 마찬가지로 존재한다.
따라서 피고인이 그 범행을 인정한 경우 외에는
소송절차나 조정절차에서 행한 주장이
사실과 다름이 객관적으로 명백하고
피고인이 그 주장이 명백히 거짓인 것을 인식하였거나
증거를 조작하려고 하였음이 인정되는 때와 같이
범죄가 성립하는 것이 명백한 경우가 아니면
이를 유죄로 인정하여서는 안 된다.

소송당사자들은 조정절차를 통해
원만한 타협점을 찾는 과정에서
자신에게 유리한 결과를 얻기 위하여 노력하고,
그 과정에서 다소간의 허위나 과장이 섞인
언행을 하는 경우도 있다.

이러한 언행이 일반 거래관행과 신의칙에 비추어

허용될 수 있는 범위 내라면
사기죄에서 말하는 기망행위에 해당한다고 볼 수는 없다.
통상의 조정절차에서는
조정채무 불이행에 대한 제재수단뿐만 아니라
소송비용의 처리 문제나
청구취지에 포함되지 않은 다른 잠재적 분쟁에 관한
합의내용도 포함될 수 있고,
소송절차를 단축시켜
집행권원을 신속히 확보하기 위한 목적에서
조정이 성립되는 경우도 있다.

소송당사자가 조정에 합의한 것은
이러한 부수적 사정에 따른 이해득실을
모두 고려한 이성적 판단의 결과로 보아야 하고,
변호사 등 소송대리인이 조정절차에 참여하여
조정이 성립한 경우에는 더욱 그러하다.

따라서 조정에 따른 이행의무를 부담하는 피고가
조정 성립 이후
청구원인에 관한 주된 조정채무를
제때 이행하지 않았다는 사정만으로
원고에게 신의칙상 주의의무를 다하지 아니하였다거나
조정성립과 상당인과관계 있는 손해가 발생하였다고
쉽사리 단정하여서는 아니 된다.

판결 해설

대상판결 쟁점은 사기죄에서 기망이다. 조정절차에서 임의이행의사나 능력에 관하여 거짓말하여 민사조정이 성립된 사건이다.

대법원은, 소송사기는 법원을 속여 자기에게 유리한 판결을 얻음으로써 상대방의 재물 또는 재산상 이익을 취득하는 범죄이다.

피고인이 범행을 인정한 경우 외에는 소송절차나 조정절차에서 행한 주장이 사실과 다름이 객관적으로 명백하고 피고인이 그 주장이 명백히 거짓인 것을 인식하였거나 증거를 조작하려고 하였음이 인정되는 때와 같이 범죄가 성립하는 것이 명백한 경우가 아니면 이를 유죄로 인정하여서는 안 된다.

소송당사자들이 다소간의 허위나 과장이 섞인 언행을 하는 경우도 있다. 이러한 언행이 일반 거래관행과 신의칙에 비추어 허용될 수 있는 범위 내라면, 사기죄에서 말하는 기망행위에 해당한다고 볼 수는 없다. 조정에 따른 이행의무를 부담하는 피고가 조정성립 이후 청구원인에 관한 주된 조정채무를 제때 이행하지 않았다는 사정만으로 원고에게 신의칙상 주의의무를 다하지 아니하였다거나 조정성립과 상당인과관계 있는 손해가 발생하였다고 쉽사리 단정하여서는 아니 된다고 판단하였다.

이 사안에서 피고인들이 2016년 12월 말까지 공소외 1에게 3억 원을 지급할 의사와 능력이 없음에도 그와 같은 의사와 능력이 있는 것처럼 공소외 1을 기망하였다고 보기 어렵고, 피고인들이 민사소송의 조정 과정에서 공소외 1에게 아파트 시행 사업 양도대금의 지급시기를 설명하지 않았다는 사정만으로 곧바로 공소외 1에 대한 기망행위가 성립하였다거나 그로 인한 손해가 발생하였다고 할 수도 없다. 그럼에도 이와 달리 피고인들의 행위가 기망행위에 해당한다고 본 원심판단에는 조정절차에서의 소송사기에 관한 법리를 오해하여 판결 결과에 영향을 미친 잘못이 있다.

대상판결은 사기죄에서 기망·조정절차에서 임의이행의사나 능력에 관하여 거짓말하여 민사조정이 성립된 사건에 대한 법리를 명확히 설명한다. 대법원 판결은 타당하다. 국가고시·변호사시험 선택형으로 출제 가능성이 있다.

31

공 갈 죄
협박·해악 고지

피고인이 피해자로부터 준강간상해의 성폭력범죄를 당하였다고 주장하면서 한 발언이 공갈에 해당하는지가 문제된 사건

대법원 2024. 11. 14. 선고 2024도3794 판결
[공갈미수]

[공소사실 요지]

피고인이 피해자와 모텔에 투숙하는 과정에서 피해자로부터 준강간상해의 피해를 입게 되었다고 형사고소를 하였으나 불송치(혐의없음) 결정되었다. 그런데 고소 제기 전 피고인이 피해자에게 준강간상해 피해를 주장하면서 "나에게 합의금 5,000만 원을 주면 조용히 끝내겠다. 합의금을 안 주면 남자친구인 김○이 너를 어떻게 할지 모른다. 김○이 칼을 품고 다닌다. 칼부림이 난다. 김○이 술 먹으면 눈깔 돌아가는 것이다."라고 말하는(이하 '이 사건 발언') 등으로 해악을 고지하고 피해자에게 5,000만 원 상당 합의금을 요구하였다. 그러나 피해자가 이에 응하지 않아 미수에 그쳤다. · **요약**

검사는 피고인을 형법 제350조, 제352조, 제25조 공갈미수죄로 기소하였다.

피고인은 피해자와 지인으로 2021. 9. 14. 23:00경 피해자와 평택시 (주소 1 생략), ○○○ 모텔 △△△호(이하 '이 사건 모텔'이라고 한다)에 투숙한 사실이 있고, 2021. 9. 21. 경기평택경찰서에 위 투숙 과정에서 피해자로부터 준강간상해죄의 피해를 입게 되었다는 취지로 피해자에 대한 형사고소를 제기하였으나 그 사건은 2021. 11. 16. 경기평택경찰서에서 불송치(혐의없음) 결정되었다.

피고인은 위 고소제기 전인 2021. 9. 17. 15:30경 평택시 (주소 2 생략)에 있는 피고인이 운영하는 '□□□호프집'에서 피해자를 만나 준강간상해

피해를 주장하면서 "나에게 합의금 5,000만 원을 주면 조용히 끝내겠다. 합의금을 안 주면 남자친구인 공소외 1이 너를 어떻게 할지 모른다. 공소외 1이 칼을 품고 다닌다. 칼부림이 난다. 공소외 1이 술 먹으면 눈깔 돌아가는 것이다."라고 말하는(이하 '이 사건 발언'이라고 한다) 등으로 해악을 고지하고 피해자에게 5,000만 원 상당의 합의금을 요구하였다.

이로써 피고인은 이와 같이 피해자를 협박하여 피해자로부터 5,000만 원 상당의 재물의 교부를 받거나 재산상 이익을 취득하려고 하였으나 피해자가 이에 응하지 아니하는 바람에 그 뜻을 이루지 못하고 미수에 그쳤다.

[법리 쟁점]

성폭력범죄 피해를 입었다고 주장하면서 피해자에게 합의금을 요구하는 과정에서 이루어진 언행이 공갈죄를 구성하는 해악의 고지에 해당하는지에 관한 판단 기준

[참조조문]

형법 제350조, 제352조, 제25조

[참조판례]

대법원 2012. 6. 28. 선고 2012도231 판결 등 참조; 대법원 2024. 1. 4. 선고 2023도13081 판결 참조; 대법원 2019. 7. 11. 선고 2018도2614 판결, 대법원 2020. 8. 27. 선고 2020도1842 판결 등; 대법원 2020. 8. 27. 선고 2020도1842 판결 등 참조

[원심 판단]

제1심법원은 피고인에게 유죄를 선고하였다.

원심법원은 피고인에게 유죄를 선고하였다.

원심은, 준강간상해 혐의를 부인한 피해자 진술의 신빙성이 인정된다고 보아 피고인이 피해자에게 사회통념상 허용되는 정도나 범위를 넘는 해악을 고지하여 공갈죄의 실행에 착수하였음을 충분히 인정할 수 있다고 판단하여, 이 사건 공소사실을 유죄로 판단한 제1심판결을 그대로 유지하였다.

피고인이 상고하였다.

[대법원 판단]

대법원은 원심판결을 파기하고, 사건을 수원지방법원에 환송한다.

① 피고인의 이 사건 발언은 준강간상해죄에 대한 고소권 행사와 관련하

여 이루어진 것으로 당시 피고인에게 준강간상해죄의 피해자라는 인식이 있었다고 판단되고,

② 피고인이 피해자를 준강간상해죄로 고소한 사건에서 수사기관은 증거불충분을 이유로 혐의 없음의 불송치 결정을 하였는데, 그렇다고 하여 피해자의 준강간상해 혐의에 관하여 무죄가 확정된 것이 아니고 더욱이 피해자가 피고인을 무고죄로 고소한 바도 없어 준강간상해에 관한 피고인의 고소사실이 허위라는 점이 사법절차에 의하여 판단·확정된 것이 아님에도 원심이 준강간상해죄의 성립과 관련하여 이를 부인하는 피해자 진술의 신빙성이 인정된다는 이유만으로 만연히 성관계를 비롯한 성적 접촉에 관한 동의나 합의가 있었다고 단정하고 이를 바탕으로 이 사건 발언이 공갈죄를 구성하는 해악의 고지라고 판단한 것은 공갈죄에서의 유죄인정의 증명책임에 반하며,

③ 피고인으로서는 준강간상해의 범죄 피해자로서 자신을 인식하며 피해자를 고소하기에 이르는 일련의 과정에서 합의금을 요구한 것이므로, 그 과정에서 자신이 입은 피해나 주변 상황 등에 대한 다소의 과장이나 강조가 있다고 하여 이를 섣불리 사회통념상 허용되는 정도를 넘는 권리의 행사라거나 권리남용이라고 단정하기 어렵다.

대법원은 이와 달리 판단한 원심을 파기·환송하였다.

낭독 형법 판결문 31

대법원 2024. 11. 14. 선고 2024도3794 판결 [공갈미수]

〈피고인이 피해자로부터 준강간상해의 성폭력범죄를 당하였다고 주장하면서 한 발언이 공갈에 해당하는지가 문제된 사건〉

판시 사항

성폭력범죄 피해를 입었다고 주장하면서 피해자에게 합의금을 요구하는 과정에서 이루어진 언행이 공갈죄를 구성하는 해악의 고지에 해당하는지에 관한 판단 기준

판결 요지

[1] 이 사건 공소사실은
피고인이 피해자로부터 이 사건 모텔에서
준강간상해죄의 피해를 입었다고 주장하며
피해자에게 합의금을 요구하는 과정에서 발생한 것이었고,
피고인은 그로부터 며칠 후 피해자를 준강간상해죄로 고소하였다.
따라서 피고인이 합의금을 요구하면서 피해자에게 한 말이
공갈죄를 구성하는 해악의 고지에 해당하는지 판단하기 위해서는
먼저 피고인의 이러한 언행이
피고인이 주장하는 준강간상해죄에 대한
형사소송법 상 고소권의 행사와 관련하여 이루어진 것인지 또는
당시 피고인에게 준강간상해죄의 피해자라는 인식이 있었는지
여부가 중요하다.
피고인의 이 사건 발언이
범죄피해자의 고소권 행사에 수반하여 이루어진 것으로서
정당한 권리자에 의하여
권리실행의 수단으로서 사용된 것으로 인정될 여지가 있다면,
그것이 권리남용에 이를 정도의 것이라는 등의
특별한 사정이 없는 한 공갈죄를 구성할 수 없게 되기 때문이다.

[2] 무고죄의 판단에서
성폭행 등의 피해를 입었다는 신고사실에 관하여
불기소처분이나 무죄판결이 내려졌다고 하여
신고 내용을 허위라고 단정하여서는 아니 된다는 법리(대법원 2019. 7. 11. 선고 2018도2614 판결, 대법원 2020. 8. 27. 선고 2020도1842 판결 등)는

공갈죄 성립과 관련하여
정당한 권리 실현의 수단 내지 방법에 해당하는지 여부를

판단할 때에도 동일한 기준으로 적용되어야 한다.
따라서 성폭력 피해를 입었다고 주장하는 사람이
특정인을 가해자로 지목하며
합의금을 주지 않으면 불이익을 끼칠 것과 같은 언동을 하고
나아가 그 사람을 수사기관에 고소한 경우,
가해자로 지목된 사람(피고소인)의 성폭력범죄 성립이
증명되지 않는다고 하여
바로 성폭력 피해를 입었다고 주장하는 사람이
합의금과 관련하여 한 위와 같은 언동이나 고소행위가
정당한 권리자에 의하여 권리실행의 수단으로서 사용된 것이
아니라고 쉽사리 단정하여서는 안 된다.
나아가 고소인의 그러한 언행이
공갈죄를 구성하는 해악의 고지에
당연히 해당하게 되는 것은 아니다.

[3] 피고인이 피해자를 성범죄로 고소한 것과 관련하여
피고인과 피해자의 주장에 부합하는 증거가 각각 제출되었고
그것들이 함부로 배척하기 어려운
나름의 합리성을 갖춘 상황이라면,
증명책임의 원칙상 유죄의 증명을 다하지 못하였다는 이유로
해당 고소사실에 대하여
불기소처분 내지 무죄라는 판단이 내려질 수 있고, 있다.
동시에 피고인이 고소권의 행사 과정에서
피해자에게 합의금을 주지 않으면
불이익을 끼칠 것처럼 해악의 고지를 한 것이
공갈죄를 구성하는지에 대하여도
증명책임의 원칙상 유죄의 증명이 부족하다고 보아

무죄 판단이 내려질 수 있다.
즉, 피고인의 고소사실에 대하여
성범죄 피해자로서의
피고인의 진술의 신빙성이 배척되었다고 하여,
이러한 사정을 피고인에 대한 위 공갈죄 판단에서
피고인의 진술을 배척하고
유죄의 근거로 삼는 것은
사실상 피고인의 유죄를 추정하는 것이나
다름없는 결과를 가져와
정의와 형평의 이념에 입각한 논리와 경험의 법칙에 따른
증거판단이라고 볼 수 없다.

판결 해설

대상판결 쟁점은 공갈죄에서 협박·해악 고지이다. 피고인이 피해자로부터 준강간상해의 성폭력범죄를 당하였다고 주장하면서 한 발언이 공갈에 해당하는지가 문제된 사건이다.

대법원은, 피고인의 이 사건 발언이 범죄피해자의 고소권 행사에 수반하여 이루어진 것이다. 정당한 권리자에 의하여 권리실행의 수단으로서 사용된 것으로 인정될 여지가 있다면, 그것이 권리남용에 이를 정도의 것이라는 등의 특별한 사정이 없는 한, 공갈죄를 구성할 수 없게 되기 때문이다. 무고죄의 판단에서 성폭행 등의 피해를 입었다는 신고사실에 관하여 불기소처분이나 무죄판결이 내려졌다고 하여 신고 내용을 허위라고 단정하여서는 아니 된다. 나아가 고소인의 그러한 언행이 공갈죄를 구성하는 해악의 고지에 당연히 해당하게 되는 것은 아니라고 판단하였다.

대상판결은 공갈죄에서 협박·해악 고지 법리를 명확히 설명한다. 대법원 판결은 타당하다. 국가고시·변호사시험 선택형으로 출제 가능성이 있다. 형법 제350조 공갈죄 구성요건과 위법성조각사유이다.

32

업무상횡령죄
업무상횡령죄 범의와 불법영득의사

업무상횡령죄의 범의 내지 불법영득의사 유무가 문제된 사건

대법원 2024. 9. 12. 선고 2024도6728 판결
[업무상횡령]

[공소사실 요지]

건설 관련 컨설팅업을 영위하는 회사의 운영자인 피고인이 피해회사와 공동으로 진행하는 건물 신축사업을 위해 피해회사 명의 계좌를 관리하던 중 계좌에 있던 돈을 피고인 측 계좌로 이체한 다음 피고인 측 회사 직원 급여 등으로 사용함으로써 ① 주위적으로는 계좌 이체로 인한 업무상횡령으로, ② 예비적으로는 계좌 이체 후 임의 사용으로 인한 업무상횡령으로 기소된 사안이다. • **요약**

검사는 피고인을 형법 제356조 업무상횡령죄로 기소하였다.

건설 관련 컨설팅업을 영위하는 공소외 1 회사를 운영하는 피고인은 2018. 11. 20.경 피해자 공소외 2 회사(이하 '피해회사'라 한다)와 피해회사 소유 토지 등에서 오피스텔 및 근린생활시설 신축사업(이하 '이 사건 사업'이라 한다)을 공동으로 진행하기로 하는 내용의 지주공동사업계약을 체결하고 이 사건 사업을 위한 업무를 위해 피해회사 명의의 계좌도 함께 관리하면서, 2018. 12. 12.경부터 같은 달 28.경까지 이 사건 사업 대상 부지 개발에 필요하다는 명목으로 지인 공소외 3으로부터 수령한 280,000,000원을 피해회사 명의의 위 계좌로 입금 받아 업무상 보관하던 중, 2018. 12. 12.경부터 2019. 1. 24.경까지 14회에 걸쳐 합계 219,006,500원을 피고인의 아들 공소외 4 명의의 계좌와 공소외 1 회사 명의 계좌로 이체한 후 그 무렵 그중 99,352,479원을 공소외 1 회사 직원 급여 등 이 사건 사업과 관련 없는 개인적 용도에 임의로 사용하여 횡령하였다.

[법리 쟁점]

횡령죄에서 불법영득의사의 의미 및 타인의 재물을 보관하는 자가 소유자의 이익을 위하여 처분한 경우 불법영득의사의 유무를 판단하는 방법

[참조조문]

형법 제355조 제1항, 제356조

[참조판례]

대법원 2011. 5. 26. 선고 2011도1904 판결 등 참조

[원심 판단]

제1심법원은 피고인에게 유죄를 선고하였다.

원심법원은 피고인에게 유죄를 선고하였다.

주위적 공소사실을 무죄로 판단하는 한편, 위 신축사업은 피해회사와 피고인 측 회사의 공동사업 형태로서 피해회사 명의 계좌에 있던 돈은 공동사업자금이고 공동사업자금의 성격을 갖는 돈을 공동사업과 관련 없는 용도에 사용한 이상 업무상횡령죄가 성립하며 피해회사가 공동사업과 관련 없는 자금 집행까지 허락하였다고 볼 수 없다는 등의 이유로, 예비적 공소사실을 유죄로 판단하였다.

피고인이 상고하였다.

[대법원 판단]

대법원은 원심판결을 파기하고, 사건을 수원지방법원에 환송한다.

① 위 신축사업은 피고인 측 회사와 피해회사의 공동사업이고 피해회사 명의 계좌에 있던 돈은 공동사업자금에 해당하는데, 피고인은 지주공동사업계약에서 정한 피고인 측 회사의 업무에 종사하면서 피해회사 명의 계좌를 관리하였고 피해회사는 피고인에게 신축사업 자금 집행과 관련하여 포괄적인 위임을 하였으며, 피고인이 피해회사에 자금집행 내역을 보고할 의무는 없었던 점,

② 피해회사는 위 공동사업자금이 공동 주체인 피고인 측 회사의 사무실 운영비, 직원 급여 등 경비 지출의 목적으로 사용될 것임을 예정하였다고 볼 여지가 있는 점,

③ 피해회사 명의 계좌로 입금한 돈은 합리적인 범위 내에서는 신축사업과 직·간접적으로 관련된 것으로서 신축사업의 공동 주체인 피고인 측 회사

의 사무실 운영비, 직원 급여 등으로 사용할 수 있었다고 봄이 타당한 점, ④ 피고인 측 계좌로 이체된 돈 중 일부를 피고인 측 회사의 인건비 등으로 사용하였다는 피고인의 주장을 가볍게 배척하기는 어려운 점 등에 비추어 보면, 피고인이 피해회사 명의 계좌에서 피고인 측 계좌로 이체하여 그중 일부를 신축사업의 공동주체인 피고인 측 회사 직원 급여 등 용도로 사용하였다고 하더라도 그것이 신축사업과 직·간접적으로 관련이 있는 것으로서 공동사업자금에서 지출하도록 정하고 있는 용도의 범위 안에 있다면 피고인에게 불법영득의 의사가 인정된다고 단정하기 어렵다.
원심은 위와 같은 사정을 염두에 두고 피고인의 범의 유무를 따져보고 피고인이 이체한 돈을 용도에 반하여 사용하였는지 충분히 심리하였어야 한다.
대법원은 이와 달리 판단한 원심을 파기·환송하였다.

낭독 형법 판결문 32

대법원 2024. 9. 12. 선고 2024도6728 판결 [업무상횡령]
〈업무상횡령죄의 범의 내지 불법영득의사 유무가 문제된 사건〉

판시 사항

횡령죄에서 불법영득의사의 의미 및 타인의 재물을 보관하는 자가 소유자의 이익을 위하여 처분한 경우 불법영득의사의 유무를 판단하는 방법

판결 요지

횡령죄에서의 불법영득의사는
타인의 재물을 보관하는 자가
그 위탁 취지에 반하여 권한 없이
스스로 소유권자의 처분행위(반환 거부를 포함한다)를 하려는
의사를 의미하므로, 의미한다. • **횡령죄 불법영득의사**
보관자가
자기 또는 제3자의 이익을 위한 것이 아니라
그 소유자의 이익을 위하여 이를 처분한 경우에는

특별한 사정이 없는 한
위와 같은 불법영득의 의사를 인정할 수 없다.

다만 타인으로부터 용도가 엄격히 제한된 자금을
위탁받아 집행하면서
그 제한된 용도 이외의 목적으로 자금을 사용하는 것은
그것이 결과적으로 자금을 위탁한 본인을 위하는 면이 있더라도
그 사용행위 자체로서
불법영득의 의사를 실현하는 것이 되어
횡령죄가 성립하겠지만, 성립한다. • 용도 엄격 제한(=횡령죄 불법영득의사 인정)

이러한 경우에 해당하지 아니할 때에는
피고인이 불법영득의사의 존재를 인정하기 어려운 사유를 들어
그 돈의 행방이나 사용처에 대한 설명을 하고 있고
이에 부합하는 자료도 있다면
달리 특별한 사정이 인정되지 아니하는 한
함부로 그 위탁받은 돈을
불법영득의사로 횡령하였다고 인정할 수는 없다(대법원 2011. 5. 26. 선고 2011도1904 판결 등 참조).

판결 해설

대상판결 쟁점은 업무상횡령죄이다. 업무상횡령죄 범의와 불법영득의사이다. 업무상횡령죄의 범의와 불법영득의사 유무가 문제된 사건이다.

대법원은, 횡령죄에서의 불법영득의사는 타인의 재물을 보관하는 자가 그 위탁 취지에 반하여 권한 없이 스스로 소유권자의 처분행위(반환 거부를 포함한다)를 하려는 의사를 의미한다.

보관자가 자기 또는 제3자의 이익을 위한 것이 아니라 그 소유자의 이익을 위하여 이를 처분한 경우에는 특별한 사정이 없는 한 위와 같은 불법영득의 의사를 인정할 수 없다.

피고인이 불법영득의사의 존재를 인정하기 어려운 사유를 들어 그 돈의 행방이나 사용처에 대한 설명을 하고 있고 이에 부합하는 자료도 있다면, 달리 특별한 사정이 인정되지 아니하는 한, 함부로 그 위탁받은 돈을 불법영득의사로 횡령하였다고 인정할 수는 없다고 판단하였다.

이 사안에서 피고인이 피해회사 명의 계좌에서 공소외 4, 공소외 1 회사 명의 계좌로 이체하여 그중 일부를 이 사건 사업의 공동 주체인 공소외 1 회사의 직원 급여 등 용도로 사용하였다고 하더라도, 그것이 이 사건 사업과 직·간접적으로 관련이 있는 것으로서 공동사업자금에서 지출하도록 정하고 있는 용도의 범위 안에 있다면, 피고인에게 불법영득의 의사가 인정된다고 단정하기 어렵다고 판단하였다.

원심은 피고인이 공동사업자금의 성격을 갖는 돈을 피해회사의 허락 없이 이 사건 사업과 관련 없는 용도로 사용하였다고 단정하여 이 사건 예비적 공소사실을 유죄로 판단하였다. 원심판결에는 업무상횡령죄의 범의 내지 불법영득의사에 관한 법리를 오해하거나 필요한 심리를 다하지 아니하여 판결에 영향을 미친 잘못이 있다. 이를 지적하는 피고인의 상고이유 주장은 이유 있다.

원심판결 중 예비적 공소사실 부분은 파기되어야 하고, 위 부분은 주위적 공소사실과 동일체 관계에 있으므로 주위적 공소사실도 함께 파기되어야 한다. 결국 원심판결 전부가 파기되어야 한다.

대상판결은 업무상횡령죄·횡령죄에서 불법영득의사 의미·타인 재물을 보관하는 자가 소유자 이익을 위하여 처분한 경우 불법영득의사 유무를 판단하는 방법·공동사업 성격·자금 사용용도 법리를 명확히 설명한다. 대법원 판결은 타당하다. 국가고시·변호사시험 선택형으로 출제 가능성이 있다.

33

업무상배임죄
타인 사무를 처리하는 자

배임죄에서 '타인의 사무를 처리하는 자'에 해당하는지 여부가 문제된 사건

대법원 2024. 11. 14. 선고 2024도13000 판결
[업무상배임]

[공소사실 요지]

여객자동차 운송사업 등을 목적으로 하는 회사의 대표이사인 피고인은, 지입차주인 피해자들로부터 할부대금을 완납하기 전에 지입받은 버스들을 피해자들의 동의 없이 근저당권을 설정하였다. • **요약**

검사는 피고인을 형법 제356조 업무상배임죄로 기소하였다.

피고인은 부산 사하구 (주소 생략)에 사업장 소재지를 두고 여객자동차 운송사업 등을 목적으로 하는 ○○고속관광 주식회사의 대표이사였던 사람이고, 피해자 공소외 1은 2018. 5.경부터 위 회사에 (차량번호 1 생략)호 뉴그랜버드 버스(이하 '이 사건 제1버스'라고 한다)를 지입하기로 계약한 지입차주이며, 피해자 공소외 2는 2018. 7.경부터 위 회사에 (차량번호 2 생략)호 뉴그랜버드 버스(이하 '이 사건 제2버스'라고 하고, 이 사건 제1, 2버스를 통틀어 '이 사건 각 버스'라고 한다)를 지입하기로 계약한 지입차주이다.

피고인은 위 회사의 대표이사로서 피해자들로부터 지입받은 이 사건 각 버스를 명목상 관리하면서 이 사건 각 버스의 실제 소유자인 피해자들의 동의 없이 금융기관 등에 담보로 제공하지 아니하여야 할 업무상의 임무가 있었다.

그럼에도 불구하고 피고인은, 2019. 2. 22.경 위와 같은 업무상의 임무에 위배하여 여천새마을금고로부터 80,000,000원을 대출받으면서 피해자 공소

외 2의 동의 없이 이 사건 제2버스에 채권최고액 96,000,000원 상당의 근저당권을 설정하여 담보로 제공함으로써 대출금에 상응하는 80,000,000원 상당의 재산상 이익을 취득함과 동시에 피해자에게 동액 상당의 재산상 손해를 가하고, 2019. 7. 29.경 위와 같은 업무상의 임무에 위배하여 여천새마을금고로부터 80,000,000원을 재차 대출받으면서 피해자 공소외 1의 동의 없이 이 사건 제1버스에 이미 설정되어 있던 채권최고액 168,000,000원 상당의 근저당권을 유용하여 담보로 제공함으로써 대출금에 상응하는 80,000,000원 상당의 재산상 이익을 취득함과 동시에 피해자에게 동액 상당의 재산상 손해를 가하였다.

[법리 쟁점]

지입차주가 지입회사로부터 할부로 지입회사 소유의 자동차를 매수하면서 그 자동차에 관하여 지입계약을 체결하였는데, 할부대금 완납 전에 지입회사가 그 자동차에 관하여 근저당권을 설정한 경우, 지입회사 운영자가 지입차주와의 관계에서 '타인의 사무를 처리하는 자'의 지위에 있는지 여부(소극)

[참조조문]

[1] 형법 제355조 제2항 [2] 형법 제355조 제2항, 제356조

[참조판례]

[1] 대법원 2020. 2. 20. 선고 2019도9756 전원합의체 판결(공2020상, 723); 대법원 2020. 8. 27. 선고 2019도14770 전원합의체 판결(공2020하, 1905) [2] 대법원 2021. 6. 24. 선고 2018도14365 판결(공2021하, 1406)

[원심 판단]

제1심법원은 피고인에게 유죄를 선고하였다.

원심법원은 피고인에게 유죄를 선고하였다.

원심은 이 사건 공소사실을 유죄로 판단한 제1심판결을 그대로 유지하였다.

피고인이 상고하였다.

[대법원 판단]

대법원은 원심판결을 파기하고, 사건을 부산지방법원에 환송한다.

피해자들은 이 사건 회사와 사이에 이 사건 각 버스에 관하여 매매계약 및 지입계약을 체결한 이후 이 사건 회사에 매매계약에 따른 매매대금을

모두 지급하지 않았다.
달리 피해자들이 매매대금을 전부 지급하기 전에 이 사건 각 버스에 관한 실질적 소유권 또는 처분권한을 이전받기로 약정하였음을 인정할 수 있는 자료도 없다.
그러므로 피해자들이 이 사건 각 버스에 대하여 실질적 소유권 또는 처분권한을 가진다고 보기 어렵다.
나아가 피해자들과 이 사건 회사 사이에 지입계약서가 작성되지 않은 이 사건에서, 이 사건 회사가 피해자들과 사이에 통상의 계약에서의 이익대립관계를 넘어서 그들 사이의 신임관계에 기초하여 이 사건 각 버스를 피해자의 재산으로 보호 또는 관리하기로 하였다고 볼 만한 사정도 찾아볼 수 없다.
그러므로 지입회사 운영자인 피고인이 지입차주인 피해자들과의 관계에서 '타인의 사무를 처리하는 자'의 지위에 있다고 보기 어렵다. 대법원은 이와 달리 판단한 원심을 파기·환송하였다.

낭독 형법 판결문 33

대법원 2024. 11. 14. 선고 2024도13000 판결 [업무상배임]
〈배임죄에서 '타인의 사무를 처리하는 자'에 해당하는지 여부가 문제된 사건〉

판시 사항

[1] 배임죄의 주체인 '타인의 사무를 처리하는 자'의 의미
[2] 지입차주가 자신이 실질적으로 소유하거나 처분권한을 가지는 자동차에 관하여 지입회사와 지입계약을 체결함으로써 지입회사에 자동차의 소유권등록 명의를 신탁하고 운송사업용 자동차로서 등록 및 유지 관련 사무의 대행을 위임한 경우, 지입회사 운영자가 지입차주와의 관계에서 '타인의 사무를 처리하는 자'의 지위에 있는지 여부(원칙적 적극) / 지입차주가 지입회사로부터 할부로 지입회사 소유의 자동차를 매수하면서 해당 자동차에 관하여 지입계약을 체결한 경우, 지입계약이 체결되었다는 사실만으로 곧바로 지입회사 운영자가 지입차주와의 관계에서 '타인의 사무를 처리하는 자'의 지위에 있다고 볼 수 있는지 여부(원칙적 소극)

판결 요지

[1] 배임죄는
타인의 사무를 처리하는 자가 • 주체
그 임무에 위배하는 행위로써 • 행위
재산상의 이익을 취득하거나 • 객체
제3자로 하여금 이를 취득하게 하여 • 행위
사무의 주체인 타인에게 손해를 가할 때 성립하는 것이므로
그 범죄의 주체는 타인의 사무를 처리하는 지위에 있어야 한다.
여기에서 '타인의 사무를 처리하는 자'라고 하려면,
타인의 재산관리에 관한 사무의 전부 또는 일부를
타인을 위하여 대행하는 경우와 같이
당사자 관계의 전형적·본질적 내용이
통상의 계약에서의 이익대립관계를 넘어서
그들 사이의 신임관계에 기초하여
타인의 재산을 보호 또는 관리하는 데에 있어야 한다.
이익대립관계에 있는 통상의 계약관계에서
채무자의 성실한 급부이행에 의해
상대방이 계약상 권리의 만족 내지
채권의 실현이라는 이익을 얻게 되는 관계에 있다거나,
계약을 이행함에 있어
상대방을 보호하거나 배려할
부수적인 의무가 있다는 것만으로는
채무자를 타인의 사무를 처리하는 자라고 할 수 없고, 없다.
위임 등과 같이 계약의 전형적·본질적인 급부의 내용이
상대방의 재산상 사무를
일정한 권한을 가지고 맡아
처리하는 경우에 해당하여야 한다. • 임무(=타인 사무 처리)

(대법원 2020. 2. 20. 선고 2019도9756 전원합의체 판결, 대법원 2020. 8. 27. 선고 2019도14770 전원합의체 판결 등 참조).

[2] 지입차주가 자신이 실질적으로 소유하거나
처분권한을 가지는 자동차에 관하여
지입회사와 지입계약을 체결함으로써
지입회사에게 그 자동차의 소유권등록 명의를 신탁하고
운송사업용 자동차로서 등록 및 그 유지 관련 사무의 대행을
위임한 경우에는,
특별한 사정이 없는 한
지입회사 측이
지입차주의 실질적 재산인 지입차량에 관한 재산상 사무를
일정한 권한을 가지고 맡아 처리하는 것으로서
당사자 관계의 전형적·본질적 내용이
통상의 계약에서의 이익대립관계를 넘어서
그들 사이의 신임관계에 기초하여
타인의 재산을 보호 또는 관리하는 데에 있으므로,
지입회사 운영자는 지입차주와의 관계에서
'타인의 사무를 처리하는 자'의 지위에 있다고 할 것이나
(대법원 2021. 6. 24. 선고 2018도14365 판결 참조),
지입차주가
지입회사로부터 할부로 지입회사 소유의 자동차를 매수하면서
해당 자동차에 관하여 지입계약을 체결한 경우에는
특별한 사정이 없는 한
지입차주가 그 할부대금을 완납하기 전까지는
지입차량을 지입차주의 실질적 재산이라고 보기 어려우므로,
지입계약이 체결되었다는 사실만으로

곧바로 지입회사 운영자가 지입차주와의 관계에서
지입차량에 관한 재산상 사무를 맡아 처리하는
'타인의 사무를 처리하는 자'의 지위에 있다고 보기 어렵다.

[3] 피해자들은 이 사건 회사와 사이에
이 사건 각 버스에 관하여
매매계약 및 지입계약을 체결한 이후
이 사건 회사에 매매계약에 따른 매매대금을
모두 지급하지 않았고, 않았다.
달리 피해자들이 매매대금을 전부 지급하기 전에
이 사건 각 버스에 관한 실질적 소유권 또는 처분권한을
이전받기로 약정하였음을 인정할 수 있는 자료도 없으므로, 없다.
피해자들이 이 사건 각 버스에 대하여
실질적 소유권 또는 처분권한을 가진다고 보기 어렵다.
나아가 피해자들과 이 사건 회사 사이에
지입계약서가 작성되지 않은 이 사건에서,
이 사건 회사가 피해자들과 사이에
통상의 계약에서의 이익대립관계를 넘어서
그들 사이의 신임관계에 기초하여
이 사건 각 버스를 피해자의 재산으로 보호 또는
관리하기로 하였다고 볼 만한 사정도 찾아볼 수 없다.
따라서 지입회사 운영자인 피고인이
지입차주인 피해자들과의 관계에서
'타인의 사무를 처리하는 자'의 지위에 있다고 보기 어렵다.

판결 해설

대상판결 쟁점은 업무상배임죄에서 행위주체이다. 타인 사무를 처리하는 자이다. 배임죄에서 '타인의 사무를 처리하는 자'에 해당하는지 여

부가 문제된 사건이다.

대법원은, 배임죄에서 '타인의 사무를 처리하는 자'라고 하려면, 타인의 재산관리에 관한 사무의 전부 또는 일부를 타인을 위하여 대행하는 경우와 같이 당사자 관계의 전형적·본질적 내용이 통상의 계약에서의 이익대립관계를 넘어서 그들 사이의 신임관계에 기초하여 타인의 재산을 보호 또는 관리하는 데에 있어야 한다.

이익대립관계에 있는 통상의 계약관계에서 채무자의 성실한 급부이행에 의해 상대방이 계약상 권리의 만족 내지 채권의 실현이라는 이익을 얻게 되는 관계에 있다거나, 계약을 이행함에 있어 상대방을 보호하거나 배려할 부수적인 의무가 있다는 것만으로는 채무자를 타인의 사무를 처리하는 자라고 할 수 없다.

위임 등과 같이 계약의 전형적·본질적인 급부의 내용이 상대방의 재산상 사무를 일정한 권한을 가지고 맡아 처리하는 경우에 해당하여야 한다고 판단하였다.

이 사안에서 지입차주가 지입회사로부터 할부로 지입회사 소유의 자동차를 매수하면서 해당 자동차(버스)에 관하여 지입계약을 체결한 경우, 지입차주가 그 할부대금을 완납하기 전까지는 지입차량을 지입차주의 실질적 재산이라고 보기 어렵다. 따라서 지입계약이 체결되었다는 사실만으로 곧바로 지입회사 운영자가 지입차주와 관계에서 지입차량에 관한 '타인의 사무를 처리하는 자'의 지위에 있다고 보기 어렵다.

대상판결은 업무상배임죄에서 타인 사무를 처리하는 사람의 법리를 명확히 설명한다. 대법원 판결은 타당하다. 국가고시·변호사시험 선택형으로 출제 가능성이 있다. 일반적으로 지입회사 사건은 업무상배임죄가 쟁점이며 실질적 소유권과 처분권한이 문제가 된다. 반면 지입차주 사건은 횡령죄가 쟁점이며, 타인 재물 보관자가 문제가 된다.

배임죄 법이론은 2020년 전원합의체 판결로 대체로 정리되었다. 배임죄에 관하여 읽어 볼만한 문헌은 김신, 배임죄에 대한 몇 가지 오해, 법문사, 2020; 김신, 배임죄 판례백선, 법문사, 2021.

34

배임수재죄
부정한 청탁

부정한 청탁이 존재하여 배임수재죄가 성립하는지 여부가 문제된 사건

대법원 2024. 3. 12. 선고 2020도1263 판결
[배임증재·배임수재·변호사법위반]

[공소사실 요지]

언론사 논설주간이던 피고인이 기업 대표이사로부터 우호적인 여론 형성에 도움을 달라는 취지의 부정한 청탁을 받고 유럽여행 비용 등을 제공받았다는 이유로 배임수재죄 등으로 기소된 사안이다. • **요약**

검사는 피고인을 형법 제357조 제1항 배임수재죄로 기소하였다.

피고인 B은 1978년경 주식회사 D(이하 'D'라 한다)에 기자로 입사한 후 2010. 3.경부터 2013. 12.경까지 논설위원실 논설주간으로 재직하면서, E에 'B 칼럼'을 게재하고, E 사설을 담당하는 사무를 처리하였으므로, 특정인 또는 특정 기업의 요청을 받고 이들에게 유리한 방향으로 평설 등을 하여서는 아니 될 임무가 있었다.

피고인 B은 F 주식회사(이하 'F'이라 한다)의 대표이사인 C가 2010. 10. 1.자 'G'라는 제하의 E 'B 칼럼' 등 5차례에 걸친 C 및 F에 우호적인 내용의 칼럼, 사설에 대한 사례와 앞으로도 계속 같은 방법으로 C 및 F에 대한 우호적인 여론 형성에 도움을 달라는 취지의 부정한 청탁의 대가로 제공하는 것임을 알면서도, 2011. 9. 1.부터 2011. 9. 9.까지 8박 9일 동안 유럽을 여행하면서 C로부터 항공권, 숙박비, 식비, 전세기, 호화 요트 등을 제공받아 총 3,973만 원 상당의 재산상 이익을 취득하였다.

[법리 쟁점]

배임수재죄에서 부정한 청탁의 의미 및 이에 관한 판단방법

[참조조문]

[1] 형법 제357조 제1항 [2] 구 형법(2016. 5. 29. 법률 제14178호로 개정되기 전의 것) 제357조 제1항

[참조판례]

[1] 대법원 2008. 12. 24. 선고 2008도9602 판결; 대법원 2014. 5. 16. 선고 2012도11259 판결

[원심 판단]

제1심법원은 피고인에게 무죄를 선고하였다.
원심법원은 피고인에게 무죄를 선고하였다.
원심은, 기업 대표이사가 향후 우호적인 여론 형성에 관한 도움을 받을 수 있다는 내심의 기대를 갖고 있었을 뿐, 현안에 대한 어느 정도 구체적이고 특정한 임무행위에 관한 명시적, 묵시적 청탁을 하였다고 보기 어렵다는 이유 등으로 배임수재 부분을 무죄로 판단하였다.
검사가 상고하였다.

[대법원 판단]

대법원은 원심판결 중 피고인 B에 대한 C 관련 배임수재 부분을 파기하고, 이 부분 사건을 서울고등법원에 환송한다.
검사의 피고인 A에 대한 상고와 피고인 B에 대한 나머지 상고를 모두 기각한다.
원심판결의 피고인 A의 표시 중 주민등록번호 '(주민등록번호 1 생략)'를 '(주민등록번호 2 생략)'로 경정한다.
대법원은, ① 피고인이 언론사 논설주간 및 경제 분야 칼럼니스트로서 기업에 대한 여론 형성에 영향력을 행사할 수 있는 지위에 있었던 점,
② 배임증재자와 피고인 사이에 일방적으로 거액의 재산상 이익을 공여할 정도의 개인적 친분관계나 거래관계가 없었던 점,
③ 피고인이 취득한 8박 9일 동안의 유럽여행 비용 약 3,973만 원은 지나치게 이례적인 거액의 재산상 이익인 점,
④ 배임증재자가 대표이사로 있던 기업은 당시 조선업계에서 상당한 비중

을 차지하던 거대 기업으로 언제든지 영업이익 등 경영 실적은 물론 운영 구조, 채용방식 등도 언론 보도, 평론 등의 대상이 될 수 있는 상황이었고, 실제 그 무렵 국민주 공모방식 매각 방안, 고졸 채용정책 등에 관한 칼럼, 사실 등이 적지 않게 게재되고 있었던 점 등에 비추어 보면,
배임증재자는 물론 피고인도 언론사 논설주간 사무를 이용한 우호적 여론 형성에 관한 청탁의 대가라는 점에 대한 인식과 양해 하에 약 3,973만 원 상당의 유럽여행 비용을 주고받았다고 보아야 하고, 청탁의 내용이 명시되지 않았더라도 묵시적 의사표시에 의한 청탁이 있었다고 평가되어야 하며, 이와 같이 언론인이 평론의 대상이 되는 특정인 내지 특정 기업으로부터 경제적 이익을 제공받으면서 우호적 여론 형성 등에 관한 청탁을 받는 것은 언론의 공정성, 객관성, 언론인의 청렴성, 불가매수성에 대한 공공의 신뢰를 저버리는 것일뿐더러, 그로 인하여 해당 언론사가 주의, 경고, 과징금 부과 등 제재조치를 받을 수 있다는 점에서 사회상규 또는 신의성실의 원칙에 반하는 배임수재죄의 부정한 청탁에 해당한다고 보아, 이와 달리 이 부분 공소사실을 무죄로 판단한 원심을 파기·환송하였다.

낭독 형법 판결문 34

대법원 2024. 3. 12. 선고 2020도1263 판결 [배임증재·배임수재·변호사법위반]
〈부정한 청탁이 존재하여 배임수재죄가 성립하는지 여부가 문제된 사건〉

판시 사항

[1] 배임수재죄에서 말하는 '부정한 청탁'의 의미와 판단 기준
[2] 언론사 논설주간인 피고인이 갑 주식회사의 대표이사 을로부터 갑 회사 및 을에 대한 우호적인 여론 형성에 도움을 달라는 취지의 부정한 청탁을 받고 8박 9일 동안의 유럽여행 비용을 제공받았다는 배임수재의 공소사실로 기소된 사안에서, ① 피고인은 논설주간 및 경제 분야 칼럼니스트로서 갑 회사 등 기업체에 대한 여론 형성에 영향력을 행사할 수 있는 지위에 있었던 점, ② 을이 피고인에게 일방적으로 거액의 재산상 이익을 공여할 정도의 개인적 친분관계나 거래관계가 없었음에도, 피고인이 을로부터 취득한 재산상 이익인 유럽여행 비용(약 3,973만 원)은

지나치게 이례적인 거액인 점, ③ 갑 회사는 당시 업계에서 상당한 비중을 차지하던 거대 기업으로 언제든지 언론 보도, 평론 등의 대상이 될 수 있는 상황이었고, 실제로 그 무렵 갑 회사와 관련한 칼럼, 사설 등이 적지 않게 게재되고 있었던 사정 등에 비추어, 을은 물론 피고인도 논설주간 사무를 이용한 우호적 여론 형성에 관한 청탁의 대가라는 점에 대한 인식과 양해하에 사교적 의례 범위를 크게 벗어나는 여행 비용을 주고받았다고 보아야 하므로, 청탁의 내용이 명시되지 않았더라도 묵시적 의사표시에 의한 청탁이 있었다고 평가되어야 하는 점, ④ 언론인이 평론의 대상이 되는 특정인이나 특정 기업으로부터 경제적 이익을 제공받으면서 우호적 여론 형성 등에 관한 청탁을 받는 것은 사회상규 또는 신의성실의 원칙에 반하는 배임수재죄의 부정한 청탁에 해당하는 점 등을 종합하면, 피고인이 을로부터 거액의 경제적 이익을 제공받으면서 갑 회사에 대한 우호적 여론 형성에 관한 청탁을 받은 것은 '부정한 청탁'에 해당한다는 이유로, 이와 달리 본 원심판단에 법리오해의 잘못이 있다고 한 사례.

판결 요지

[1] 배임수재죄에 있어서의 '부정한 청탁'이라 함은
청탁이 사회상규와 신의성실의 원칙에 반하는 것을 말하고, 말한다.
이를 판단함에 있어서는 청탁의 내용,
이에 관련되어 취득한 재물이나 재산상 이익의 종류·액수 및
형식, 재산상 이익 제공의 방법과 태양,
보호법익인 거래의 청렴성 등을 종합적으로 고찰하여야 하며, 한다.
그 청탁이 반드시 명시적일 필요는 없고
묵시적으로 이루어지더라도 무방하다(대법원 2008. 12. 24. 선고 2008도 9602 판결 등 참조).

[2] 언론인이 평론의 대상이 되는 특정인이나
특정 기업으로부터 경제적 이익을 제공받으면서

우호적 여론 형성 등에 관한 청탁을 받는 것은
언론의 공정성, 객관성, 언론인의 청렴성,
불가매수성에 대한 공공의 신뢰를 저버리는 것일뿐더러,
그로 인하여 해당 언론사가 주의, 경고, 과징금 부과 등
제재조치를 받을 수 있다는 점에서
사회상규 또는 신의성실의 원칙에 반하는
배임수재죄의 부정한 청탁에 해당한다.
피고인 2가 공소외인으로부터
거액의 경제적 이익을 제공받으면서
△△△에 대한 우호적 여론 형성에 관한 청탁을 받은 것은
부정한 청탁에 해당한다고 보아야 한다.

판결 해설

대상판결 쟁점은 배임수재죄에서 부정한 청탁이다.

대법원은, 배임수재죄에서 '부정한 청탁'이라 함은 청탁이 사회상규와 신의성실의 원칙에 반하는 것을 말한다. 판단은 청탁의 내용, 이에 관련되어 취득한 재물이나 재산상 이익의 종류·액수 및 형식, 재산상 이익 제공의 방법과 태양, 보호법익인 거래의 청렴성 등을 종합적으로 고찰하여야 한다. 그 청탁이 반드시 명시적일 필요는 없고 묵시적으로 이루어지더라도 무방하다고 판단하였다.

대상판결은 배임수재죄에서 부정한 청탁 법리를 명확히 설명한다. 사안에서 언론인이 약 3,973만 원 상당의 유럽여행 비용을 주고받은 행위는 우호적 여론 형성 등에 관하여 청탁을 받은 것으로 볼 수 있다. 언론의 공정성, 객관성, 언론인의 청렴성, 불가매수성에 대한 공공의 신뢰를 저버리는 행위이다. 대법원 판결은 타당하다. 국가고시 · 변호사시험 선택형으로 출제 가능성이 있다.

배임수재죄에 관하여 읽어 볼만한 문헌은 김신, 배임죄에 대한 몇 가지 오해, 법문사, 2020; 김신, 배임죄 판례백선, 법문사, 2021.

35

손 괴 죄
'재물 효용을 해하는 것' 판단기준

환경운동가들이 석탄화력발전소 건설에 문제를 제기하기 위하여 글씨 모양 조형물에 녹색 수성스프레이를 분사한 행위가 재물손괴에 해당하는지 여부가 문제된 사건

대법원 2024. 5. 30. 선고 2023도5885 판결
[집회및시위에관한법률위반·재물손괴]

[공소사실 요지]

환경활동가인 피고인들이 A 회사의 베트남 석탄화력발전소 건설에 문제를 제기하기 위하여 회사명 조형물(이하 '이 사건 조형물')에 수성스프레이를 분사하여 이를 손괴하였다. • 요약

검사는 피고인들을 형법 제366조 재물손괴 등으로 기소하였다.

이 사건 공소사실 중 재물손괴 부분의 요지는, 'C'이라는 단체에 소속된 피고인들이 공동하여 2021. 2. 18. 11:50경부터 같은 날 12:10경까지 D 앞에서 E 주식회사(이하 'E'이라 한다)가 베트남에 석탄화력발전소를 건설하는 데 문제를 제기하기 위하여 광장에 설치된 D 보안실장 F 관리의 'G'이라는 글씨 모양 조형물(가로 350cm, 세로 60cm, 이하 '이 사건 조형물'이라 한다)에 녹색 수성 스프레이 4개를 뿌려 금액 불상의 비용이 들도록 손괴하였다는 것이다.

[법리 쟁점]

구조물 등에 낙서를 하는 행위가 재물의 효용을 해하는 것인지에 대한 판단기준

[참조조문]

형법 제366조

[참조판례]

대법원 2007. 6. 28. 선고 2007도2590 판결; 대법원 2017. 12. 13. 선고 2017도10474 판결; 대법원 2020. 3. 27. 선고 2017도20455 판결

[원심 판단]

제1심법원은 피고인들에게 유죄를 선고하였다.

원심법원은 피고인들에게 유죄를 선고하였다.

원심은, 이 사건 조형물을 받치는 대리석 부분에 일부 스프레이가 잔존하였고, 상당한 시간과 노력을 들었음에도 잔존물이 제거되지 않아 피해자 측이 상당한 비용을 들여 이를 교체하는 등 피고인들이 이 사건 조형물을 손괴한 사실이 인정된다고 보아, 재물손괴를 유죄로 판단한 제1심판결을 그대로 유지하였다.

피고인들이 상고하였다.

[대법원 판단]

대법원은 원심판결을 파기하고, 사건을 수원지방법원에 환송한다.

대법원은, 이 사건 조형물의 용도와 기능, 피고인들 행위의 동기와 경위, 수단, 내용, 이에 따른 이 사건 조형물의 용도와 기능 및 미관을 해치는 정도와 그 시간적 계속성, 원상회복의 난이도와 비용, 이 사건 조형물 이용자들이 느끼는 불쾌감과 저항감 등을 종합적으로 고려하면, 피고인들이 이 사건 조형물의 효용을 해하였다고 보기 어렵다고 보아, 이와 달리 판단한 원심을 파기·환송하였다.

낭독 형법 판결문 35

대법원 2024. 5. 30. 선고 2023도5885 판결 [집회및시위에관한법률위반·재물손괴]

〈환경운동가들이 석탄화력발전소 건설에 문제를 제기하기 위하여 글씨 모양 조형물에 녹색 수성스프레이를 분사한 행위가 재물손괴에 해당하는지 여부가 문제된 사건〉

판시 사항

구조물 등에 낙서를 하는 행위가 재물의 효용을 해하는 것인지에 대한 판단기준

판결요지

[1] 형법 제366조의 재물손괴죄는
타인의 재물을 손괴 또는 은닉하거나
기타의 방법으로 효용을 해하는 경우에 성립한다.
여기에서 재물의 효용을 해한다고 함은
사실상으로나 감정상으로
재물을 본래의 사용 목적에
제공할 수 없는 상태로 만드는 것을 말하고,
일시적으로 이용할 수 없는 상태로 만드는 것도 포함한다(대법원 2007. 6. 28. 선고 2007도2590 판결, 대법원 2017. 12. 13. 선고 2017도10474 판결 등 참조).
구조물 등에 낙서를 하는 행위가
구조물 등의 효용을 해하는 것인지는,
해당 구조물 등의 용도와 기능,
낙서 행위가 구조물 등의
본래 사용 목적이나 기능에 미치는 영향,
구조물 등의 미관을 해치는 정도,
구조물 등의 이용자들이 느끼는 불쾌감과 저항감,
원상회복의 난이도와 거기에 드는 비용,
낙서 행위의 목적과 시간적 계속성,
행위 당시의 상황 등 제반 사정을 종합하여
사회통념에 따라 판단하여야 한다(대법원 2007. 6. 28. 선고 2007도2590 판결, 대법원 2020. 3. 27. 선고 2017도20455 판결 등 참조).

[2] 원심이 인정한 사실관계와
기록에 나타난 다음과 같은 사정들을
앞서 본 법리에 비추어 살펴보면,

피고인들이 이 사건 조형물에 수성 스프레이를 분사한 행위로
이 사건 조형물의 효용을 해하였다는 점에 관하여
합리적인 의심의 여지가 없을 정도로 증명이
이루어졌다고 보기 어렵다. • 증명 부족

[3] 결국 이 사건 조형물의 용도와 기능,
피고인들 행위의 동기와 경위, 수단, 내용,
이에 따른 이 사건 조형물의 용도와 기능 및
미관을 해치는 정도와 그 시간적 계속성,
원상회복의 난이도와 비용,
이 사건 조형물 이용자들이 느끼는 불쾌감과 저항감 등을
종합하여 보면,
피고인들이 이 사건 조형물을
본래의 사용 목적에 제공할 수 없는 상태 또는
일시적으로 이용할 수 없는 상태로 만들어
그 효용을 해하였다고 보기 어렵다. • 효용 해함(=구성요건) 불충족

[4] 위에서 본 이유로 원심판결 중 재물손괴 부분은
파기되어야 하는데,
이 부분은 유죄로 인정된 나머지 부분과
형법 제37조 전단의 경합범 관계에 있어
하나의 형이 선고되었으므로
결국 원심판결은 전부 파기되어야 한다. • 파기 범위(=원심 판결 전부)

판결 해설

대상판결 쟁점은 손괴죄이다. '재물 효용을 해하는 것'에 대한 판단기준이다. 환경운동가들이 석탄화력발전소 건설에 문제를 제기하기 위하여 글씨 모양 조형물에 녹색 수성스프레이를 분사한 행위가 재물손괴에

해당하는지 여부가 문제된 사건이다.

대법원은, 이 사건 조형물의 용도와 기능, 피고인들 행위의 동기와 경위, 수단, 내용, 이에 따른 이 사건 조형물의 용도와 기능 및 미관을 해치는 정도와 그 시간적 계속성, 원상회복의 난이도와 비용, 이 사건 조형물 이용자들이 느끼는 불쾌감과 저항감 등을 종합하여 판단한다.

피고인들이 이 사건 조형물을 본래의 사용 목적에 제공할 수 없는 상태 또는 일시적으로 이용할 수 없는 상태로 만들어 그 효용을 해하였다고 보기 어렵다고 판단하였다.

이 사건에서 피고인들이 이 사건 조형물에 수성 스프레이를 분사하였다가 바로 세척하여 그 행위의 지속 시간이 짧았고, 일부 스프레이가 잔존한 부분이 있기는 하나 그 범위가 제한적이어서 이 사건 조형물 전체의 미관에 미치는 영향도 크지 않다. 이러한 낙서행위의 시간적 계속성, 이 사건 조형물 전체의 미관 손상 정도 등에 비추어 보면, 검사가 제출한 증거만으로는 D 광장의 이용자들이 피고인들의 수성 스프레이 분사 행위로 인하여 이 사건 조형물을 보면서 불쾌감, 저항감을 느껴 기업의 광고라는 본래의 사용목적대로 사용할 수 없을 정도에 이르렀다고 보기에 부족하다고 판단하였다.

대상판결은 손괴죄·'재물 효용을 해하는 것'에 대한 판단기준 법리를 명확히 설명한다. 환경운동가들이 석탄화력발전소 건설에 문제를 제기하기 위하여 글씨 모양 조형물에 녹색 수성스프레이를 분사한 행위는 형법 제366조 재물손괴에 해당하지 않는다. 대법원 판결은 타당하다. 국가고시·변호사시험 선택형으로 출제 가능성이 있다.

대법원은 형법 제366조 재물손괴죄와 관련하여 구조물 낙서행위가 재물 효용을 해하는 것인지, 그 판단기준은 무엇인지, 여러 판결을 통해 이미 명확하게 설명하였다. 대법원 판례 정리가 필요하다.

36

사문서위조죄
사문서

사문서위조 및 동행사죄의 객체인 '사문서'의 의미에 관한 사건

대법원 2024. 1. 4. 선고 2023도1178 판결
[사문서위조·위조사문서행사]

[공소사실 요지]

피고인이 특정 후보자에 대한 지지선언 형식의 기자회견을 위해 허무인 명의 서명부를 작성한 사안이다.

검사는 피고인을 형법 제231조 사문서위조죄와 형법 제234조 위조사문서 행사죄로 기소하였다.

[법리 쟁점]

[1] '권리·의무에 관한 문서' 및 '사실증명에 관한 문서'의 의미

[2] '거래상 중요한 사실을 증명하는 문서'의 의미와 판단기준

[참조조문]

형법 제231조, 제234조

[참조판례]

대법원 2002. 12. 10. 선고 2002도5533 판결; 대법원 2009. 4. 23. 선고 2008도8527 판결; 대법원 2012. 5. 9. 선고 2010도2690 판결

[원심 판단]

제1심법원은 피고인에게 무죄를 선고하였다.

원심법원은 피고인에게 무죄를 선고하였다.

원심은, ① 피고인은 2022. 3. 9. 실시된 제20대 대통령선거를 앞두고 특정 후보자에 대한 지지선언 형식의 기자회견을 위하여 서명부 양식을 작성하여 최소 목표치인 1만 명으로부터 서명을 받기 위해 노력했으나 별다

른 성과가 없자 총 315명의 허무인 명의로 서명부 21장을 임의로 작성한 사실, ② 위 서명부는 피고인이 근무하던 회사 사무실에 비치되어 서명을 받은 서명부와 마찬가지로 '특정 후보자 지지 1만인 선언'의 제목과 내용으로 작성된 것으로, 피고인은 서명부의 서명표 중 회사·이름·지역란에 허무인 315명의 회사·이름·지역을 기재한 사실, ③ 한편 피고인은 당초 목표하였던 1만 명의 서명 달성이 어렵게 되자 목표한 기자회견을 개최하지 않았고, 피고인이 위 서명부를 이용하여 특정 후보자에 대한 지지선언을 위한 기자회견 외에 다른 목적의 행사를 계획하였다고 볼 만한 사정은 없는 사실 등을 인정한 다음, 피고인이 허무인 명의로 작성한 이 사건 서명부 21장은 형법상 사문서위조의 객체가 되는 '문서'라고 보기 어렵다고 보았다.

검사가 상고하였다.

[대법원 판단]

대법원은 상고를 기각한다.

대법원은, 피고인이 허무인 명의로 작성한 이 사건 서명부 21장은 주된 취지가 특정 대통령후보자에 대한 정치적인 지지 의사를 집단적 형태로 표현하고자 한 것일 뿐, 실체법 또는 절차법에서 정한 구체적인 권리·의무에 관한 문서 내지 거래상 중요한 사실을 증명하는 문서에 해당한다고 보기 어렵다고 보아, 무죄를 선고한 원심판결을 수긍하여 상고를 기각하였다.

낭독 형법 판결문 36

대법원 2024. 1. 4. 선고 2023도1178 판결 [사문서위조·위조사문서행사]

〈사문서위조 및 동행사죄의 객체인 '사문서'의 의미에 관한 사건〉

판시 사항

사문서위조 및 동행사죄의 객체인 사문서 중 '권리·의무에 관한 문서'와 '사실증명에 관한 문서'의 의미 / '거래상 중요한 사실을 증명하는 문서'에 해당하기 위한 요건 및 문서의 주된 취지가 단순히 개인적·집단적 의견의 표현에 불과한 것도 이에 포함되는지 여부(소극) / '거래상 중요한 사실을 증명하는 문서'에 해당하는지 판단하는 기준

판결 요지

[1] 사문서위조 및 동행사죄의 객체인 사문서는
권리·의무 또는 사실증명에 관한
타인의 문서 또는 도화를 가리키고,
'권리·의무에 관한 문서'는 권리 또는
의무의 발생·변경·소멸에 관한 사항이 기재된 것을 말하며,말한다.
'사실증명에 관한 문서'는
권리·의무에 관한 문서 이외의 문서로서
거래상 중요한 사실을 증명하는 문서를 의미한다(대법원 2002. 12. 10. 선고 2002도5533 판결 참조).

[2] '거래상 중요한 사실을 증명하는 문서'는
법률관계의 발생·존속·변경·소멸의 전후 과정을
증명하는 것이 주된 취지인 문서뿐만 아니라
법률관계에 간접적으로만 연관된 의사표시 또는
권리·의무의 변동에 사실상으로만 영향을 줄 수 있는
의사표시를 내용으로 하는 문서도 포함될 수 있지만있다. 그러나
(대법원 2009. 4. 23. 선고 2008도8527 판결 등 참조),
문서의 주된 취지가
단순히 개인적·집단적 의견의 표현에
불과한 것이어서는 아니 되고,
적어도 실체법 또는 절차법에서 정한
구체적인 권리·의무와의 관련성이
인정되는 경우이어야 한다. • 문서(=구체적 권리·의무 관련성 존재)

[3] '거래상 중요한 사실을 증명하는 문서'에 해당하는지 여부는
문서 제목만을 고려할 것이 아니라
문서 내용과 더불어 문서 작성자의 의도,

문서가 작성된 객관적인 상황,
문서에 적시된 사항과
그 행사가 예정된 상대방과의 관계 등을
종합적으로 고려하여 판단하여야 한다(대법원 2009. 4. 23. 선고 2008도8527 판결, 대법원 2012. 5. 9. 선고 2010도2690 판결 등 참조).

[4] 피고인이 허무인 명의로 작성한 이 사건 서명부 21장은
주된 취지가 특정한 대통령후보자에 대한 정치적인 지지 의사를
집단적 형태로 표현하고자 한 것일 뿐,
실체법 또는 절차법에서 정한
구체적인 권리·의무에 관한 문서 내지
거래상 중요한 사실을 증명하는 문서에
해당한다고 보기 어려우므로,
이러한 취지의 원심의 판단에
형법상 사문서에 관한 법리를 오해함으로써
판결에 영향을 미친 잘못이 없다.

판결 해설

대상판결 쟁점은 사문서위조죄이다. 사문서이다. 사문서위조 및 동행사죄의 객체인 '사문서'의 의미에 관한 사건이다.

대법원은, 피고인이 허무인 명의로 작성한 이 사건 서명부 21장은 주된 취지가 특정한 대통령후보자에 대한 정치적인 지지 의사를 집단적 형태로 표현하고자 한 것일 뿐, 실체법 또는 절차법에서 정한 구체적인 권리·의무에 관한 문서 내지 거래상 중요한 사실을 증명하는 문서에 해당한다고 보기 어렵다고 판단하였다.

대상판결은 사문서위조죄에서 사문서 법리를 명확히 설명한다. 문서의 주된 취지가 개인적·집단적 의견 표현에 불과하고, 실체법 또는 절차법에서 정한 구체적인 권리·의무와의 관련성이 없다. 대법원 판결은 타당하다. 국가고시·변호사시험 선택형으로 출제 가능성이 있다.

37

공기호위조죄
형법 제238조 '공기호' 의미

검찰 업무표장 사용행위에 대해 공기호위조죄 등으로 기소된 사건

대법원 2024. 1. 4. 선고 2023도11313 판결
[공기호위조·위조공기호행사]

[공소사실 요지]

피고인이 온라인 구매사이트에서, 검찰 업무표장(또는) 아래 피고인의 전화번호, 승용차 번호 또는 '공무수행' 문구를 표시한 표지판 3개를 주문하고 그 판매자로 하여금 제작하게 하여 배송받은 다음 이를 자신의 승용차에 부착하고 다녔고, 이에 대하여 공기호위조죄 및 위조공기호행사죄로 기소된 사안이다. • **요약**

검사는 피고인을 형법 제238조 공기호위조죄와 형법 제238조 위조공기호행사죄로 기소하였다.

1. 피고인은 2020. 11. 초순경 온라인 구매사이트에서, ① 검찰 업무표장 아래 '검찰 PROSECUTION SERVICE'라고 기재하고 그 아래 피고인의 휴대전화 번호를 기재한 주차표지판 1개, ② 검찰 업무표장 아래 '검찰 PROSECUTION OFFICE'라고 기재하고 그 아래 피고인의 승용차 번호를 표시한 표지판 1개, ③ 검찰 업무표장 아래 '검찰 PROSECUTION SERVICE 공무수행'이라고 표시한 표지판 1개를 각각 주문하여 위 구매사이트 판매자로 하여금 제작하게 하여 배송받았다. 이로써 피고인은 행사할 목적으로 공기호인 검찰청 업무표장을 각각 위조하였다.

2. 피고인은 2020. 11. 중순경부터 2020. 12. 초순경까지 위와 같이 위조한 표지판 3개(이하 '이 사건 각 표지판'이라 한다)를 피고인의 승용차에 부착하고 다님으로써 위조된 공기호인 검찰청 업무표장을 행사하였다.

[법리 쟁점]

형법 제238조 '공기호'의 의미

[참조조문]

[1] 형법 제238조 [2] 형법 제238조

[참조판례]

[1] 대법원 1995. 9. 5. 선고 95도1269 판결(공1995하, 3458)

[원심 판단]

제1심법원은 피고인에게 유죄를 선고하였다.
원심법원은 피고인에게 유죄를 선고하였다.
원심은, 일반인들이 위 각 표지판이 부착된 차량을 '검찰 공무수행 차량'으로 오인하기에 충분하다는 등의 사정에 비추어 위 각 표지판이 공기호에 해당한다고 보아 공소사실을 유죄로 판단하였다.
피고인이 상고하였다.

[대법원 판단]

대법원은 원심판결을 파기하고, 사건을 창원지방법원에 환송한다.
대법원은, 위 각 검찰 업무표장은 검찰수사, 공판, 형의 집행부터 대외 홍보 등 검찰청의 업무 전반 또는 검찰청 업무와의 관련성을 나타내기 위한 것으로 보일 뿐, 이것이 부착된 차량은 '검찰 공무수행 차량'이라는 것을 증명하는 기능이 있다는 등 이를 통하여 증명을 하는 사항이 구체적으로 특정되어 있다거나 그 사항이 이러한 검찰 업무표장에 의하여 증명된다고 볼 근거가 없고, 일반인들이 위 각 표지판이 부착된 차량을 '검찰 공무수행 차량'으로 오인할 수 있다고 해도 위 각 검찰 업무표장이 위와 같은 증명적 기능을 갖추지 못한 이상 이를 공기호라고 할 수는 없다는 이유로, 이와 달리 판단한 원심판결을 파기·환송하였다.

낭독 형법 판결문 37

대법원 2024. 1. 4. 선고 2023도11313 판결 [공기호위조·위조공기호행사]

〈검찰 업무표장 사용행위에 대해 공기호위조죄 등으로 기소된 사건〉

판시 사항

[1] 형법상 인장에 관한 죄에서 인장과 기호의 의미 및 형법 제238조의 공기호에 해당하기 위한 요건

[2] 피고인이 온라인 구매사이트에서 ① 검찰 업무표장(에서 '검찰'을 제외한 부분)아래 '검찰 PROSECUTION SERVICE'라고 기재하고 그 아래 피고인의 전화번호를 기재한 주차표지판 1개, ② 검찰 업무표장() 아래 '검찰 PROSECUTION OFFICE'라고 기재하고 그 아래 피고인의 차량번호를 표시한 표지판 1개, ③ 검찰 업무표장() 아래 '검찰 PROSECUTION SERVICE'라고 기재하고 그 아래 '공무수행'이라고 표시한 표지판 1개를 주문하여 배송받음으로써 행사할 목적으로 공기호인 검찰청 업무표장을 각각 위조하였다는 등의 공소사실로 기소된 사안에서, 위 각 검찰 업무표장을 공기호라고 볼 수 없음에도, 이와 달리 보아 공소사실을 유죄로 인정한 원심판단에 법리오해 등의 잘못이 있다고 한 사례.

판결 요지

[1] 형법상 인장에 관한 죄에서 인장은
사람의 동일성을 표시하기 위하여 사용하는
일정한 상형을 의미하고,
기호는 물건에 압날하여 사람의 인격상 동일성 이외의
일정한 사항을 증명하는 부호를 의미한다(대법원 1995. 9. 5. 선고 95도1269 판결 참조).

그리고 형법 제238조의 공기호는 해당 부호를
공무원 또는 공무소가 사용하는 것만으로는 부족하고,
그 부호를 통하여 증명을 하는 사항이
구체적으로 특정되어 있고 해당 사항은
그 부호에 의하여 증명이 이루어질 것이 요구된다.

[2] 피고인이 온라인 구매사이트에서

① 검찰 업무표장(에서 '검찰'을 제외한 부분) 아래 '검찰 PROSECUTION SERVICE'라고 기재하고 그 아래 피고인의 전화번호를 기재한 주차표지판 1개,
② 검찰 업무표장() 아래 '검찰 PROSECUTION OFFICE'라고 기재하고 그 아래 피고인의 차량번호를 표시한 표지판 1개,
③ 검찰 업무표장() 아래 '검찰 PROSECUTION SERVICE'라고 기재하고 그 아래 '공무수행'이라고 표시한 표지판 1개를 주문하여 배송받음으로써 행사할 목적으로 공기호인 검찰청 업무표장을 각각 위조하고,
이를 자신의 승용차에 부착하고 다님으로써
위조된 공기호인 검찰청 업무표장을 행사하였다는
공소사실로 기소된 사안이다.
위 각 표지판에 사용된 검찰 업무표장은
검찰수사, 공판, 형의 집행부터 대외 홍보 등
검찰청의 업무 전반 또는
검찰청 업무와의 관련성을 나타내기 위한 것으로 보일 뿐, 보인다.
이것이 부착된 차량은
'검찰 공무수행 차량'이라는 것을 증명하는 기능이 있다는 등
이를 통하여 증명을 하는 사항이
구체적으로 특정되어 있다거나
그 사항이 이러한 검찰 업무표장에 의하여
증명된다고 볼 근거가 없고, 없다.
일반인들이 위 각 표지판이 부착된 차량을
'검찰 공무수행 차량'으로 오인할 수 있다고 해도
위 각 검찰 업무표장이
위와 같은 증명적 기능을 갖추지 못한 이상,
이를 공기호라고 볼 수 없음에도, 없다.

이와 달리 보아 공소사실을 유죄로 인정한 원심판단에 법리오해 등의 잘못이 있다고 한 사례.

판결 해설

대상판결 쟁점은 형법 제238조 공기호위조죄에서 '공기호' 의미이다. 검찰 업무표장 사용행위에 대해 공기호위조죄 등으로 기소된 사건이다.

대법원은, 형법상 인장에 관한 죄에서 인장은 사람의 동일성을 표시하기 위하여 사용하는 일정한 상형을 의미한다. 기호는 물건에 압날하여 사람의 인격상 동일성 이외의 일정한 사항을 증명하는 부호를 의미한다. 그리고 형법 제238조의 공기호는 해당 부호를 공무원 또는 공무소가 사용하는 것만으로는 부족하고, 그 부호를 통하여 증명을 하는 사항이 구체적으로 특정되어 있고 해당 사항은 그 부호에 의하여 증명이 이루어질 것이 요구된다고 판단하였다.

이 사안에서 이 사건 각 표지판에 사용된 검찰 업무표장은 검찰수사, 공판, 형의 집행부터 대외 홍보 등 검찰청의 업무 전반 또는 검찰청 업무와의 관련성을 나타내기 위한 것으로 보일 뿐이다. 이것이 부착된 차량은 '검찰 공무수행 차량'이라는 것을 증명하는 기능이 있다는 등 이를 통하여 증명을 하는 사항이 구체적으로 특정되어 있다거나 또는 그 사항이 이러한 검찰 업무표장에 의하여 증명된다고 볼 근거가 없다.

일반인들이 이 사건 각 표지판이 부착된 차량을 '검찰 공무수행 차량'으로 오인할 수 있다고 해도 위 각 검찰 업무표장이 증명적 기능을 갖추지 못한 이상 이를 공기호라고 할 수는 없다고 판단하였다.

대상판결은 형법상 인장에 관한 죄에서 인장과 기호의 의미·형법 제238조 공기호에 해당하기 위한 요건·검찰 업무표장 사용행위에 대해 공기호위조죄 법리를 명확히 설명한다. 대법원 판결은 타당하다. 국가고시·변호사시험 선택형으로 출제 가능성이 있다.

38

위계공무집행방해죄
허위 112신고

허위로 112신고를 한 행위가 위계공무집행방해죄의 위계에 해당하는지 여부가 문제된 사건

대법원 2024. 11. 14. 선고 2024도11629 판결
[무고·위계공무집행방해(인정된 죄명: 경범죄처벌법위반)]

[공소사실 요지]

피고인이 강제추행을 당했다는 내용으로 허위의 112 신고를 하여, ① 범행이 실제로 있었다고 오인한 경찰관들이 현장에 출동하여 수사를 하게 하고, 피고인에게 임시숙소 제공 및 범죄피해자 안전조치를 실시하게 하였으며, ② 위 신고가 있은 날부터 한 달 이상 위 범죄 혐의 확인을 위한 수사를 하게 하여 경찰관들의 정당한 직무집행을 방해하였다. • **요약**

검사는 피고인을 형법 제156조 무고죄 및 형법 제137조 위계공무집행방해죄(주위적 공소사실), 경범죄 처벌법 제3조 제3항 제2호 거짓신고 위반죄(예비적 공소사실)로 기소하였다.

피고인은 2022. 11. 17. 13:35경 원심 판시 무고 부분 범죄사실과 같이 배달원이 머리채를 잡고 가슴을 만지는 등 강제추행을 하였다는 내용으로 허위의 112 신고를 하여, 위와 같은 강제추행 범행이 실제로 있었다고 오인한 경찰관들이 현장에 출동하여 수사를 하게 하고, 피고인에게 임시숙소 제공 및 범죄피해자 안전조치를 실시하게 하였으며, 경찰관들로 하여금 2022. 11. 17.경부터 2023. 1. 9.경까지 피고인이 신고한 범죄 혐의 확인을 위한 수사를 하게 하였다. 이로써 피고인은 위계로써 범죄의 수사, 범죄피해자 보호 업무를 수행하는 경찰관들의 정당한 직무집행을 방해하였다.

[법리 쟁점]

[1] 「경범죄 처벌법」 제3조 제3항 제2호의 거짓신고 행위가 원인이 되어 상대방인 공무원이 범죄가 발생한 것으로 오인함으로 인하여 공무원이 그러한 사정을 알았더라면 하지 않았을 대응조치를 취하기에 이른 경우, 위계에 의한 공무집행방해죄가 성립하는지 여부(적극)

[2] 위와 같은 행위가 수사과정에서 허위 진술을 하거나 허위 증거를 제출함으로써 범죄 수사 직무에 관하여 위계로 인한 공무집행방해죄가 성립하는지와 구별되는지 여부(적극)

[참조조문]

[1] 형법 제137조 [2] 형법 제137조, 경범죄 처벌법 제3조 제3항 제2호 [3] 형법 제137조, 경범죄 처벌법 제3조 제3항 제2호, 경찰관 직무집행법 제2조 제1호, 제2호, 제2호의2, 제7호

[참조판례]

[1] 대법원 2007. 3. 29. 선고 2006도7458 판결 [2] 대법원 2016. 1. 28. 선고 2015도17297 판결(공2016상, 396) 대법원 2016. 10. 13. 선고 2016도9958 판결

[원심 판단]

제1심법원은 피고인에게 경범죄 처벌법 위반죄를 유죄로 선고하였다.

원심법원은 주위적 공소사실을 이유에서 무죄로 판단하고 예비적 공소사실인 경범죄 처벌법 위반죄를 유죄로 인정하였다.

원심은, 수사기관이 피고인이 증거로 제출한 휴대전화 동영상의 미심쩍은 점을 자세히 묻고 강제추행범으로 지목된 자의 진술을 청취함으로써 피고인의 신고가 허위라는 점을 쉽게 확인하였고, 경찰관들이 수행한 위 공무는 피의자를 확정하고 그 피의사실을 인정할 만한 객관적인 제반 증거가 있는지 수집·조사하는 수사기관의 본래 직무 범위에 속하는 것이며, 이로 인하여 다른 신고사건에 관한 업무처리를 하지 못하였다거나 다른 지역에 치안공백이 야기되었다는 사정도 보이지 않는다는 이유로, 주위적 공소사실 중 위계공무집행방해 부분을 이유에서 무죄로, 예비적 공소사실을 유죄로 각 판단하였다.

검사가 상고하였다.

[대법원 판단]

대법원은 원심판결 중 위계공무집행방해 부분 및 경범죄 처벌법 위반 부분을 파기하고, 이 부분 사건을 인천지방법원에 환송한다.

대법원은, 주위적 공소사실 중 ② 부분은 수사기관의 불충분한 수사에 의한 것으로서 피고인의 위계로 수사가 방해되었다고 볼 수 없으므로 이 부분을 무죄로 판단한 원심은 타당하나,

주위적 공소사실 중 ① 부분은

① 피고인의 허위 신고는 그 내용과 범행 장소, 범행 발생 시점에 비추어 신속한 출동에 따른 범인 수색 및 검거조치가 요구된 점,

② 경찰은 위 신고 접수 후 이를 'code 1 신고'로 분류하고 출동 관련 지령을 내렸는데, 경찰청 예규(「112 종합상황실 운영 및 신고처리 규칙」)에 따르면 code 1 신고의 경우 순찰차, 지구대·파출소 근무자 등 출동요소는 소관 업무나 관할 등을 이유로 출동을 거부하거나 지연 출동하여서는 안 되는 점,

③ 위 지령에 따라 최초 신고 접수 4분 만에 경찰관이 현장 도착하였고, 관할 경찰서 수사팀 소속 경찰관들과 순찰차 총 6대 등이 출동하여 피고인의 진술을 청취하고 탐문 및 수색 작업을 진행하였는데, 이는 신고 대상 범죄를 수사하는 직무뿐만 아니라 추가적인 범죄를 예방하고 피고인을 비롯한 국민의 생명·신체를 보호하는 직무로서의 성격도 함께 지니는 점,

④ 경찰은 피고인에게 임시숙소 1일 숙박비를 지급하고 피고인을 긴급신변 보호시스템에 등록하고 스마트워치를 지급하여 범죄피해자 보호 직무를 한 점,

⑤ 피고인이 마치 성범죄 피해를 당한 것처럼 112 신고를 함으로써 신고접수 담당 경찰관으로 하여금 긴급히 대응하여야 할 위급한 상황이 발생한 것으로 오인하게 하였고, 이로 인하여 경찰관들이 현장에 즉각적으로 출동하여 현장 주변을 수색·탐문하고 피해자 보호조치를 하는 등 허위의 신고라는 사정을 알았더라면 하지 않았을 대응조치까지 취하였으므로 피고인이 위계로써 경찰관의 112 신고에 따른 사건처리 업무, 범죄 예방 업무, 범죄피해자 보호 업무에 관한 구체적인 직무집행을 방해한 것이다.

대법원은 이와 달리 판단한 원심판결 중 주위적 공소사실 및 예비적 공소사실 부분을 파기·환송하였다.

낭독 형법 판결문 38

대법원 2024. 11. 14. 선고 2024도11629 판결 [무고·위계공무집행방해(인정된 죄명: 경범죄처벌법위반)]

〈허위로 112신고를 한 행위가 위계공무집행방해죄의 위계에 해당하는지 여부가 문제된 사건〉

판시 사항

[1] 피의자 등이 수사기관에 대하여 허위사실을 진술하거나 피의사실 인정에 필요한 증거를 감추고 허위의 증거를 제출하였는데, 수사기관이 충분한 수사를 하지 아니한 채 이와 같은 허위의 진술과 증거만으로 증거의 수집·조사를 마친 경우, 위계에 의한 공무집행방해죄가 성립하는지 여부(소극)

[2] 경범죄 처벌법 제3조 제3항 제2호에서 정한 거짓신고 행위가 원인이 되어 상대방인 공무원이 범죄가 발생한 것으로 오인함으로 인하여 그러한 사정을 알았더라면 하지 않았을 대응조치를 취하기에 이른 경우, 위계에 의한 공무집행방해죄가 성립하는지 여부(적극)

[3] 경범죄 처벌법 제3조 제3항 제2호에서 정한 거짓신고를 함에 따라 경찰관이 신고의 거짓 여부를 확인하거나 검토할 여유 없이 국민의 생명·신체 보호 등을 위해서 다른 업무보다 우선하여 긴급하게 현장에 출동하는 등 즉각적인 대응조치를 취하여야 하는 상황에서 실제로 그러한 대응조치가 이루어진 경우, 경찰관의 위와 같은 직무에 관하여 위계에 의한 공무집행방해죄가 성립하는지 여부(원칙적 적극)

판결 요지

[1] 수사기관이
범죄사건을 수사할 때는
피의자 등의 진술 여하에 불구하고
피의자를 확정하고
그 피의사실을 인정할 만한 객관적인 모든 증거를

수집·조사하여야 할 권한과 의무가 있다. • 수사기관 의무

한편 피의자는
진술거부권과
자기에게 유리한 진술을 할 권리와
유리한 증거를 제출할 권리를 가질 뿐이고
수사기관에 대하여
진실만을 진술하여야 할 의무가 있는 것은 아니다. • 피의자 권리

따라서 피의자 등이
수사기관에 대하여 허위사실을 진술하거나
피의사실 인정에 필요한 증거를 감추고
허위의 증거를 제출하였다고 하더라도,

수사기관이 충분한 수사를 하지 아니한 채
이와 같은 허위의 진술과 증거만으로
증거의 수집·조사를 마쳤다면,

이는 수사기관의 불충분한 수사에 의한 것으로서
피의자 등의 위계에 의하여
수사가 방해되었다고 볼 수 없어
위계에 의한 공무집행방해죄가 성립된다고 할 수 없다. • 수사범위

[2] 경범죄 처벌법 제3조 제3항 제2호의
거짓신고로 인한 경범죄 처벌법 위반죄는
'있지 아니한 범죄나 재해 사실을
공무원에게 거짓으로 신고'하는 경우에
성립하는 범죄이고,범죄이다. • 거짓신고

형법 제137조의 위계에 의한 공무집행방해죄는

상대방의 오인, 착각, 부지를 일으키고
이를 이용하는 위계에 의하여
상대방으로 하여금 그릇된 행위나 처분을 하게 함으로써
공무원의 구체적이고 현실적인 직무집행을 방해하는 경우에
성립하는 범죄이다
(대법원 2016. 1. 28. 선고 2015도17297 판결 참조).

전자는 사회공공의 질서유지를 보호법익으로 하는 반면,
후자는 국가기능으로서의 공무 그 자체를 보호법익으로 하는 등
양 죄는 그 보호법익이나 규율대상 및 구성요건 등을
달리하는 별개의 죄이다.

따라서 경범죄 처벌법 제3조 제3항 제2호에서 정한
거짓신고 행위가 원인이 되어
상대방인 공무원이 범죄가 발생한 것으로 오인하게 만들었고
이로 인하여 공무원이 그러한 사정을 알았더라면
하지 않았을 대응조치를 취하기에 이르렀다면,
이로써 구체적이고 현실적인 공무집행이 방해되어
위계에 의한 공무집행방해죄가 성립하는 것이지,성립한다.

그 거짓신고 행위와 결과의 불법성이
경범죄 처벌법 제3조 제3항 제2호가 예상한 정도를
현저하게 넘어선 예외적인 경우에 해당하는지 여부에 의하여
위계에 의한 공무집행방해죄의 성립 여부가
좌우된다고 볼 것은 아니다
(대법원 2016. 10. 13. 선고 2016도9958 판결 참조).

[3] 경찰관의 직무에는
국민의 생명·신체 및 재산의 보호,

범죄의 예방, 범죄피해자 보호,
그밖에 공공의 안녕과 질서 유지 등이 포함된다
(경찰관 직무집행법 제2조 제1호, 제2호, 제2의 2호, 제7호 참조).

어떤 사람이 경찰관에게
경범죄 처벌법 제3조 제3항 제2호에서 정한 거짓신고를 하였고,
이에 따라 경찰관이 신고의 거짓 여부를 확인하거나
검토할 여유 없이
국민의 생명·신체 보호 등을 위해서
다른 업무보다 우선하여
긴급하게 현장에 출동하는 등 즉각적인 대응조치를
취하여야 하는 상황에서
(「112 종합상황실 운영 및 신고처리 규칙」(2023. 10. 27. 경찰청예규 제617호로 개정되기 전의 것, 이하 '이 사건 예규'라 한다) 제9조 제2항 제1호, 제13조 등 참조])

실제로 그러한 대응조치가 이루어졌다면,
특별한 사정이 없는 한
경찰관의 위와 같은 직무에 관하여
위계에 의한 공무집행방해죄가 성립한다고 보아야 한다.

이러한 직무는
경찰관이 수사기관으로서 수행하는 범죄 수사에 관한 직무
(경찰관 직무집행법 제2조 제2호 참조)와 구별되는 것이므로,
그 직무에 관하여
위계로 인한 공무집행방해죄가 성립하는가는
피고인이 수사과정에서
허위 진술을 하거나

**허위 증거를 제출함으로써
범죄 수사 직무에 관하여
위계에 의한 공무집행방해죄가 성립하는가와
구별하여 살펴보아야 한다.**

판결 해설

대상판결 쟁점은 위계공무집행방해죄이다. 허위 112신고이다. 허위로 112신고를 한 행위가 위계공무집행방해죄의 위계에 해당하는지 여부가 문제된 사건이다. 허위 112 긴급신고는 수사기관에서 허위진술 또는 허위증거제출과 전혀 다르다. 경찰관들의 현장 즉각 출동 의무가 있다.

대법원은, 경범죄 처벌법 제3조 제3항 제2호에서 정한 거짓신고 행위가 원인이 되어 상대방인 공무원이 범죄가 발생한 것으로 오인하게 만들었고, 이로 인하여 공무원이 그러한 사정을 알았더라면 하지 않았을 대응조치를 취하기에 이르렀다면, 이로써 구체적이고 현실적인 공무집행이 방해되어 위계에 의한 공무집행방해죄가 성립한다고 판단하였다.

더 자세히 살펴보면, 대법원은, 주위적 공소사실 중 '경찰관들로 하여금 2022. 11. 17.경부터 2023. 1. 9.경까지 피고인이 신고한 범죄 혐의 확인을 위한 수사를 하게 하였다.'는 부분을 무죄로 판단한 원심에는 위계에 의한 공무집행방해죄의 성립에 관한 법리를 오해한 잘못이 없다고 판단하였다.

그러나 대법원은, 주위적 공소사실 중 '경찰관들로 하여금 2022. 11. 17.경부터 2023. 1. 9.경까지 피고인이 신고한 범죄 혐의 확인을 위한 수사를 하게 하였다.'는 부분을 제외한 나머지 부분(이하 '나머지 주위적 공소사실'이라 한다)까지 무죄로 본 원심의 판단은 받아들이기 어렵다고 판단하였다.

이 사건에서 대법원은, 피고인은 마치 성범죄 피해를 당한 것처럼 112 신고를 함으로써 신고 접수 담당 경찰관으로 하여금 긴급히 대응하여야 할 위급한 상황이 발생한 것으로 오인하게 하였고, 이로 인하여 경찰관들은 현장에 즉각적으로 출동하여 현장 주변을 수색·탐문하고 피해자 보호조치를 하는 등 허위의 신고라는 사정을 알았더라면 하지 않았을 대응조치까지 취하였다. 이와 같은 피고인의 행위는 위계로써 경찰관의 112 신고에 따른 사건처리 업무, 범죄 예방 업무, 범죄피해자 보호 업무에 관한 구체적인 직무집행을 방해한 것이라고 봄이 타당하다고 판단하였다.

대법원은, 원심이 무죄의 근거 법리로 제시한 대법원 2003. 7. 25. 선고 2003도1609 판결, 대법원 2007. 3. 29. 선고 2006도7458 판결은 피고인이 수사기관에 허위 진술을 하거나 허위 증거를 제출함으로써 수사기관의 수사 업무가 방해되었는지에 관한 것이므로, 이 사건과 같이 허위의 112 긴급신고를 함으로써 경찰관이 현장에 출동하게 한 행위가 문제 되는 경우에는 그대로 적용하기 어렵다고 판단하였다.

이 사안은 형법 제137조 위계공무집행방해죄 구성요건을 모두 충족한다. 허위 112신고(=위계)로 경찰관의 사건처리 업무, 범죄 예방 업무, 범죄피해자 보호 업무에 관한 구체적인 직무집행을 방해한 것이다.

대상판결은 위계공무집행방해죄·허위 112신고·위계 법리를 명확히 설명한다. 대법원 판결은 타당하다. 국가고시·변호사시험 선택형·사례형으로 출제 가능성이 있다.

✎ 참조 조문

> **형법 제137조(위계에 의한 공무집행방해)** 위계로써 공무원의 직무집행을 방해한 자는 5년 이하의 징역 또는 1천만원 이하의 벌금에 처한다. 〈개정 1995.12.29.〉
>
> [출처] 형법 일부개정 2025.04.08 [법률 제20908호, 시행 2025.4.8.] 법무부

✎ 입법 제안 ☞ 대법원 판례를 반영하였다.

> **형법 제137조(위계공무집행방해·위력공무집행방해)** ① 《공무원의 적법한 직무집행을》[2행위객체] **위계로 적극적으로** 방해한[3행위] 사람은[1행위주체] 5년 이하 징역형·1천만원 이하 벌금형으로 처벌된다. 〈개정 1995.12.29.〉
>
> ② 《공공기관의 업무를》[2행위객체] **위력으로 적극적으로** 방해한[3행위] 사람은[1행위주체] 5년 이하 징역형·1천500만원 이하 벌금형으로 처벌된다.
>
> [출처] 하태영, 형법조문강화, 법문사, 2019, 274-276면.

39

범인도피죄
친족간 특례

생부(生父)가 인지하지 않은 혼인외 출생자가 벌금 이상의 형에 해당하는 죄를 범한 생부를 도피하게 한 경우 형법 제151조 제2항을 유추적용할 수 있는지 여부가 문제된 사건

대법원 2024. 11. 28. 선고 2022도10272 판결
[폭력행위등처벌에관한법률위반(단체등의구성·활동)·폭력행위등처벌에관한법률위반(공동상해)교사·범인도피]

[공소사실 요지]

혼인외 출생자인 피고인이 자신의 생부(生父)가 강도치사죄 등을 범하여 도피 중이라는 사실을 알면서도 생부를 도피하게 하였다.
검사는 피고인을 형법 제151조 제1항 범인도피죄로 기소하였다.

[법리 쟁점]

혼인외 출생자와 생부 사이에서 혼인외 출생자가 본범인 생부를 도피하게 하는 경우 범인도피죄에 관한 형법 제151조 제2항을 유추적용할 수 있는지 여부(원칙적 소극)

[참조조문]

[1] 형법 제151조 제2항 [2] 형법 제151조 제2항

[참조판례]

[1] 대법원 2003. 12. 12. 선고 2003도4533 판결(공2004상, 275); 대법원 2022. 1. 27. 선고 2018므11273 판결(공2022상, 460)

[원심 판단]

제1심법원은 피고인에게 무죄를 선고하였다.
원심법원은 피고인에게 무죄를 선고하였다.

원심은, 혼인외 출생자와 범인인 생부 사이에 자연적 혈연관계가 존재하므로 형법 제151조 제2항을 유추적용할 수 있다고 보아, 범인도피죄를 무죄로 판단한 제1심판결을 그대로 유지하였다.

피고인 1 및 검사(피고인 2에 대하여)가 상고하였다.

[대법원 판단]

대법원은 원심판결 중 피고인 2에 대한 부분을 파기하고, 이 부분 사건을 광주고등법원에 환송한다. 피고인 1의 상고를 기각한다.

생부가 인지하지 않아 법률상 친자관계가 발생하지 않은 경우에는 비록 생부와 혼인외 출생자 사이의 자연적 혈연관계로 말미암아 도피시키지 않을 것을 기대하기 어려운 경우가 있다고 하더라도 형법 제151조 제2항을 유추적용할 수는 없다.

대법원은 이와 달리 판단한 원심을 파기·환송하였다.

낭독 형법 판결문 39

대법원 2024. 11. 28. 선고 2022도10272 판결 [폭력행위등처벌에관한법률위반(단체등의구성·활동)·폭력행위등처벌에관한법률위반(공동상해)교사·범인도피]

〈생부(生父)가 인지하지 않은 혼인외 출생자가 벌금 이상의 형에 해당하는 죄를 범한 생부를 도피하게 한 경우 형법 제151조 제2항을 유추적용할 수 있는지 여부가 문제된 사건〉

판시 사항

[1] 범인도피죄의 친족 간 특례를 규정한 형법 제151조 제2항에서 '친족'의 의미(=민법이 정한 법률상의 친족) / 혼인외 출생자가 벌금 이상의 형에 해당하는 죄를 범한 자신의 생부(生父)를 도피하게 하였으나 생부가 혼인외 출생자를 인지하지 않은 경우, 혼인외 출생자의 행위에 대하여 형법 제151조 제2항을 적용할 수 있는지 여부(소극)

[2] 생부가 혼인외 출생자를 인지하지 않아 법률상 친자관계가 발생하지 않았으나 생부와 혼인외 출생자 사이의 자연적 혈연관계로 말미암아 도피시키지 않을 것을 기대하기 어려운 경우, 형법 제151조 제2항을 유

추적용할 수 있는지 여부(소극)

판결 요지

[1] 형법 제151조 제2항은
친족, 동거의 가족이 본인을 위하여
범인도피죄를 범한 때에는 처벌하지 아니한다고 규정하고 있는데,
여기서의 친족은 민법이 정한 법률상의 친족을 말한다(대법원 2003. 12. 12. 선고 2003도4533 판결 등 참조).
혼인외 출생자의 경우 모자관계는
인지를 요하지 아니하고 법률상의 친자관계가 인정될 수 있지만,
부자관계는 부의 인지에 의하여만 법률상 친자관계가 발생한다(대법원 2022. 1. 27. 선고 2018므11273 판결 등 참조). • 모자관계
따라서 혼인외 출생자가
벌금 이상의 형에 해당하는 죄를 범한
자신의 생부(生父)를 도피하게 하더라도
생부가 혼인외 출생자를 인지하지 않은 경우에는
생부와 혼인외 출생자 사이에
법률상 친자관계가 발생하지 않으므로
혼인외 출생자의 행위에 대하여
형법 제151조 제2항을 적용할 수 없다. • 부자관계(=생부 인지 요건)

[2] 형법 제151조 제2항은
벌금 이상의 형에 해당하는 죄를 범한 자(본인)와
범인도피 행위를 한 자(행위자) 사이의
구체적·개별적 관계나 상황을 가리지 않고
'친족 또는 동거가족'에 해당하기만 하면
일률적으로 처벌하지 아니한다고 정함으로써
그 적용범위를 명확히 한정하였다. • 친족 · 동거가족 특례

입법자는 형법 제151조 제2항을 통해
'친족 또는 동거가족'에 한하여만 '처벌하지 아니하겠다'는
의사를 분명히 한 것으로 볼 수 있다.

한편 법률의 유추적용은
법률의 흠결을 보충하는 것으로서
법적 규율이 없는 사안에 대하여
그와 유사한 사안에 관한 법규범을 적용하는 것인데,
형법 제151조 제2항의 적용범위에 관하여
어떤 법률의 흠결이 있다고 볼 수도 없다. • 법률 유추적용 제한
따라서 형법 제151조 제2항의 적용에 따른
처벌·불처벌의 결과는
오롯이 '친족 또는 동거가족 여부'에 따라 결정되어야 하고,
본인과 행위자 사이의 구체적·개별적 관계나 상황을 따져
적법행위에 대한 기대불가능성 유무에 따라
형법 제151조 제2항을 유추적용하는 것은
허용될 수 없다고 보아야 한다. • 형법 제151조 제2항 유추적용 금지
유추적용을 허용할 경우
입법자가 명확하게 설정한
형법 제151조 제2항의 적용범위가
확장되어 입법자의 의도에 반하게 되고, 된다.

유추적용의 기준이 불분명하여
법적 안정성이나 예측가능성이 저해되며,
이로 인하여 형사처벌의 불균형이라는
부당한 결과가 발생할 수도 있다.
그러므로 생부가 인지하지 않아
법률상 친자관계가 발생하지 않은 경우에는

비록 생부와 혼인외 출생자 사이의 자연적 혈연관계로 말미암아 도피시키지 않을 것을 기대하기 어려운 경우가 있다고 하더라도 형법 제151조 제2항을 유추적용할 수는 없다. • 미인지 생부 특례 불가

판결 해설

대상판결 쟁점은 형법 제151조 제1항 범인도피죄와 제2항 친족·동거가족 특례이다. 생모(生母)와 생부(生父)의 법리가 문제이다. 생부에게 생모와 같이 법률이 유추적용될 수 있는지 여부이다.

대법원은, 혼인외 출생자의 경우 모자관계는 인지를 요하지 아니하고 법률상의 친자관계가 인정될 수 있지만, 부자관계는 부의 인지에 의하여만 법률상 친자관계가 발생한다(대법원 2022. 1. 27. 선고 2018므11273 판결 등 참조). 따라서 혼인외 출생자가 벌금 이상의 형에 해당하는 죄를 범한 자신의 생부(生父)를 도피하게 하더라도 생부가 혼인외 출생자를 인지하지 않은 경우에는 생부와 혼인외 출생자 사이에 법률상 친자관계가 발생하지 않으므로 혼인외 출생자의 행위에 대하여 형법 제151조 제2항을 적용할 수 없다.

유추적용을 허용할 경우 입법자가 명확하게 설정한 형법 제151조 제2항의 적용범위가 확장되어 입법자의 의도에 반하게 되고, 유추적용의 기준이 불분명하여 법적 안정성이나 예측가능성이 저해되며, 이로 인하여 형사처벌의 불균형이라는 부당한 결과가 발생할 수도 있다.

그러므로 생부가 인지하지 않아 법률상 친자관계가 발생하지 않은 경우에는 비록 생부와 혼인외 출생자 사이의 자연적 혈연관계로 말미암아 도피시키지 않을 것을 기대하기 어려운 경우가 있다고 하더라도 형법 제151조 제2항을 유추적용할 수는 없다고 판단하였다.

대상판결은 형법 제151조 제1항 범인도피죄와 제2항 친족·동거가족 특례에서 생모(生母)와 생부(生父) 법리를 명확히 설명한다. 대법원 판결은 타당하다. 국가고시·변호사시험 선택형으로 출제 가능성이 있다. 범인은닉죄·범인도피죄 법이론이다.

40

무 고 죄
객관적 진실에 반하는 허위사실

피고인이 피무고자를 상대로 고소한 내용이 무고에 해당하는지 여부가 문제된 사건

대법원 2024. 5. 30. 선고 2021도2656 판결
[무고]

[공소사실 요지]

'피무고자가 2001. 12.경 논술지도를 빙자하여 당시 고등학교 2학년인 피고인을 강간하여 상해를 입히는 등 그 무렵부터 2017. 8.경까지 피고인을 상습으로 강간하였다. 피고인의 의사에 반하여 피고인의 나체나 성관계 모습을 촬영하였다. 피고인으로부터 거액을 갈취하였다.' 피고인은 위 내용으로 피무고자를 허위 고소하였다. • **요약**

검사는 피고인을 형법 제156조 무고죄로 기소하였다.

피고인은 2017. 10. 20. 공소외 1로 하여금 형사처분을 받게 할 목적으로, 공소외 1이 ① 2004. 5. 15. 무렵부터 2017. 7. 29. 무렵까지 총 726회에 걸쳐 피해자를 상습으로 강간하고, ② 2002. 2. 초순 무렵부터 2017. 7. 29. 무렵까지 총 838회에 걸쳐 카메라 등으로 피고인의 나체, 성관계 장면을 몰래 촬영하였으며, ③ 2003. 1. 10. 무렵부터 2017. 8. 14. 무렵까지 '너와 성관계 사진, 동영상을 유포하겠다.'는 등 협박하여 총 1,572회에 걸쳐 356,058,068원을 갈취하였다(이하 '이 사건 고소사실'이라 한다)라는 내용의 고소장을 작성하여 서울남부지방검찰청에 제출하였다. 그러나 피고인은 공소외 1과 내연관계로 지내면서 합의하에 성관계를 하고 그 장면 등을 촬영하였으며 공소외 1과 데이트, 여행비용 등을 함께 사용하였을 뿐 공소외 1로부터 금품을 갈취당한 사실이 없었다. 이로써 피고인은 공소외 1로 하여금 형사처분을 받게 할 목적으로 공무소에 대하여 허위 사

실을 신고하여 공소외 1을 무고하였다.

[법리 쟁점]

피해자임을 주장하는 사람이 성폭행 등의 피해를 입었다고 신고한 사실에 대하여 무고죄가 성립하는지 여부를 판단할 때 고려되어야 할 사항

[참조조문]

[1] 형법 제156조, 형사소송법 제308조 [2] 형법 제156조, 제297조, 형사소송법 제308조, 아동·청소년의 성보호에 관한 법률 제7조

[참조판례]

[1] 대법원 1984. 1. 24. 선고 83도1401 판결(공1984, 402); 대법원 1996. 5. 31. 선고 96도771 판결(공1996하, 2093); 대법원 2015. 10. 15. 선고 2014도13516 판결; 대법원 2020. 8. 27. 선고 2020도1842 판결
[2] 대법원 2018. 4. 12. 선고 2017두74702 판결(공2018상, 909); 대법원 2018. 10. 25. 선고 2018도7709 판결(공2018하, 2294)

[원심 판단]

제1심법원은 피고인에게 유죄를 선고하였다.
원심법원은 피고인에게 유죄를 선고하였다.
원심은, 피고인이 작성한 일기, 이메일이나 피무고자 사이에 주고받은 문자메시지, 촬영된 사진이나 동영상 등을 근거로, 피고인과 피무고자가 연인관계이고 피고인과 피무고자의 성관계 등은 모두 합의에 의한 것이라는 이유로 이를 유죄로 판단하였다.
피고인이 상고하였다.

[대법원 판단]

대법원은 원심판결을 파기하고, 사건을 서울남부지방법원에 환송한다.
대법원은, 피고인과 피무고자 사이에 애초에 형성된 관계, 피고인이 피무고자와 최초에 성관계를 가지게 된 경위와 내용, 이후 피무고자와 사이에 유지된 관계의 내용, 피고인이 피무고자와 헤어지기로 한 다음 피고인의 사진이나 동영상 유출과 같은 협박 등 피무고자가 보인 태도, 피고인이 피무고자 사이에서 오랜 기간 처해있었던 특별한 사정과 이에 대한 피고인의 구체적이고 일관된 진술 등에 비추어 볼 때, 피고인의 고소사실이 객관적 진실에 반하는 허위사실이라는 점에 대한 적극적 증명이 이루어졌

다고 보기 어렵다고 보아, 이와 달리 공소사실을 유죄로 판단한 원심을 파기·환송하였다.

낭독 형법 판결문 40

대법원 2024. 5. 30. 선고 2021도2656 판결 [무고]
〈피고인이 피무고자를 상대로 고소한 내용이 무고에 해당하는지 여부가 문제된 사건〉

판시 사항

[1] 무고죄의 성립요건 / 신고사실의 진실성을 인정할 수 없다는 소극적 증명만으로 그 신고사실을 허위의 사실이라 단정하여 무고죄의 성립을 인정할 수 있는지 여부(소극) / 신고내용 중 일부 객관적 진실에 반하는 내용이 포함되어 있으나 단지 신고사실의 정황을 과장하는 데 불과한 경우, 무고죄가 성립하는지 여부(소극) / 객관적 사실관계를 그대로 신고하였으나 그러한 사실관계를 토대로 한 나름대로의 주관적 법률평가를 잘못하고 이를 신고한 경우, 그 사실만 가지고 허위의 사실을 신고한 것에 해당하는지 여부(소극)
[2] 성폭행 등의 피해자가 하는 진술의 증명력을 판단할 때 고려할 사항 / 피해자임을 주장하는 사람이 성폭행 등의 피해를 입었다고 신고한 사실에 대하여 증거불충분 등을 이유로 불기소처분되거나 무죄판결이 선고된 경우, 반대로 이러한 신고내용이 객관적 사실에 반하여 무고죄가 성립하는지를 판단할 때 고려할 사항

판결 요지

[1] 무고죄는 타인으로 하여금
형사처분이나 징계처분을 받게 할 목적으로
신고한 사실이
객관적인 진실에 반하는 허위사실인 경우에

성립하는 범죄이므로, 범죄이다. ◦ 무고죄 객체(=객관적 허위사실)
신고한 사실이 객관적 진실에 반하는 허위사실이라는 요건은
적극적 증명이 있어야 하고
신고사실의 진실성을 인정할 수 없다는 소극적 증명만으로
곧 그 신고사실이
객관적 진실에 반하는 허위의 사실이라 단정하여
무고죄의 성립을 인정할 수는 없으며 없다.
(대법원 1984. 1. 24. 선고 83도1401 판결 등 참조), ◦ 엄격한 증명
신고내용 중
일부 객관적 진실에 반하는 내용이 포함되어 있다고 하더라도
그것이 범죄의 성부에 영향을 미치는 중요한 부분이 아니고
단지 신고사실의 정황을 과장하는 데 불과하다면
무고죄는 성립하지 않는다(대법원 1996. 5. 31. 선고 96도771 판결 등 참조).
또한 객관적 사실관계를 그대로 신고한 이상
그러한 사실관계를 토대로 한
나름대로의 주관적 법률평가를 잘못하고
이를 신고하였다고 하여 그 사실만 가지고
허위의 사실을 신고한 것에 해당한다고 할 수는 없다
(대법원 2015. 10. 15. 선고 2014도13516 판결, 대법원 2020. 8. 27. 선고 2020도1842 판결 등 참조).

[2] **한편 성폭행이나 성희롱 사건의 피해자가**
피해사실을 알리고 문제를 삼는 과정에서
오히려 피해자가 부정적인 여론이나 불이익한 처우 및
신분 노출의 피해 등을 입기도 하여 온 점 등에 비추어 보면,

성폭행 피해자의 대처 양상은
피해자의 성정이나 가해자와의 관계 및

구체적인 상황에 따라 다르게 나타날 수밖에 없다.
따라서 개별적, 구체적인 사건에서
성폭행 등의 피해자가 처하여 있는
특별한 사정을 충분히 고려하지 않은 채
피해자 진술의 증명력을 가볍게 배척하는 것은
정의와 형평의 이념에 입각하여
논리와 경험의 법칙에 따른
증거판단이라고 볼 수 없다
(대법원 2018. 4. 12. 선고 2017두74702 판결, 대법원 2018. 10. 25. 선고 2018도7709 판결 등 참조). • 신중한 증거판단(=특별한 사정 고려)

위와 같은 법리는,
피해자임을 주장하는 사람이
성폭행 등의 피해를 입었다고 신고한 사실에 대하여
증거불충분 등을 이유로
불기소처분되거나 무죄판결이 선고된 경우
반대로 이러한 신고내용이 객관적 사실에 반하여
무고죄가 성립하는지 여부를 판단할 때에도
마찬가지로 고려되어야 한다. • 불기소처분과 무죄판결·동일 법리 적용

따라서 개별적, 구체적인 사건에서
피해자임을 주장하는 사람이 처하였던
특별한 사정을 충분히 고려하지 아니한 채
진정한 피해자라면
마땅히 이렇게 하였을 것이라는 기준을 내세워 • 피해자 행태론
성폭행 등의 피해를 입었다는 점 및
신고에 이르게 된 경위 등에 관한 변소를
쉽게 배척하여서는 아니 된다(대법원 2019. 7. 11. 선고 2018도2614 판결

등 참조). • **피해자 입장론**

판결 해설

대상판결 쟁점은 무고죄이다. 객관적 진실에 반하는 허위사실이다. 피고인이 피무고자를 상대로 고소한 내용이 무고에 해당하는지 여부가 문제된 사건이다.

대법원은, 무고죄에서 신고한 사실이 객관적 진실에 반하는 허위사실이라는 요건은 적극적 증명이 있어야 하고 신고사실의 진실성을 인정할 수 없다는 소극적 증명만으로 곧 그 신고사실이 객관적 진실에 반하는 허위의 사실이라 단정하여 무고죄의 성립을 인정할 수는 없다.

신고내용 중 일부 객관적 진실에 반하는 내용이 포함되어 있다고 하더라도 그것이 범죄의 성부에 영향을 미치는 중요한 부분이 아니고 단지 신고사실의 정황을 과장하는 데 불과하다면 무고죄는 성립하지 않는다.

또한 객관적 사실관계를 그대로 신고한 이상, 그러한 사실관계를 토대로 한 나름대로의 주관적 법률평가를 잘못하고 이를 신고하였다고 하여 그 사실만 가지고 허위의 사실을 신고한 것에 해당한다고 할 수는 없다.

이 사안에서 피고인이 객관적 사실관계를 토대로 '자신이 그루밍 피해를 당한 것'이라고 생각하며 나름대로의 법률평가를 위와 같이 하여 고소한 것을 가지고 만연히 허위의 사실을 신고한 것에 해당한다고 할 수도 없다고 판단하였다.

대상판결은 형법 제156조 무고죄·객관적 진실에 반하는 허위사실·피고인이 피무고자를 상대로 고소한 내용이 무고에 해당하는지 여부에 대한 법리를 명확히 설명한다. 대법원 판결은 타당하다. 국가고시·변호사시험 선택형으로 출제 가능성이 있다. 무고죄 법이론이다.

41

무 고 죄
재판확정 전 범행 자백과 필요적 감면사유

무고죄를 범한 자가 재판확정 전에 범행을 자백하여 필요적 감면사유가 인정되는지 여부가 문제된 사건

대법원 2024. 9. 12. 선고 2024도7400 판결
[무고]

[공소사실 요지]

피고인이 수사기관에 직접 허위 진술하거나 공범으로 하여금 허위 진술하게 하였다는 무고로 기소된 사안이다.

검사는 피고인을 형법 제156조 무고죄로 기소하였다.

[법리 쟁점]

무고죄를 범한 자의 재판확정 전 자백을 필요적 감면사유로 정한 형법 제157조, 제153조에서 정한 '자백'의 범위 및 '재판이 확정되기 전'의 의미

[참조조문]

형법 제156조, 제157조, 제153조

[참조판례]

대법원 2018. 8. 1. 선고 2018도7293 판결 참조

[원심 판단]

제1심법원은 피고인에게 유죄를 선고하였다.

원심법원은 피고인에게 유죄를 선고하였다.

피고인이 무고한 피무고인에 대한 공소가 제기되어 그 재판이 확정되었음을 알 수 있는 자료가 없고, 피고인이 원심 제1회 공판기일에서 범행을 자백하였으나, 원심은 형법 제157조, 형법 제153조에 의한 형의 필요적 감면조치를 하지 않았다.

피고인이 상고하였다.

[대법원 판단]

대법원은 원심판결을 파기하고, 사건을 인천지방법원에 환송한다.

대법원은, 피무고인에 대한 공소가 제기되어 그 재판이 확정되었음을 알 수 있는 자료가 없고, 피고인이 원심에서 자백을 하였으므로, 원심으로서는 피고인이 무고한 사건의 재판이 확정되었는지를 심리해보고 그 재판이 확정된 바 없다면 형법 제157조, 제153조에 의한 형의 필요적 감면조치를 하였어야 한다고 보아, 원심을 파기·환송하였다.

낭독 형법 판결문 41

대법원 2024. 9. 12. 선고 2024도7400 판결 [무고]

〈무고죄를 범한 자가 재판확정 전에 범행을 자백하여 필요적 감면사유가 인정되는지 여부가 문제된 사건〉

판시 사항

무고죄를 범한 자의 재판확정 전 자백을 필요적 감면사유로 정한 형법 제157조, 제153조에서 정한 '자백'의 범위 및 '재판이 확정되기 전'의 의미

판결 요지

[1] 형법 제157조, 제153조는 무고죄를 범한 자가
그 신고한 사건의 재판 또는 징계처분이 확정되기 전에
자백 또는 자수한 때에는
그 형을 감경 또는 면제한다고 하여
이러한 재판확정 전의 자백을
필요적 감경 또는 면제사유로 정하고 있다. • 필요적 감경 또는 면제사유
위와 같은 자백의 절차에 관해서는
아무런 법령상의 제한이 없으므로없다.

그가 신고한 사건을 다루는 기관에 대한 고백이나

그 사건을 다루는 재판부에 증인으로 다시 출석하여
전에 그가 한 신고가 허위의 사실이었음을 고백하는 것은 물론
무고 사건의 피고인 또는 피의자로서
법원이나 수사기관에서의 신문에 의한 고백 또한
자백의 개념에 포함된다. • 자백(=법원·수사기관에서 고백)

그리고 형법 제153조에서 정한 '재판이 확정되기 전'에는
피고인의 고소사건 수사 결과
피고인의 무고 혐의가 밝혀져
피고인에 대한 공소가 제기되고
피고소인에 대해서는 불기소결정이 내려져
재판절차가 개시되지 않은 경우도 포함된다(대법원 2018. 8. 1. 선고 2018도7293 판결 참조). • 재판 확정 전(前)

[2] 피고인이 무고한 사건은
피무고인에 대한 공소가 제기되어
그 재판이 확정되었음을 알 수 있는 자료가 없고,
피고인은 원심 제1회 공판기일에서
이 사건 공소사실에 대하여 자백한 사실을 알 수 있다.
그렇다면 원심으로서는
피고인이 무고 한 사건의 재판이 확정되었는지를 심리해 보고,
그 재판이 확정된 바 없다면
형법 제157조, 제153조에 의한 형의 필요적 감면조치를
하였어야 한다.

판결 해설

대상판결 쟁점은 무고죄이다. 재판확정 전 범행 자백과 필요적 감면 사유이다. 무고죄를 범한 자가 재판확정 전에 범행을 자백하여 필요적 감면사유가 인정되는지 여부가 문제된 사건이다.

형법 제157조, 제153조는 형법 제156조 무고죄를 범한 자가 그 신고한 사건의 재판 또는 징계처분이 확정되기 전에 자백 또는 자수한 때에는 그 형을 감경 또는 면제한다. 재판확정 전의 자백을 필요적 감경 또는 면제사유로 정하고 있다.

대법원은, 이와 같은 자백의 절차에 관해서는 아무런 법령상의 제한이 없다. 그러므로 그가 신고한 사건을 다루는 기관에 대한 고백이나 그 사건을 다루는 재판부에 증인으로 '**다시 출석하여 전에**', 그가 한 신고가 허위의 사실이었음을 고백하는 것은 물론, 무고 사건의 피고인 또는 피의자로서 법원이나 수사기관에서의 신문에 의한 고백 또한 자백의 개념에 포함된다고 판단하였다.

그리고 형법 제153조에서 정한 '재판이 확정되기 전'에는 피고인의 고소사건 수사 결과 피고인의 무고 혐의가 밝혀져 피고인에 대한 공소가 제기되고 피고소인에 대해서는 불기소결정이 내려져 재판절차가 개시되지 않은 경우도 포함된다고 판단하였다.

이 사안에서 피고인이 무고한 사건은 피무고인에 대한 공소가 제기되어 그 재판이 확정되었음을 알 수 있는 자료가 없고, 피고인은 원심 제1회 공판기일에서 이 사건 공소사실에 대하여 자백한 사실을 알 수 있다. 그렇다면 원심으로서는 피고인이 무고 한 사건의 재판이 확정되었는지를 심리해 보고, 그 재판이 확정된 바 없다면 형법 제157조, 제153조에 의한 형의 필요적 감면조치를 하였어야 한다.

그럼에도 이와 같은 조치를 하지 아니한 원심판결에는 무고죄에서의 형의 필요적 감면사유인 자백에 관한 법리를 오해하여 판결 결과에 영향을 미친 잘못이 있다고 판단하였다.

대상판결은 무고죄·재판확정 전 범행 자백과 필요적 감면사유·무고죄를 범한 자가 재판확정 전에 범행을 자백하여 필요적 감면사유가 인정되는지 여부에 대한 법리를 명확히 설명한다. 대법원 판결은 타당하다. 국가고시·변호사시험 선택형으로 출제 가능성이 있다.

제 3 장

특별형법

42~45

42 교통사고처리 특례법 _ 백색실선

43 성폭력처벌법 _ 제14조3 제1항 촬영물 이용

44 성폭력처벌법 _ 제14조 제1항 사람의 신체를 촬영한 행위

45 아동청소년 성보호법 _ 영리 목적의 아동·청소년이용음란물 소지

42

교통사고처리 특례법

백색실선

백색실선 침범이 교통사고처리 특례법 제3조 제2항 단서 제1호의 처벌특례 배제사유인 '통행금지를 내용으로 하는 안전표지 위반'에 해당하는지 여부가 문제된 사건

대법원 2024. 6. 20. 선고 2022도12175 전원합의체 판결
[교통사고처리특례법위반(치상)]

[공소사실 요지]

피고인은 백색실선을 침범하여 1차로에서 2차로로 진로를 변경한 업무상 과실로, 2차로를 따라 진행하던 개인택시가 추돌을 피하기 위해 갑자기 정지하였다. 이로 인하여 택시 승객인 피해자가 약 2주간의 치료가 필요한 상해를 입었다. ・요약

검사는 교통사고처리법 제3조 제2항 단서 제1호 위반(치상)죄로 기소하였다.

피고인은 2021. 7. 9. 승용차를 운전하여 편도 4차로 도로의 1차로를 진행하다가 진로변경을 제한하는 안전표지인 백색실선이 설치되어 있어 진로를 변경하지 아니할 업무상 주의의무가 있음에도 1차로에서 2차로로 진로를 변경하였다. 당시 2차로를 따라 진행하던 개인택시의 운전자가 추돌을 피하기 위해 갑자기 정지하였고, 이로 인하여 택시 승객인 피해자가 약 2주간의 치료가 필요한 경추의 염좌 및 긴장 등의 상해를 입었다.

[법리 쟁점]

도로상에 안전표지로 표시한 노면표시 중 진로변경제한선 표시인 백색실선이 「교통사고처리 특례법」 제3조 제2항 단서 제1호에서 정하고 있는 '통행금지를 내용으로 하는 안전표지'에 해당하여 이를 침범하여 교통사고

를 일으킨 운전자에 대하여 「교통사고처리 특례법」 제3조 제2항 본문의 반의사불벌죄 규정 및 제4조 제1항의 종합보험 가입특례 규정의 적용이 배제되는지 여부(소극)

[참조조문]

교통사고처리 특례법 제3조 제2항, 제4조 제1항, 도로교통법 제6조 제1항, 제14조 제5항, 제156조 제1호, 제2호, 도로교통법 시행규칙 제8조 제2항 [별표 6]

[참조판례]

대법원 2004. 4. 28. 선고 2004도1196 판결(변경)

[원심 판단]

제1심법원은 피고인에게 공소기각을 판결로 선고하였다.
원심법원은 피고인에게 공소기각을 판결로 선고하였다.
원심은, 도로면의 백색실선이 「교통사고처리 특례법」(이하 '교통사고처리법'이라 한다) 제3조 제2항 단서 제1호(이하 단서 각호의 규정을 '처벌특례 배제사유'라 하고 그중 제1호를 '단서 제1호'라 한다)에서 정한 '통행금지를 내용으로 하는 안전표지'에 해당하지 않는다. 피고인이 운전한 승용차가 자동차종합보험에 가입되어 있었다. 그러므로 이 사건 공소제기의 절차가 법률의 규정을 위반하여 무효인 때에 해당한다. 검사의 공소를 기각한 제1심판결을 그대로 유지하였다.
검사가 상고하였다.

[대법원 판단]

대법원은 상고를 기각한다.
대법원은 전원합의체 판결을 통하여 위와 같은 법리를 설시하면서, 백색실선은 단서 제1호에서 정하고 있는 '통행금지를 내용으로 하는 안전표지'에 해당한다고 볼 수 없다고 판단하고, 이와 다른 입장에 있던 2004. 4. 28. 선고 2004도1196 판결 등을 변경하면서 이 사건 공소를 기각한 원심 판단을 수긍하여 검사의 상고를 기각하였다.

낭독 형법 판결문 42

대법원 2024. 6. 20. 선고 2022도12175 전원합의체 판결 [교통사고처리특례법위반(치상)]

〈백색실선 침범이 교통사고처리 특례법 제3조 제2항 단서 제1호의 처벌특례 배제사유인 '통행금지를 내용으로 하는 안전표지 위반'에 해당하는지 여부가 문제된 사건〉

판시 사항

진로변경을 금지하는 안전표지인 백색실선이 교통사고처리 특례법 제3조 제2항 단서 제1호에서 정하고 있는 '통행금지를 내용으로 하는 안전표지'에 해당하여 이를 침범하여 교통사고를 일으킨 운전자에 대하여 위 조항 본문의 반의사불벌죄 규정 및 제4조 제1항의 종합보험 가입특례 규정의 적용이 배제되는지 여부(소극)

판결 요지

[1] 진로변경을 금지하는 안전표지인 백색실선은
「교통사고처리 특례법」(이하 '교통사고처리법'이라 한다)
제3조 제2항 단서 제1호(이하 단서 각호의 규정을 '처벌특례 배제사유'
라 하고 그중 제1호를 '단서 제1호'라 한다)에서 정하고 있는
'통행금지를 내용으로 하는 안전표지'에 해당하지 않으므로,
이를 침범하여 교통사고를 일으킨 운전자에 대하여는
처벌특례가 적용된다고 보아야 한다. • 백색실선 교특법 처벌특례 적용
구체적인 이유는 다음과 같다.

① 단서 제1호는 '안전표지' 위반의 경우
'통행금지 또는 일시정지'를 내용으로 하는 안전표지를
위반하는 경우로 그 적용 범위를 한정하고 있다.
그런데 도로교통법 시행규칙 제8조 제2항
[별표 6] II. 개별기준 제5호 중

일련번호 506(진로변경제한선 표시)에 따르면
백색실선은 교차로 또는 횡단보도 등
차의 진로변경을 금지하는 도로구간에 설치하여 통행하고 있는
차의 진로변경을 제한하는 것을 표시하는 안전표지이다.
도로교통법 제6조는 시·도경찰청장이나 경찰서장은
각 요건에 따라 보행자, 차마 또는
노면전차의 통행을 금지하거나 제한할 수 있고, 그 경우에는
도로관리청에 그 사실을 알리고 도로관리자와 협의하며,
통행금지·제한 사실을 공고하도록 규정하고 있다.
도로교통법 시행규칙 제10조 제1항 [별표 8]을 비롯하여
같은 규칙 제10조는 그 공고의 구체적인 방법을 규정하고 있으며,
차마의 통행이 금지되는 경우에 관한 안전표지를 만드는 방식,
규격, 설치기준 및 장소, 통행금지구간·기간 및 이유를
명시한 보조표지에 대하여는
도로교통법 시행규칙 제8조 제2항 [별표 6]이
구체적으로 규정하고 있다.
(위 별표 II. 개별기준 제2호 나목 일련번호 201 내지 207, 210 등)
그런데 진로변경금지의 경우
그 금지 사실을 도로관리청에 알리거나 공고하도록 하는 등의
규정을 두고 있지 않다.
진로변경을 금지하는 안전표지인 백색실선은
도로교통법 시행규칙 제8조 제2항
[별표 6]에 안전표지의 하나로 규정되어 있기는 하나,
통행금지 안전표지와 달리 규제표지가 아닌
노면표시 항목(위 별표 II. 개별기준 제5호 중 일련번호 506)에
규정되어 있을 뿐만 아니라,
금지구간·기간 및 이유를 명시한

보조표지에 관한 규정이 존재하지 않으며,
'도로표지의 종류', '표시하는 뜻', '설치기준 및 장소'에
'진로변경을 제한 또는 금지한다'는 취지의 기재가 있을 뿐
'통행을 금지한다'는 취지가 기재되어 있지 않아
일반적인 통행금지 안전표지와는 달리 취급되고 있다.

② 도로교통법 제6조 제1항은
'도로에서의 위험을 방지하고 교통의 안전과
원활한 소통을 확보하기 위하여 필요하다고 인정한 때'에는
'구간을 정하여 통행을 금지하거나 제한'할 수 있도록 규정하는
한편, 통행금지 또는 제한을 위반한 행위를
같은 법 제156조 제2호에 따라 처벌하고 있다.
반면 도로교통법 제14조 제5항 본문은
'안전표지가 설치되어 특별히 진로변경이 금지된 곳에서는
차마의 진로를 변경하여서는 아니 된다'고 규정하는 한편,
진로변경금지나 제한을 위반한 행위를
같은 법 제156조 제1호에 따라 처벌하고 있다.
도로교통법 제156조가 제1호와 제2호의 위반 행위에 대하여
동일한 형을 정하고 있기는 하나,
도로교통법은 통행금지와 진로변경금지를 구분하여 규율하면서
처벌 체계를 달리하고 있으므로,
통행금지와 진로변경금지에 관하여
서로 다른 금지규범을 규정한 것으로 보아야 한다.
따라서 진로변경금지 위반을 통행금지 위반으로 보아
단서 제1호에 해당한다고 보는 것은
문언의 객관적인 의미를 벗어나
피고인에게 불리한 해석을 하는 것이다.

③ 단서 제1호가 규율하는 것은 크게 신호위반,
통행금지를 내용으로 하는 안전표지 지시위반,
일시정지를 내용으로 하는 안전표지 지시위반의 세 가지이다.
신호위반이나 일시정지 지시위반의 경우에는
도로교통법규의 문언만으로도
비교적 명확하게 그 해당 여부를 알 수 있다.
통행금지의 경우에도,
도로교통법(제15조 제3항)이 직접 정해진 차종 이외의 통행을
금지하고 있는 전용차로 구분선이나,
도로교통법 시행규칙 제8조 제2항
[별표 6] II. 개별기준 제2호 나목
일련번호 201 내지 207, 210, 211 등과 같이
위 별표의 도로표지 도안이나 '표시하는 뜻',
'설치기준 및 장소' 등에 '통행금지' 또는
'진입금지'라는 문언이 사용된 경우에는
단서 제1호에 포함된다고 볼 수 있다.
반면 이 사건에서 문제가 된 진로변경제한선과 같이
해당 표지에 위반하여
진로를 변경하는 것 자체는 금지되어 있으나,
진로를 변경한 이후 해당 방향으로의 계속 진행이 가능한 경우
그 위반행위를 '통행방법제한'을 위반한 것으로 볼 수는 있어도,
법문언에서 말하는 '통행금지위반'으로 볼 수는 없다.

④ 교통사고처리법 제정 당시부터 현재까지
단서 제1호의 문언은 거의 변동이 없다.
그런데 교통사고처리법 제정 당시 시행되고 있던
구 도로교통법 시행규칙(1982. 6. 21. 내무부령 제376호로 개정되기

전의 것)은
노면표시의 하나로 진로변경제한선을 규정하고 있지 않았다.
그렇다면 입법자는 교통사고처리법을 제정하면서
진로변경을 금지하는 백색실선을 단서 제1호의
'통행금지를 내용으로 하는 안전표지'로
고려하지 않았다고 보는 것이 합리적이다.

⑤ 진로변경을 금지하는 안전표지인 백색실선이
설치된 교량이나 터널에서 백색실선을 넘어
앞지르기를 하는 경우에는
별도의 처벌특례 배제사유가 규정되어 있으므로(교통사고처리법 제3조 제2항 단서 제4호),
백색실선을 '통행금지를 내용으로 하는 안전표지'로
보지 않는다고 하여
중대 교통사고의 발생 위험이 크게 증가한다고 보기는 어렵다.

⑥ 청색실선으로 전용차로가 구분되어 있는 경우,
전용차로 표시에 관한 도로교통법 시행규칙 제8조 제2항
[별표 6] II. 개별기준 제5호 중 일련번호 504에 따르면,
전용차로제가 시행되지 않는 시간대에는
전용차로와 일반차로를 구분하는 청색실선을
위 제5호 중 일련번호 503의 차선표시로 보게 되므로
이 시간대에는 백색실선과 동일한 의미를 가진다.
그런데 백색실선을 단서 제1호에서 규정하는
'통행금지를 내용으로 하는 안전표지'로 볼 경우,
전용차로제가 시행되는 시간대는
물론 전용차로제가 시행되지 않는 시간대에도
일반 차량의 운전자가 청색실선을 넘어 진로를 변경하는 과정에서

교통사고가 발생하면
처벌특례의 적용을 받을 수 없는 문제가 있다.

[2] 이와 달리 도로교통법 제14조 제5항에 따라
통행하고 있는 차의 진로변경을 금지하는 안전표지인 백색실선이
단서 제1호에서 규정하는
'통행금지를 내용으로 하는 안전표지'에 해당한다고 판단한
대법원 2004. 4. 28. 선고 2004도1196 판결 등은
이 판결의 견해에 배치되는 범위 내에서 변경하기로 한다.

판결 해설

대상판결 쟁점은 교통사고처리 특례법이다. 백색실선이다. 백색실선 침범이 교통사고처리 특례법 제3조 제2항 단서 제1호의 처벌특례 배제사유인 '통행금지를 내용으로 하는 안전표지 위반'에 해당하는지 여부가 문제된 사건이다.

대법원은, 진로변경을 금지하는 안전표지인 백색실선이 설치된 교량이나 터널에서 백색실선을 넘어 앞지르기를 하는 경우에는 별도의 처벌특례 배제사유가 규정되어 있으므로(교통사고처리법 제3조 제2항 단서 제4호), 백색실선을 '통행금지를 내용으로 하는 안전표지'로 보지 않는다고 하여 중대 교통사고의 발생 위험이 크게 증가한다고 보기는 어렵다.

청색실선으로 전용차로가 구분되어 있는 경우, 전용차로 표시에 관한 도로교통법 시행규칙 제8조 제2항 [별표 6] II. 개별기준 제5호 중 일련번호 504에 따르면, 전용차로제가 시행되지 않는 시간대에는 전용차로와 일반차로를 구분하는 청색실선을 위 제5호 중 일련번호 503의 차선표시로 보게 되므로 이 시간대에는 백색실선과 동일한 의미를 가진다. 그런데 백색실선을 단서 제1호에서 규정하는 '통행금지를 내용으로 하는 안전표지'로 볼 경우, 전용차로제가 시행되는 시간대는 물론 전용차로제가 시행되지 않는 시간대에도 일반 차량의 운전자가 청색실선을 넘어 진로를 변경하는 과정에서 교통사고가 발생하면 처벌특례의 적용을 받을 수 없는 문제가 있다.

이와 달리 도로교통법 제14조 제5항에 따라 통행하고 있는 차의 진로변경을 금지하는 안전표지인 백색실선이 단서 제1호에서 규정하는 '통행금지를 내용으로 하는 안전표지'에 해당한다고 판단한 대법원 2004. 4. 28. 선고 2004도1196 판결 등은 이 판결의 견해에 배치되는 범위 내에서 변경하기로 한다고 판단하였다.

이 사안에서 피고인이 진로변경을 금지하는 안전표지인 백색실선을 넘어 주행한 것은 단서 제1호에서 규정한 '통행금지를 내용으로 하는 안전표지'를 위반하여 운전한 경우에 해당하지 않으므로 이로 인한 업무상과실치상죄에 대하여는 처벌특례가 적용된다.

그런데 이 사건 당시 피고인이 운전한 승용차가 자동차종합보험에 가입되어 있었음은 원심이 인정한 바와 같으므로, 처벌특례에 따라 검사의 공소제기는 그 절차가 법률의 규정을 위반하여 무효인 때에 해당한다. 같은 취지의 원심판단은 정당하고, 거기에 상고이유 주장과 같은 교통사고처리법상 처벌특례 배제사유에 관한 법리를 오해한 잘못이 없다고 판단하였다.

대상판결은 교통사고처리 특례법·백색실선·백색실선 침범이 교통사고처리 특례법 제3조 제2항 단서 제1호의 처벌특례 배제사유인 '통행금지를 내용으로 하는 안전표지 위반'에 해당하는지 여부 법리를 명확히 설명한다. 대법원 판결은 타당하다. 국가고시·변호사시험 선택형으로 출제 가능성이 있다.

✎ [사례문제]

☞ 甲의 죄책 / 쟁점 정리

✎ [답안작성]

☞ 행위+법리+판례(변경판례+종전판례)+죄책=15줄 최대 요약

1. **백색실선을 침범하여 1차로에서 2차로로 진로를 변경한 업무상 과실로,** 2차로를 따라 진행하던 개인택시가 추돌을 피하기 위해 갑자기 정지하였다. 이로 인하여 **택시 승객인 피해자가 약 2주간의 치료가**

필요한 상해를 입힌 행위(교통사고처리법 제3조 제2항 단서 제1호 위반(치상)죄 검토) 1점

(1) 사안의 쟁점은 도로상에 안전표지로 표시한 노면표시 중 진로변경제한선 표시인 **백색실선이 「교통사고처리 특례법」 제3조 제2항 단서 제1호에서 정하고 있는 '통행금지를 내용으로 하는 안전표지'에 해당하여 이를 침범하여 교통사고를 일으킨 운전자에 대하여 「교통사고처리 특례법」 제3조 제2항 본문의 반의사불벌죄 규정 및 제4조 제1항의 종합보험 가입특례 규정의 적용이 배제되는지 여부**이다.

적극설과 소극설이 대립한다. 소극설이 타당하다. 왜냐하면 진로변경을 금지하는 안전표지인 백색실선은 통행금지를 내용으로 하는 안전표지에 해당하지 않기 때문이다. 따라서 「교통사고처리 특례법」 제3조 제2항 본문의 반의사불벌죄 규정 및 제4조 제1항의 종합보험 가입특례 규정의 적용이 적용된다. **2점**

(2) 한편 대법원은 종전 판례(대법원 2004. 4. 28. 선고 2004도1196 판결)를 변경하였다.

대법원 전원합의체는 **"진로변경을 금지하는 안전표지인 백색실선은 「교통사고처리 특례법」제3조 제2항 단서 제1호 ('처벌특례 배제사유')에서 정하고 있는 '통행금지를 내용으로 하는 안전표지'에 해당하지 않는다. 이를 침범하여 교통사고를 일으킨 운전자에 대하여는 처벌특례가 적용된다"고 판시하였다(대법원 2024. 6. 20. 선고 2022도12175 전원합의체 판결 [교통사고처리특례법위반(치상)]). 4점**

종전 대법원 판례는 "도로교통법 제14조 제5항에 따라 통행하고 있는 차의 진로변경을 금지하는 안전표지인 백색실선이 단서 제1호에서 규정하는 '통행금지를 내용으로 하는 안전표지'에 해당한다."

(3) 죄책: 법원은 형사소송법 제327조 제2호에 근거하여 공소기각 판결을 선고하여야 한다. 「교통사고처리 특례법」 제3조 제2항 본문의 반의사불벌죄 규정 및 제4조 제1항의 종합보험 가입특례 규정의 적용이 적용된다. 이 사건은 공소제기의 절차가 법률의 규정을 위반하여 무효인 때에 해당한다. **1점**

43

성폭력처벌법 제14조3 제1항 촬영물 이용

「성폭력범죄의 처벌 등에 관한 특례법」 제14조의3 제1항의 '촬영물 등을 이용하여'의 의미가 문제된 사건

대법원 2024. 5. 30. 선고 2023도17896 판결
[성폭력범죄의처벌등에관한특례법위반(촬영물등이용협박)·협박]

[공소사실 요지]

피고인이 피해자에게 피해자의 음부 사진을 피해자의 남편에게 제공할 듯한 태도를 보이는 발언을 하여 피해자를 협박하였다는 성폭력처벌법 위반(촬영물등이용협박)으로 기소된 사안이다. 피고인이 협박 당시에는 이미 사진을 삭제하여 현존하지 않았다고 주장한 사안이다.
검사는 피고인을 성폭력범죄의 처벌 등에 관한 특례법 제14조의3 제1항 위반(촬영물등이용협박)죄로 기소하였다.

[법리 쟁점]

피고인이 실제로 만들어진 바 있는 촬영물 등을 방편 또는 수단으로 삼아 해악을 고지한 경우 해당 촬영물 등을 소지하고 있지 않더라도 「성폭력범죄의 처벌 등에 관한 특례법」 제14조의3 제1항의 죄가 성립할 수 있는지 여부(적극)

[참조조문]

성폭력범죄의 처벌 등에 관한 특례법 제14조의3 제1항, 형법 제283조 제1항

[참조판례]

대법원 2003. 4. 8. 선고 2002도3673 판결

[원심 판단]

제1심법원은 피고인에게 유죄를 선고하였다.
원심법원은 피고인에게 유죄를 선고하였다.
원심은 이 부분 공소사실을 유죄로 인정한 제1심을 그대로 유지하였다.
피고인이 상고하였다.

[대법원 판단]

대법원은 상고를 기각한다.
촬영물 등이 실제로 만들어지면 족하고, 반드시 촬영물 등을 피해자에게 제시하는 방법으로 협박하거나 협박 당시 촬영물 등을 피고인이 소지하고 있거나 유포할 수 있는 상태일 필요는 없다. 대법원은 이 부분 공소사실을 유죄로 판단한 원심판결을 수긍하여 상고를 기각하였다.

낭독 형법 판결문 43

대법원 2024. 5. 30. 선고 2023도17896 판결 [성폭력범죄의처벌등에관한특례법위반(촬영물등이용협박)·협박]

〈「성폭력범죄의 처벌 등에 관한 특례법」제14조의3 제1항의 '촬영물 등을 이용하여'의 의미가 문제된 사건〉

판시 사항

성폭력범죄의 처벌 등에 관한 특례법 제14조의3 제1항에서 정한 '촬영물 또는 복제물(복제물의 복제물을 포함한다)을 이용하여'의 의미 / 협박죄에서 협박의 의미 및 태도나 거동에 의하여 해악을 고지하는 경우도 협박에 해당하는지 여부(적극) / 실제로 촬영, 제작, 복제 등의 방법으로 만들어진 바 있는 촬영물 등을 방편 또는 수단으로 삼아 유포가능성 등 공포심을 일으킬 수 있을 정도의 해악을 고지한 경우, 성폭력범죄의 처벌 등에 관한 특례법 제14조의3 제1항의 죄가 성립하는지 여부(적극) 및 이때 반드시 행위자가 촬영물 등을 피해자에게 직접 제시하는 방법으로 협박해야 한다거나 협박 당시 해당 촬영물 등을 소지하고 있거나 유포할 수 있는 상태여야 하는지 여부(소극)

판결 요지

「성폭력범죄의 처벌 등에 관한 특례법」(이하 '성폭력처벌법'이라 한다) 제14조의3 제1항은
성적 욕망 또는 수치심을 유발할 수 있는
촬영물 또는 복제물(복제물의 복제물을 포함한다, 이하 '촬영물 등'이라 한다)을
이용하여 사람을 협박한 자를
형법상의 협박죄보다 가중 처벌하는 규정을 두고 있다.

여기서 '촬영물 등을 이용하여'는 '촬영물 등'을 인식하고
이를 방편 또는 수단으로 삼아
협박행위에 나아가는 것을 의미한다.
한편, 협박죄에 있어서의 협박이라 함은
'사람으로 하여금 공포심을 일으킬 수 있을 정도의
해악의 고지'라 할 것이고,
해악을 고지하는 방법에는 제한이 없어
언어 또는 문서에 의하는 경우는
물론 태도나 거동에 의하는 경우도 협박에 해당한다(대법원 2003. 4. 8. 선고 2002도3673 판결 등 참조).

따라서 실제로 촬영, 제작, 복제 등의 방법으로
만들어진 바 있는 촬영물 등을 방편 또는 수단으로 삼아
유포가능성 등 공포심을 일으킬 수 있을 정도의 해악을 고지한 이상
성폭력처벌법 제14조의3 제1항의 죄는 성립할 수 있고,
반드시 행위자가 촬영물 등을
피해자에게 직접 제시하는 방법으로 협박해야 한다거나
협박 당시 해당 촬영물 등을 소지하고 있거나
유포할 수 있는 상태일 필요는 없다.

판결 해설

대상판결 쟁점은 성폭력처벌법이다. 성폭력처벌법 제14조3 제1항 촬영물 이용이다. 「성폭력범죄의 처벌 등에 관한 특례법」 제14조3 제1항의 '촬영물 등을 이용하여'의 의미가 문제된 사건이다.

대법원은, 실제로 촬영, 제작, 복제 등의 방법으로 만들어진 바 있는 촬영물 등을 방편 또는 수단으로 삼아 유포가능성 등 공포심을 일으킬 수 있을 정도의 해악을 고지한 이상 성폭력처벌법 제14조의3 제1항의 죄는 성립할 수 있다. 반드시 행위자가 촬영물 등을 피해자에게 직접 제시하는 방법으로 협박해야 한다거나 협박 당시 해당 촬영물 등을 소지하고 있거나 유포할 수 있는 상태일 필요는 없다고 판단하였다.

이 사안에서 원심은, ① 피고인은 피해자가 2021. 10. 16.경 카카오톡 메시지로 보낸 피해자의 음부 사진 2장을 소지하다가 곧 삭제하였다. 피고인이 이 사건 협박을 한 일시는 2021. 11. 28.경으로서, 협박을 한 시점이 위 각 사진을 삭제한 시점과 멀지 않다. ② 삭제하더라도 이를 복구하는 것이 기술적으로 불가능한 것은 아니다. ③ 실제로 위 각 사진을 복원할 것 같은 언동을 하였다. 피고인이 사람으로 하여금 공포심을 유발할 정도로 구체적인 해악을 고지하였다고 봄이 타당하다.

따라서 피고인의 행위는 피해자에게 실제 생성된 촬영물 등의 유포가능성을 해악의 내용으로 고지한 것에 해당하여 성폭력처벌법 제14조의3 제1항에서 규정한 '촬영물 등을 이용한 협박' 범행의 구성요건을 충족한다고 판단하였다(서울고등법원 2023. 11. 28. 선고 2023노2371 판결).

대상판결은 성폭력처벌법·성폭력처벌법 제14조3 제1항 촬영물 이용 법리를 명확히 설명한다. 대법원 판결은 타당하다. 국가고시·변호사시험 선택형으로 출제 가능성이 있다.

2024년 10월 16일 개정된 성폭력처벌법 제14조2 '딥페이크' 신설 조문도 주목해야 한다. 개정 이유와 주요 내용이다.

✎ 입법 개정

성폭력범죄의 처벌 등에 관한 특례법 제14조의2 개정 2024년 7월 부산 강서 사건은 정치권을 강타했다. 3개월 논의 끝에 2024년 10월 16일 성폭력범죄특례법이 개정되었다. 이 개정 법률은 공포한 날로부터 바로 시행되고 있다.

【개정이유와 주요 내용】 허위영상물의 편집 · 반포 등의 법정형을 불법촬영물의 반포 등의 법정형과 같도록 상향하고, 허위영상물 등을 소지 · 구입 · 저장 또는 시청한 자는 3년 이하의 징역 또는 3천만원 이하의 벌금에 처하도록 처벌 규정을 신설하였다. 편집물 등을 이용하여 사람을 협박한 자에 대해서도 1년 이상의 유기징역에 처하도록 처벌 규정을 마련하였다.

성폭력범죄의 처벌 등에 관한 특례법 제14조의2는 법정형을 '5년'에서 '7년'으로 대폭 높였다. 분노 입법이다. 편집물 또는 복제물을 소지 · 구입 · 저장 또는 시청한 사람도 3년 이하 징역 또는 3천만원 이하 벌금형으로 처벌된다. 성인과 청소년 모두에게 적용된다. 부산 강서 사건이 촉발한 입법 개정이다. 제목 · 법률문장 · 법정형 · 피해자 보호 등 개선점이 있다.

성폭력범죄의 처벌 등에 관한 특례법 제14조의2(허위영상물 등의 반포등)

① 사람의 얼굴 · 신체 또는 음성을 대상으로 한 촬영물 · 영상물 또는 음성물(이하 이 조에서 "영상물등"이라 한다)을 영상물등의 대상자의 의사에 반하여 성적 욕망 또는 수치심을 유발할 수 있는 형태로 편집 · 합성 또는 가공(이하 이 조에서 "편집등"이라 한다)한 자는 7년 이하의 징역 또는 5천만원 이하의 벌금에 처한다. 〈개정 2024. 10. 16.〉

② 제1항에 따른 편집물 · 합성물 · 가공물(이하 이 조에서 "편집물등"이라 한다) 또는 복제물(복제물의 복제물을 포함한다. 이하 이 조에서 같다)을 반포등을 한 자 또는 제1항의 편집등을 할 당시에는 영상물등의 대상자의 의사에 반하지 아니한 경우에도 사후에 그 편집물등 또는 복제물을 영상물등의 대상자의 의사에 반하여 반포등을 한 자는 7년 이하의 징역 또는 5천만원 이하의 벌금에 처한다. 〈개정 2024. 10. 16.〉

③ 영리를 목적으로 영상물등의 대상자의 의사에 반하여 정보통신망을 이용하여 제2항의 죄를 범한 자는 3년 이상의 유기징역에 처한다. 〈개정 2024. 10. 16.〉

④ 제1항 또는 제2항의 편집물등 또는 복제물을 소지 · 구입 · 저장 또는 시청한 자는 3년 이하의 징역 또는 3천만원 이하의 벌금에 처한다. 〈신설 2024. 10. 16.〉

⑤ 상습으로 제1항부터 제3항까지의 죄를 범한 때에는 그 죄에 정한 형의 2분의 1까지 가중한다. 〈신설 2020. 5. 19., 2024. 10. 16.〉

[본조신설 2020. 3. 24.]

44

성폭력처벌법 제14조 제1항 사람의 신체를 촬영한 행위

「성폭력범죄의 처벌 등에 관한 특례법」 제14조 제1항의 '촬영'의 대상인 '사람의 신체'에 해당하는지 여부가 문제된 사건

대법원 2024. 10. 31. 선고 2024도10477 판결
[주거침입미수, 협박, 특수재물손괴,
성폭력범죄의처벌등에관한특례법위반(촬영물등이용협박),
성폭력범죄의처벌등에관한특례법위반(카메라등이용촬영·반포등),
스토킹범죄의처벌등에관한법률위반, 폭행]

[공소사실 요지]

피고인은 피해자와 영상통화를 하면서 피해자가 나체로 샤워하는 모습을 휴대전화 녹화기능을 이용하여 녹화·저장하였다.

검사는 피고인을 성폭력처벌법 제14조 제1항 위반(카메라등이용촬영·반포등) 등으로 기소하였다.

[법리 쟁점]

피해자와 영상통화를 하면서 휴대전화에 수신된 피해자의 신체 이미지 영상을 휴대전화 녹화기능을 이용하여 녹화·저장한 행위가 「성폭력범죄의 처벌 등에 관한 특례법」 제14조 제1항의 '사람의 신체를 촬영한 행위'에 해당하는지 여부(소극)

[참조조문]

「성폭력범죄의 처벌 등에 관한 특례법」 제14조 제1항

[참조판례]

대법원 2013. 6. 27. 선고 2013도4279 판결, 대법원 2018. 8. 30. 선고 2017도3443 판결 등 참조

[원심 판단]

제1심법원은 피고인에게 유죄를 선고하였다.
원심법원은 피고인에게 유죄를 선고하였다.
피고인이 상고하였다.

[대법원 판단]

대법원은 원심판결을 파기하고, 사건을 수원고등법원에 환송한다.
피고인의 행위는 피해자의 신체 그 자체가 아니라 피고인의 휴대전화에 수신된 신체 이미지 영상을 대상으로 한 것이다. 위 조항이 정하는 '사람의 신체를 촬영한 행위'에 해당한다고 볼 수 없다. 대법원은 이와 달리 판단한 원심을 파기·환송하였다.

낭독 형법 판결문 44

대법원 2024. 10. 31. 선고 2024도10477 판결 [주거침입미수·협박·특수재물손괴·성폭력범죄의처벌등에관한특례법위반(촬영물등이용협박)·성폭력범죄의처벌등에관한특례법위반(카메라등이용촬영·반포등)·스토킹범죄의처벌등에관한법률위반·폭행]
〈「성폭력범죄의 처벌 등에 관한 특례법」 제14조 제1항의 '촬영'의 대상인 '사람의 신체'에 해당하는지 여부가 문제된 사건〉

판결 요지

「성폭력범죄의 처벌 등에 관한 특례법」(이하 '성폭력처벌법'이라고 한다) 제14조 제1항은
"카메라나 그밖에 이와 유사한 기능을 갖춘 기계장치를 이용하여
성적 욕망 또는 수치심을 유발할 수 있는 사람의 신체를
촬영대상자의 의사에 반하여 촬영한 자는
7년 이하의 징역 또는 5천만원 이하의 벌금에 처한다."라고
규정하고 있다.
위 조항이 촬영의 대상을
'사람의 신체'로 규정하고 있으므로,

사람의 신체 그 자체를 직접 촬영하는 행위만이
위 조항에서 규정하고 있는
'사람의 신체를 촬영한 행위'에 해당하고, 해당한다.

사람의 신체 이미지가 담긴 영상을 촬영한 행위는
이에 해당하지 않는다(대법원 2013. 6. 27. 선고 2013도4279 판결, 대법원 2018. 8. 30. 선고 2017도3443 판결 등 참조).

판결 해설

대상판결 쟁점은 성폭력처벌법이다. 제14조 제1항 사람의 신체를 촬영한 행위이다. 「성폭력범죄의 처벌 등에 관한 특례법」 제14조 제1항의 '촬영'의 대상인 '사람의 신체'에 해당하는지 여부가 문제된 사건이다.

사람 신체 촬영과 관련하여 직접 촬영설과 직접·간접 촬영설로 대립한다. 사람 신체 직접 촬영설이 타당하다. 문리해석과 엄격해석이다.

대법원은, 성폭력처벌법 제14조 제1항 사람의 신체를 촬영한 행위에서 촬영의 대상을 '사람의 신체'로 규정하고 있다. 그러므로 사람의 신체 그 자체를 직접 촬영하는 행위만이 위 조항에서 규정하고 있는 '사람의 신체를 촬영한 행위'에 해당한다. 사람의 신체 이미지가 담긴 영상을 촬영한 행위는 이에 해당하지 않는다고 판단하였다.

이 사안에서 피고인의 행위는 피해자의 신체 그 자체가 아니라 피고인의 휴대전화에 수신된 신체 이미지 영상을 대상으로 한 것이다. 위 조항이 정하는 '사람의 신체를 촬영한 행위'에 해당한다고 볼 수 없다. 대법원은 이와 달리 판단한 원심을 파기·환송하였다.

대상판결은 성폭력처벌법·제14조 제1항 사람의 신체를 촬영한 행위·'촬영'의 대상인 '사람의 신체'에 해당하는지 여부에 대한 법리를 명확히 설명한다. 대법원 판결은 타당하다. 국가고시·변호사시험 선택형으로 출제 가능성이 있다.

45

아동청소년 성보호법
영리 목적의 아동·청소년이용음란물 소지

피고인이 아동·청소년이용음란물을 판매하는 것처럼 기망할 목적으로 보관한 행위가 영리 목적의 아동·청소년이용음란물 소지에 해당하는지 여부가 문제된 사건

대법원 2024. 5. 30. 선고 2021도6801 판결

[아동·청소년의성보호에관한법률위반(음란물제작·배포등)
[인정된 죄명: 아동·청소년의성보호에관한법률위반(음란물소지)]·사기]

[공소사실 요지]

피고인이 아동·청소년이용음란물을 불상자들에게 판매할 것처럼 기망할 목적으로 보관함으로써 영리를 목적으로 아동·청소년이용음란물을 소지하였다는 범죄사실로 기소된 사안이다.

검사는 피고인을 「아동·청소년의 성보호에 관한 법률」 제11조 제2항 위반죄(음란물소지)로 기소하였다.

[법리 쟁점]

「아동·청소년의 성보호에 관한 법률」 제11조 제2항이 정한 소지죄가 성립하기 위해서는 영리 목적뿐만 아니라 판매·대여·배포·제공의 목적도 있어야 하는지 여부(적극)

[참조조문]

구 아동·청소년의 성보호에 관한 법률(2020. 6. 2. 법률 제17338호로 개정되기 전의 것) 제11조

[원심 판단]

제1심법원은 피고인에게 무죄를 선고하였다.

원심법원은 피고인에게 일부 무죄, 일부 유죄를 선고하였다.

원심은, 피고인이 아동·청소년이용음란물을 판매·대여·배포·제공할 목적으로 소지하였음을 인정하기에 부족하고 달리 이를 인정할 증거가 없다는 이유 등을 들어 이 부분 공소사실에 대하여 범죄의 증명이 없다고 보아 이를 이유에서 무죄로 판단하였다. 원심에서 추가된 아동·청소년이용음란물 소지 관련 예비적 공소사실 부분을 유죄로 판단하였다.
검사와 피고인이 상고하였다.

[대법원 판단]

대법원은 상고를 모두 기각한다.
대법원은, 원심의 판단에 논리와 경험의 법칙을 위반하여 자유심증주의의 한계를 벗어나거나 구 청소년성보호법 제11조 제2항이 정한 "이를 목적으로"의 의미에 관한 법리를 오해한 잘못이 없다고 보아, 원심판결을 수긍하여 상고를 기각하였다.

낭독 형법 판결문 45

대법원 2024. 5. 30. 선고 2021도6801 판결 [아동·청소년의성보호에관한법률위반(음란물제작·배포등)[인정된 죄명: 아동·청소년의성보호에관한법률위반(음란물소지)]·사기]

〈피고인이 아동·청소년이용음란물을 판매하는 것처럼 기망할 목적으로 보관한 행위가 영리 목적의 아동·청소년이용음란물 소지에 해당하는지 여부가 문제된 사건〉

판시 사항

구 아동·청소년의 성보호에 관한 법률 제11조 제2항이 처벌대상으로 정하고 있는 '소지'의 의미 / 위 조항에서 정한 소지죄가 성립하기 위해서는 영리 목적뿐만 아니라 '판매·대여·배포·제공 행위의 목적'이 있어야 하는지 여부(적극)

판결 요지

구 「아동·청소년의 성보호에 관한 법률」(2020. 6. 2. 법률 제17338호로 개정되기 전의 것, 이하 '구 청소년성보호법'이라 한다)

제11조 제2항(이하 '이 사건 조항'이라 한다)은
'영리를 목적으로 아동·청소년이용음란물을
판매·대여·배포·제공(이하 '배포 등'이라 한다)하거나
이를 목적으로 소지·운반하거나
공연히 전시 또는 상영한 자는
10년 이하의 징역에 처한다.'고 규정하여,
영리를 목적으로 아동·청소년이용음란물을
배포하는 등의 행위를 하거나
"이를 목적으로" 소지하는 행위를 금지하고 있다.

이 사건 조항이 포함된 구 청소년성보호법 제11조가 정한
각 조항의 문언과 형식, 입법 취지 및 보호법익, 입법 연혁,
관련 규정의 체계적 해석 등을 종합하면,
이 사건 조항은 아동·청소년이용음란물의 공급을
규제하는 측면에서
배포 등 유통행위를 처벌하는 규정으로서
이 사건 조항이 처벌대상으로 정하고 있는
'소지'도 배포 등 유통행위를
목적으로 하는 소지로 보아야 한다.

따라서 이 사건 조항이 정한
"이를 목적으로"란
'영리를 목적으로 배포 등 행위를 하기 위하여'를
의미한다고 할 것이므로,
이 사건 조항의 소지죄가 성립하기 위해서는
영리 목적뿐만 아니라 '배포 등 행위의 목적'이 있어야 한다.

판결 해설

대상판결 쟁점은 아동청소년 성보호법이다. 영리 목적의 아동·청소년이용음란물 소지이다. 피고인이 아동·청소년이용음란물을 판매하는 것처럼 기망할 목적으로 보관한 행위가 영리 목적의 아동·청소년이용음란물 소지에 해당하는지 여부가 문제된 사건이다.

대법원은, 구 아동·청소년의 성보호에 관한 법률(2020. 6. 2. 법률 제17338호로 개정되기 전의 것, 이하 '구 청소년성보호법'이라 한다) 제11조 제2항은 '영리를 목적으로 아동·청소년이용음란물을 판매·대여·배포·제공(이하 '배포 등')하거나 이를 목적으로 소지·운반하거나 공연히 전시 또는 상영한 자는 10년 이하의 징역에 처한다.'고 규정하여, 영리를 목적으로 아동·청소년이용음란물을 배포하는 등의 행위를 하거나 '이를 목적으로' 소지하는 행위를 금지하고 있다.

문언과 형식, 입법 취지 및 보호법익, 입법 연혁, 관련 규정의 체계적 해석 등을 종합하면, 구 청소년성보호법 제11조 제2항은 아동·청소년이용음란물의 공급을 규제하는 측면에서 배포 등 유통행위를 처벌하는 규정으로서 위 조항이 처벌대상으로 정하고 있는 '소지'도 배포 등 유통행위를 목적으로 하는 소지로 보아야 한다.

따라서 위 조항이 정한 '이를 목적으로'란 '영리를 목적으로 배포 등 행위를 하기 위하여'를 의미한다고 할 것이다. 그러므로 위 조항의 소지죄가 성립하기 위해서는 영리 목적뿐만 아니라 '배포 등 행위의 목적'이 있어야 한다고 판단하였다.

대상판결은 아동청소년 성보호법·영리 목적의 아동·청소년이용음란물 소지·피고인이 아동·청소년이용음란물을 판매하는 것처럼 기망할 목적으로 보관한 행위가 영리 목적의 아동·청소년이용음란물 소지에 해당하는지 여부에 대한 법리를 명확히 설명한다. 대법원 판결은 타당하다. 국가고시·변호사시험 선택형으로 출제 가능성이 있다.

형법 법률용어 외국어 표기법

Ⓗ - 일본어 ㊥ - 중국어 Ⓓ - 독일어
Ⓔ - 영어 Ⓕ - 프랑스어 Ⓘ - 이탈리아어
ⓢ - 스페인어

가. 여기에 중요한 법률용어를 몇 가지 소개하고자 한다. 법률용어 표기에 참고자료가 되었으면 한다. 외국에서 유학생활을 하는 사람은 공부기간 동안 자기만의 『법률용어집』을 만들어야 한다. 학문연구 기본이기 때문이다. 유학 초기부터 시작하여 정리하고 다듬어야 한다. 언어연구자가 되어야 한다. 필자가 제시한 유형을 참고하여 독창적인 『법률용어소사전』을 집필하기 바란다. 여러 나라 유학생들이 공동으로 작업을 한다면, 훌륭한 사전이 될 것이다.

나. 법학 학문을 시작하려면, 정확한 국어가 기본이 되어야 한다. 외국어를 배우는 이유는 정확한 한국어와 함께 전공 내용과 의미를 풍성하게 가꾸기 위한 것이다. 한국어가 안 되면서 시도하는 연구는 무의미한 것이다. 외국어 문체로 된 번역문장은 가독성이 없다. 관계문장을 묶어서 긴 문체로 쓰는 이유를 알 수가 없다. 누구를 위한 글인지 궁금하다.

다. 읽는 사람은 한국인이다. 정확한 이해와 국어 어순으로 번역과 통역을 해야 한다. 단문이 최고 문장이라 생각한다. 번역자와 통역자는 정확한 단문을 기본으로 삼아야 한다. 유학생들이 겪는 어려움이다.

라. 학생들에게 당부하는 말이다. "간결체와 건조체를 사용하라. 정확한 단문이다. 첨단기기를 사용하여 좋은 내용은 수시로 번역하라. 후배들을 위해 학문 사다리를 놓아라. 좋은 번역은 후배들을 위한 진정한 배려다. 학문은 지식을 통한 사회 공헌이다. 더 나은 세상을 위한 노력이다."

마. 이 법률용어집은 형법총론에 중심을 두었다. 향후 개정판에서 형법각론을 다룰 것이다. 동양 언어와 서양 언어를 함께 배워서 한국어를 더 다듬기를 기원한다. 두 언어의 문장구조를 깊이 연구하기를 바란다. 여러 참고문헌을 참조하였다. 다음에 더 나은 내용을 약속드린다.

• 형법

Ⓗ刑法 ㊥刑法 ⒹStrafrecht Ⓔcriminal law / penal law Ⓕdroit pénal
Ⓘdiritto penale / legge penale ⓢderecho penal / ley penal

형법은 어떤 행위가 범죄로 처벌되고, 어떤 형벌을 부가할 것인지 규정한 법규범이다. 구성요건과 법률효과로 이루어져 있다. 중국 당률(唐律)·대명률(大明律)·경국대전(經國大典)·형법대전(刑法大全)·조선형사령(朝鮮刑事令)·형법(刑法, 1953) 순으로 발전하였다.

• **형법전**

ⒽⅡ刑法典 ⓒ刑法典 ⒹStrafgesetzbuch Ⓔcriminal code / penal code
Ⓕcode / pénal / criminel Ⓘcp, codice penale
Ⓢcódigo criminal / código penal

형법전은 협의 형법이다. 1953년 9월 18일 법률 제293호로 공포되었다. 1953년 10월 3일부터 시행되고 있다. 형법전은 총칙(總則·總則·Allgemeiner Teil·general part·diespositions·partie générale·Parte generale·Parte general)과 각칙(各則·各則·Besonder Teil·Partie spéciale·Parte speciale·Parte especial)으로 구성된다. 총칙은 범죄와 형벌의 일반요소를, 각칙은 범죄와 형벌을 규정하고 있다. 각칙은 실질적 형법이다. 형법 이외에 특별형법과 행정형법이 있다. 도로교통법·교통사고처리특례법·특정범죄가중처벌법·특정경제가중처벌법·폭력행위처벌법·성폭력처벌 및 피해자보호법·아동청소년보호법·여신금융업법·부정수표단속법·통신비밀보호법 등이 있다.

형사소송법

Ⓗ刑事訴訟法 ⓒ刑事訴訟法 ⒹStrafprozeßordnung
Ⓔcode criminal procedure Ⓕcode pénal procédure
Ⓘcodice procedura penale Ⓢcódigo de procedimiento penal

형사법원 /

Ⓗ刑事法院 ⓒ刑事法院 ⒹStrafgericht Ⓔcriminal court Ⓕtribunal pénal
Ⓘtribunale penale Ⓢtribunal penal

형사법정 /

Ⓗ刑事法廷 ⓒ刑事法廷 ⒹStrafkammer Ⓔcriminal division Ⓕchambre
Ⓘcriminelle chambre / correctionnelle / sezione / penale Ⓢdivisión criminal

형사판사 /

Ⓗ刑事判事 ⓒ刑事判事 ⒹStrafrichter Ⓔcriminal court judge
Ⓕjuge de la cour criminelle Ⓘgiudice criminale Ⓢjuez de la corte criminal

• **죄형법정주의**

Ⓗ罪刑法定主義 ⓒ罪刑法定主義 ⒹGesetzlichkeitsprinzip
Ⓔprinciple of legality Ⓕprincipe de légalité Ⓘprincipio di legalità
Ⓢprincipio de legalidad

"법률이 없으면, 범죄도 없고, 형벌도 없다." 라틴어이다. 「nullum crimen sine lege. nulla poena sine lege.」 독일 형법학자 포이에르바흐(Feuerbach)는 근대 형법 기본원리를 말했다. 국가가 어떤 행위를 범죄로 처벌하려면, 범죄와 형벌은 반드시 행위 전에 법률로 정해져 있어야 한다. no crime without law.

• **법률주의**

Ⓗ法律主義 ⓒ法律主義 ⒹLegalismus ⒺLegalism / rule of law
ⒻJuridisme Ⓘlegalismo Ⓢprincipio de legalidad

법률을 제정하여 법적 효력을 부여한다. legal(legal · lawful), Legitimation, Legitimität (合法性 · legitimacy)

- **신법우선원칙 / 경한법우선원칙**

㊐新法優先主義 ㊥新法优先主義
ⒹDas Prinzip des neuen Rechts zuerst / Vorrang des mildesten Gesetzes
ⒺThe principle of the new law first / Priority of the mildest law
ⒻLe principe de la nouvelle loi d'abord / Priorité de la loi la plus douce
ⒾIl principio della nuova legge prima / Priorità della legge più blanda
ⓢEl principio de la nueva ley primero / Prioridad de la ley más suave

법령이 새로 제정 · 개정되어 법령 내용에 충돌이 생겼을 때, 신법이 구법에 먼저 적용된다. 경미한 법 우선원칙이다. 특별법 우선 원칙이다. 특별법 형벌이 중한 경우 소급하지 못한다.

- **명확성원칙**

㊐明確性原則 ㊥明确性塬則 ⒹBestimmtheitsprinzip ⒺCertainty principle
ⒻPrincipe de Certitude ⒾPrincipio di certezza ⓢPrincipio de certeza

명확성은 헌법 원칙이다. 기본권을 제한하는 법규범 내용은 명확해야 한다. 국민들이 법률을 읽고, 무엇이 허용되고 금지되는 것인지, 어떻게 형벌이 부과되는지, 명확하게 판단할 수 있어야 한다. 구성요건 명확성과 제재 명확성이다. 예견가능하고, 가치판단이 가능하고, 형벌이 명확해야 한다.

- **소급효금지원칙**

㊐遡及效禁止原則 ㊥遡及效禁止塬則 ⒹRückwirkungsverbot ⒺRetroactivity
Ⓕrétroactivité Ⓘretroattività ⓢRetroactividad / Retroactividad

범죄와 형벌은 행위 당시 법률을 적용한다. 현대 형법 일반원리이다.

- **유추금지**

㊐類推禁止 ㊥類推禁止 ⒹAnalogieverbot Ⓔanalogical interpretation
Ⓕinterdiction d'analogie Ⓘdivieto di analogia
ⓢprohibición de analogía / interpretación analógica

법률에 규정이 없는 사항에 대해 유사한 성질을 가진 법률을 적용하는 것을 금지한다. 형법 해석원칙이다. 형벌 법규에 처벌 대상으로 명시되지 않은 사항에 대하여 비슷한 법규를 가져와서 유추적용을 해서는 안 된다.

- **적법절차**

㊐適法節次 ㊥适法節次 Ⓓrechtsliches Gehör ⒺDue process of law
Ⓕdroit d'être entendu / En raison de la loi
Ⓘdiritto di essere ascoltato / Processo legale
ⓢderecho a ser escuchado / Debido proceso legal

법률에 규정된 절차에 따라 법을 적용한다.

- **보충성원칙**

㊐補充性原則 ㊥補充性塬則 ⒹSubsidiaritätsprinzip
Ⓔprinciple of subsidiarity Ⓕprincipe de subsidiarité
Ⓘprincipio di sussidiarietà ⓢprincipio de subsidiariedad

형법 이외 다른 수단이 없는 경우 최후 수단으로 적용된다.

- **한시법**

㊐限時法 ㊥限時法 ⒹZeitgesetz Ⓔtemporary law
ⒻLoi sur le temps / loi temporaire ⒾAtto tempo / legge temporanea
ⓢLey vez / ley temporal

한시법은 제한된 유효기간을 명기하여 제정되는 법률이다. 일시적 사정에 대응하기 위한 법률이다. 유효기간이 끝나면 가벌성 근거는 소멸한다. 대법원은 종전에 동기설을 채택하였다. 법적 이념의 변경이 아니면, 행위 당시 법률에 근거하여 처벌한다. 그러나 대법원 2022. 12. 22. 선고 2020도16420 전원합의체는 동기설을 폐지하였다. 피고인에게 유리한 재판시법을 배제하고, 모두 행위시법에 따라 추급효를 인정한다. 법령 변경이 아니다.

- **해석**

㊐解釋 ㊥解釋 ⒹAuslegung Ⓔinterpretation Ⓕinterprétation
Ⓘinterpretazione ⓢinterpretación

법규범 의미를 분명히 밝히는 것이다. 문리해석 · 논리해석 · 목적해석 · 헌법합치해석이 있다. 목적해석이 법률해석 왕관이다. 주관적 역사해석(입법자 의사)과 객관적 목적해석(법규 현재 의미)이다. 문리해석 · 논리해석 · 목적해석 · 헌법합치해석방법을 모두 동원해야 완전한 법률해석이 가능하다.

- **속지주의**

㊐屬地主義 ㊥屬地主義 ⒹTerritorialitätsprinzip Ⓔprinciple of territoriality
Ⓕprincipe de territorialité Ⓘprincipio di territorialità
ⓢterritorialidad / principio de territorialidad

우리나라 영역 안(비행기 · 선박 포함 기국주의)에서 발생한 범죄는 대한민국 형법을 적용한다.

- **속인주의**

㊐屬人主義 ㊥屬人主義 ⒹPersonalitätsprinzip Ⓔprinciple of personality
ⒻPrincipe de la personnalité / principe de personnalité
ⒾPrincipio di personalità ⓢPrincipio de la personalidad

대한민국 사람이 저지른 범죄는 범죄지와 상관없이 대한민국 형법을 적용한다(적극적 속인주의).

- **보호주의**

㊐保護主義 ㊥保護主義
ⒹSchutzprinzip / Prinzip des Schutzes Ⓔprotection principle / Principle of

protection
Ⓕprincipe de la protection / Principe de protection
Ⓘprincipio di protezione / Principio di protezione
Ⓢprincipio de protección

대한민국 · 대한민국 국민의 법익을 침해하는 범죄는 범행자와 범죄지와 상관없이 대한민국 형법을 적용한다(형법 제5조 · 제6조).

• **세계주의**

㊐世界主義 ㊥世界主義 ⒹWeltrechtsprinzip ⒺUniversal jurisdiction
ⒻLa compétence universelle ⒾGiurisdizione universale
ⓈLa jurisdicción universal / Jurisdicción universal

문명국가 공통 법익 침해범죄는 대한민국 형법을 적용한다. 형법 제296조2는 세계주의를 규정하고 있다. 형법 제287조 · 제288조 · 제289조 · 제290조 · 제291조 · 제292조 · 제294조는 대한민국 영역 밖에서 죄를 범한 경우에도 대한민국 형법이 적용된다. 미성년자 약취 유인과 인신매매행위는 범죄행위자 국적과 범죄지와 상관없이 대한민국 형법이 적용된다.

• **정의 / 개념**

㊐定義 / 概念 ㊥定義 / 概念 ⒹDefinition Ⓔdefinition Ⓕdéfinition
Ⓘdefinizione Ⓢdefinición

정의는 단어 · 사물 뜻을 명백히 밝혀 규정하는 것이다.

• **이론 / 실무 / 이론과 실무**

㊐理論 / 實務 / 理論と實務 ㊥理論 / 實務 / 理論与實踐 / 理論與實踐
ⒹTheorie / Praxis / Theorie und Praxis
Ⓔtheory / practice / theory and practice
Ⓕthéorie / pratique / théorie et pratique Ⓘteoria / pratica / teoria e pratica
Ⓢteoría / práctica / teoría y práctica

이론은 사물 · 현상 이치를 논리적으로 일반화한 체계이다. 이론은 많은 관측 결과에 대한 일반적인 설명이다. 실무는 실제적이고 구체적인 업무이다. 형사실무란 형사사건을 다루는 업무이다. 형사소송실무 · 형사재판실무 · 형사수사실무 등이 있다.

• **법익 / 보호법익**

㊐法益 · 保護法益 ㊥法益 · 保護法益 ⒹRechtsgut Ⓔlegally protected right
Ⓕintérêt légal / droit légalement protégé
Ⓘinteressi legali / diritto legalmente protetto
Ⓢinterés legal / derecho legalmente protegido

법익은 어떤 법률이 보호하려는 이익이다. 형법으로 침해가 금지된 개인 · 사회공동체 · 국가의 이익 · 가치를 말한다. 보호법익은 사회적 추상적 관념적 가치이다. 살인죄는 사람생명이다. 협박죄는 의사결정자유와 의사활동자유이다. 주거침입죄는 사실상 주거평온이다. 절도죄는 타인 재물 소유권이다. 성범죄는 성에 대한 피해자 자기결정권이다. 명예훼손죄는 외적 명예이다. 문서죄는 문서거래안전과 문서거래신용이다. 공무집행방해죄는 공무이다. 위증죄는 국가사법기능이다. 증거인멸죄도 국가사법기능이다. 무고죄는 국가심판기능이다.

• **범죄**

Ⓗ犯罪 ㊥犯罪 ⒹDelikt Ⓔoffense Ⓕinfraction Ⓘreato ⓢdelito

범죄는 법률로 형벌을 과하는 행위이다. 범죄본질은 법익침해이다. 행위반가치(Erfolgsunwert) · 결과반가치(Handlungsunwert) · 심정반가치(Gesinnungsunwert)이다. 범죄는 죄질에 따라 중죄(Verbrechen, Verbrecher, crime, felony, indictable offence, kriminal, felon. culprit) · 경죄(Vergehen, misdemeanaur, misdemeanor)로 분류된다. 형법은 "범죄를 범하다"(vergehen sich. commit, an indecent assault)라고 표현한다.

• **친고죄**

Ⓗ親告罪 ㊥親告罪 ⒹAntragsdelikt

Ⓔoffence, requiring an application for prosecution

Ⓕinfraction, nécessitant une demande de poursuite

Ⓘoffesa, richiedere una richiesta di procedimento giudiziario

ⓢofensa, requiriendo una solicitud de enjuiciamiento

친고죄는 피해자 · 그 밖에 고소권자가 고소를 해야 공소를 제기할 수 있는 범죄이다. 피해자 불이익 범죄와 경미한 범죄에 인정되는 인도적 소추조건이다. 친고죄는 모욕죄 · 사자명예훼손죄 등이 있다. 한편 반의사불벌죄(反意思不罰罪)가 있다. 피해자가 처벌을 원하지 않는다는 표시를 명백히 하는 경우, 공소를 제기할 수 없다. 반의사불벌죄는 과실치사상죄 · 폭행죄 · 협박죄 · 명예훼손죄 등이 있다. 친고죄와 반의사불벌죄는 제1심판결선고 전까지 취소할 수 있다.

• **결과범**

Ⓗ結果犯 ㊥結果犯 ⒹErfolgsdelikt Ⓔobjecktive crime

Ⓕinfraction de succès / crime objectif Ⓘsuccesso reato / reato oggettivistico

ⓢdelito éxito / crimen objecktive

결과범은 구성요건이 결과발생을 요건으로 하는 범죄이다. 살인죄 · 상해죄 · 손괴죄 등이 있다. 실질범이다. 반면 형식범(形式犯 · 擧動犯 · 擧動犯 · Formaldelikt · Tätigkeitsdelikt)은 결과발생 없이 구성요건 행위만으로 범죄가 성립한다. 주거침입죄 · 위증죄 · 무고죄 등이 있다. 결과범은 반드시 인과관계와 객관적 귀속을 검토해야 한다.

• **위험범**

Ⓗ危險犯 ㊥危險犯 ⒹGefährdungsdelikt Ⓔstrict-liability-tort

Ⓕinfraction inchoate / responsabilité civile délictuelle

Ⓘreato incipiente / rigoroso-liability-tort

ⓢdelito no completado / responsabilidad estricta-agravio

위험범은 보호법익에 대한 위험 야기로 범죄가 성립한다. 유기죄 · 업무방해죄 · 방화죄 · 통화위조죄 등이다. 위험범은 추상적 위험범과 구체적 위험범이 있다. 추상적 위험범은 위험한 행위방법 때문에 처벌한다. 위험은 입법동기이다. 구성요건요소가 아니다.

구체적 위험범은 위험발생이 증명되어야 처벌한다. 위험발생은 구성요건요소이다. 구체적 위험범은 결과범이다. 현주건조물방화죄는 추상적 위험범이다. 일반물건방화죄는 구체적 위험범이다. 법관이 구체적 위험을 증명하여 판단한다. 반면 침해범(侵害犯 · Verletungsdelikt)은 법익이 침해되어야 범죄가 성립한다. 살인죄 · 상해죄 등이다. 추상적 위험범은 대부분 형식범이다. 그 외는 대부분 침해범이다. 추상적 위험범(위험야기)도 모두 침해범이라는 주장이 있다. 그러나 아직 소수설이다.

- **계속범**

㉭繼續犯 ㊥繼續犯 ⒹDauerdelikt Ⓔduration offense
Ⓕinfraction de durée Ⓘdurata reato / offesa di durata
ⓢdelito duración / duración de la ofensa

계속범은 위법상태가 계속되는 범죄이다. 체포감금죄 · 주거침입죄 · 퇴거불응죄 등이다. 반면 상태범(즉시범 · 狀態犯 · 狀態犯 · 卽時犯 · 卽時犯 · Zustandsdelikt)은 결과발생과 동시에 범죄가 완성된다. 살인죄 · 상해죄 · 절도죄 등이다.

- **범죄체계**

㉭犯罪體系 ㊥犯罪體系 ⒹDogmatik Ⓔdogmatics
Ⓕdogmatisme / dogmatique Ⓘdogmatismo / dogmatica
ⓢdogmatismo / dogmática

범죄체계란 ①범죄성립요건 · ②처벌요건 · ③소추요건을 말한다. 형법총칙은 범죄체계도 학습이 핵심이다.

- **구성요건 / 구성요건요소 / 구성요건해당성 / 구성요건착오**

㉭構成要件 / 構成要件要素 / 構成要件該當性 / 構成要件錯誤
㊥构成要件 / 构成要件要素 / 构成要件該当性 / 构成要件錯誤
ⒹTatbestand / Tatbestandsmerkmale / Tatbestandsmäßigkeit / Tatbestandsirrtum
Ⓔ abstract of record, facts, facts of the case, elements of an offence / element of an offence, constituent fact / existence of facts constituting / factual mistake
Ⓕréalités, résumé du dossier, réalités, faits de l'affaire, éléments d'une ouverture / incriminations, élément d'une infraction, fait constitutif / existence de faits constitutifs, existence de faits constituant / erreur factuelle
Ⓘfatti, estratto del record, fatti, fatti del caso, elementi di un reato / incriminazioni, elemento di un reato, fatto costitutivo / esistenza di fatti che costituiscono / errore di fatto, errore reale
ⓢhechos, resumen de registro, hechos, hechos del caso, elementos de una ofensa / tipificaciones, elemento de una ofensa, hecho constituyente / existencia de hechos constitutivos / error de hecho

구성요건은 범죄성립요건이다. ①구성요건 · ②위법 · ③책임이다. 구성요건요소는 범죄성립요건 중 구성요건 개별요소를 말한다. 행위주체 · 행위객체 · 행위 · 결과 · 인과관계(객관적 구성요건요소)와 고의 · 미필고의 · 공모 · 공동의사 · 자의성 · 불법영득의사 · 불법이득의사 · 목적 · 경향과 과실(주관적 구성요건요소)이 있다. 구성요건요소에서 핵심은 행위객체·행위·고의·과실이다. 구성요건해당성이란 어떤 범죄사실이 해당 구성요건에 일치하는 것을 의미한다. 구성요건착오란 행위자의 행위 당시 의도한 인식과 실제 발생한 구성요건요소와 불일치를 말한다. 구성요건착오를 사실착오라고 한다. 동일한 구성요건인 경우, 행위객체착오·행위착오는 모두 고의가 인정된다(법정적 부합설·판례 입장).

- **행위주체 / 행위자**

㊐行爲主體·行爲者 ㊥行爲主体·行爲者 ⒹTäter Ⓔoffender, tortfeasor
Ⓕdélinquant, tortfeasor Ⓘcolpevole, danneggiante ⓢdelincuente, tortuga

형법에서 행위주체는 원칙적으로 자연인이다. 형사미성년자와 정신병자도 행위주체가 된다. 법인은 양벌규정이 있는 경우 행위주체가 된다. 양벌규정이 없는 경우 법인의 대표이사가 행위주체가 된다.

- **행위객체 / 범행대상**

㊐行爲客體·犯行對象 ㊥行爲客体·犯行對象 ⒹTatobjekt
Ⓔobject of the crime Ⓕobjet du crime Ⓘoggetto del reato
ⓢobjeto del delito

형법 구성요건에 명시된 객체를 말한다. 범죄대상·공격대상이다. 중요한 구성요건요소이다. 예를 들면 살인죄에서 다른 사람이다. 절도죄에서 타인 재물이다. 사기죄에서 재물·재산상이익이다. 공무집행방해죄에서 적법한 공무를 집행하는 공무원이다. 다중불해산죄·단순도주죄·퇴거불응죄는 행위객체가 없다. 참고로 보호객체는 법익이라 말한다.

- **행위**

㊐行爲 ㊥行爲 ⒹHandlung / strafbare Handlung
ⒺAction / punishable offense ⒻAction / infraction punissable
ⒾAzione / reato punibile ⓢAcción / delito punible

"범죄는 행위다." 이 명제는 형법학에서 오랜 명제 중 하나다. 행위는 범죄론 체계에서 근본을 이룬다. 행위는 사회적으로 의미 있는 인간의 행동이다(사회행위론·사회관점). 행위는 인격의 객관적 표현이다(인격행위론·존재관점). 행위는 작위(作爲·Tun)와 부작위(不作爲·Unterlassung)로 분류된다. 규범(規範, 規范, Norm, standard)은 금지규범(Verbotsnorm)과 명령규범(Gebotsnorm)이 있다. 형법은 대부분 금지규범이다. 형법에 부작위 규정이 없는 경우, 대부분 부작위로 범죄가 발생할 수 있다. 이를 부진정 부작위라고 말한다.

- **행동**

㊐行動 ㊥行動 ⒹVerhalten Ⓔbehavior / conduct / demeanor
Ⓕcomportement / conduite / comportement Ⓘcomportamento / condotta
ⓢcomportamiento / conducta

행동은 몸을 움직여 어떤 일을 하는 것이다. 모든 행동이 형법상 의미 있는 행동이 아니다. 형법에 규정된 인간의 행동만이 형법상 행위이다.

- **결과**

㊐結果 ㊥結果 ⒹErfolg Ⓔsuccess / achivement Ⓕsuccès Ⓘsuccesso

Ⓢéxito

구성요건에 속하는 결과를 말한다. 살인죄에서 사망이다.

• **인과관계**

Ⓗ因果關係 ㊥因果關係 ⒹKausalität Ⓔcausality Ⓕcausalité Ⓘcausalità Ⓢcausalidad

인과관계란 행위와 결과 사이에 연결을 말한다. 이때 범죄는 기수가 된다. 행위는 자연적 인과관계이다(원인·因). 결과는 규범적 인과관계이다(결과·果). 자연(행위)과 규범(평가)이 연결되어야 완전한 인과관계가 성립한다. 규범적·평가적 인과관계를 객관적 귀속(客觀的 歸屬, objektive Zurechung des Erfolgs)이라 한다. '상당인과관계' 다른 표현이다. 상당(相當)의 구체적인 판단 기준이 객관적 귀속이다. 그 행위로 결과발생이 객관적으로 예견가능하고, 객관적으로 무대를 지배하였다면, 객관적 귀속이 인정된다. '상당'인과관계가 성립한다. 객관적 귀속 판단기준은 네 가지이다. ①규범보호범위, ②객관적 예견가능성, ③객관적 지배가능성, ④위험증대이다. 인과관계는 유형과 상관없이 이 네 가지 기준으로 판단한다. 부작위범 인과관계는 가설적으로 판단한다. "만약 가능한 행위를 하였다면, 결과를 방지할 수 있었는가"이다. 세월호 선장 부작위 행위를 이 기준으로 설명하면, 이해가 쉽다. ①사망, ②사망가능성, ③선장·무대지배, ④사망이다.

• **고의**

Ⓗ故意 ㊥故意 ⒹVorsatz / Absicht / Deliktsvorsatz(범의·犯意)
ⒺIntent / Intention Ⓕintention Ⓘintento / Intenzione Ⓢintención

고의는 행위자가 행위 당시 객관적 구성요건요소를 인식하고, 의욕한 것을 말한다. 인식(認識·지적요소·Wissen)과 의욕(意欲·의지요소·Wollen)이다. 행위자의 정신적·심리적·관념적 내면세계이다. 주관적 구성요건요소이다. 고의를 밝혀야 정확한 구성요건을 적용할 수 있다. 살인죄·상해치사죄·폭행치사죄·과실치사죄는 고의 확정이 핵심이다. 채증법칙은 고의를 규명하는 소송절차이다. 오늘날 신고전적 범죄체계는 학계에서 지배이론이 되었다. 고의는 구성요건과 책임에서 동시에 의미가 있다. 고의의 이중기능(二重機能, Doppelfunktion)이라고 말한다. 학자들은 고의를 네 종류로 분류한다. ①확정고의, ②미필고의(未必故意·Eventualvorsatz·dolus eventualis·용인설·容認說·Einwilligungstheorie), ③택일고의, ④개괄고의(概括的 故意·dolus generalis)이다. 형법은 원칙으로 고의범만 처벌한다.

• **과실**

Ⓗ過失 ㊥過失 ⒹFahrlässigkeit / Fahrlässigkeitsdelikt / fahrlässig
Ⓔnegligence / carelessness / heedlessness / negligence offence / offence committed by negligence
Ⓕfaute / pénale / infraction / d'imprudence / négligence / quasi-délit / délit d'imprudence Ⓘcolpa / delitto colposo / colposo Ⓢculpa / criminal / ofensa / imprudencia / negligencia / cuasi-delito / delito menor

과실·과실범은 주의의무를 위반하여 행위자 의사와 다르게 구성요건을 실현하는 행위이다. ①주의의무, ②주의능력, ③태만이 핵심이다. 주의의무(主意義務·Sorgfaltswidrigkeit)

란 예견의무와 회피의무를 말한다. 허용된 위험·신뢰의무는 행위자에게 주의의무가 물을 수 없다. 객관적 구성요건해당성이 없기 때문이다. 형법은 원칙적으로 과실범을 처벌하지 않는다. 법률에 특별한 규정이 있는 경우만 과실범을 처벌한다. 형법에 업무상과실치사죄·업무상과실치상죄·중과실치사죄·중과실치상죄·과실치사죄·과실치상죄·업무상과실장물죄·중과실장물죄·업무상실화죄·중실화죄·실화죄·과실폭발성물건파열죄·과실일수죄·업무상과실교통방해죄·중과실교통방해죄·과실교통방해죄가 있다. 과실은 인식 있는 과실과 인식 없는 과실이 있다. 인식 있는 과실은 결과발생을 미용인(未容認)하는 것이고, 미필적 고의는 결과발생을 용인(容認)하는 것이다. 고의 인정 여부 판단에서 구별 실익이 있다. 과실은 구성요건이며, 또한 책임요건이다. 범죄체계에서 동시에 의미가 있다. 과실의 이중기능(二重機能·Doppelfunktion)이라고 말한다. 위법성조각사유 전제사실 착오 문제를 해결하는데 도움이 된다. 법효과제한적 책임설이다. 과실책임만 묻는다. 과실범 처벌 규정이 있어야 한다.

- **방법착오 / 타격착오**

㉰方法錯誤 / 打擊錯誤 ㊥方法錯誤 / 打擊錯誤
Ⓓaberratio ictus(lat.) Fehlgehen der Tat
Ⓔmiscarriage of criminal act, transferred malice
Ⓕaberratio ictus (lat.) / fausse couche d'acte criminel, malice transférée
Ⓘaborto spontaneo di atti criminali, malevolenza trasferita
ⓢaborto involuntario de un acto criminal, malicia transferida

방법착오·타격착오·행위착오는 행위수단에 엇갈림이 생겨 의도한 객체가 아니라, 다른 객체에게 결과가 발생한 경우이다. 예를 들면 살인 고의로 갑을 향하여 총을 발포하였다. 그러나 갑에게 명중되지 않고, 옆에 있던 을에게 명중하였다. 침해법익이 동일한(인간생명) 구체적 사실착오 경우, 살인 고의를 인정한다. 법정적 부합설이다. 살인죄가 성립한다. 고의 인정을 다투는 학설 중 하나이다. 구체적 부합설도 있다. 미수·과실을 인정한다. 대법원 입장은 법정적 부합설이다.

- **부작위**

㉰不作爲 ㊥不作爲 ⒹUnterlassung Ⓔforbearance / omission / non-act
Ⓕabstention / omission / non-acte Ⓘtolleranza / omissione / non-atto
ⓢindulgencia / omisión / no-acto

부작위는 명확하게 예상되는 행위를 하지 않는 행위이다. 부작위로 성립되는 범죄를 부작위범이라 말한다. 진정부작위(眞正不作爲)와 부진정부작위(不眞正不作爲)가 있다. 진정부작위범은 구성요건에 명시된 부작위범이다. 그 외 나머지는 모두 부진정부작위범(不眞正不作爲犯·unechte Unterlassungsdelikt·crime by omission)이 될 수 있다. 법적 의무를 가진 사람이 명확하게 예상되는 행동을 하지 않아서 결과가 발생하였다면, 적극적 행위를 한 것과 동일한 형벌로 처벌된다. 삼촌이 살해 고의로 10세 조카를 저수지로 유인한 뒤, 조카가 물에 빠지자 구하지 않은 행위는 부작위 살인행위이다. 적극적으로 살인한 행위와 결과발생이 같다. 행위자 힘(力)이 투입되면, 작위이다.

- **보증인의무**

㉰保證人義務 ㊥保証人義務 ⒹGarantienpflicht Ⓔguarantor's obligation

Ⓕobligation du garant Ⓘobbligo del fideiussore Ⓢobligación del garante

결과발생을 방지해야 할 법적 의무를 말한다. 보증인능력 · 보증인의무를 갖춘 사람을 보증인 지위라고 말한다. 보증인의무는 법령 · 계약 · 선행행위 · 조리 · 사회상규에서 발생된다. 보증인 지위는 행위정형 동가치 핵심이다.

• 결과적 가중범

Ⓗ結果的 加重犯 ㊥結果的 加重犯 Ⓓerfolgsqualifizierte Delikt
ⒺSuccess-qualified offense ⒻInfraction qualifiée de succès, Open qualifié
ⒾReato qualificato per il successo ⓈOfensa calificada para el exito

고의로 기본범죄를 범하고, 과실로 중한 결과가 발생한 경우이다. 중한 결과는 대부분 사망과 상해로 제한되어 있다. 진정 결과적 가중범은 고의와 과실이 결합된 범죄이다(Vorsatz-Fahrlässigkeitskombination). 기본범죄와 중한 결과는 직접성(直接性 · 直接性 · Unmittelbarkeit)이 있어야 한다. 상해치사죄 · 폭행치사죄 · 폭행치상죄 · 낙태치사죄 · 낙태치상죄 · 유기치사죄 · 유기치상죄 · 체포감금치사죄 · 체포감금치상죄 · 강간치사죄 · 강간치상죄 · 강도치사죄 · 강도치상죄 · 교통방해치사죄 · 교통방해치상죄 등이다. 순수한 과실범 보다 가중하여 처벌한다. 기본범죄에 포함된 전형적인 불법이 실현되었기 때문이다. 형법 제15조 제2항 예견가능성은 결과적 가중범 인과관계를 말한다. 진정 결과적 가중범과 부진정 결과적 가중범으로 분류된다. 부진정 결과적 가중범은 기본범죄 고의와 중한 결과 과실뿐만 아니라, 기본범죄 고의와 중한 결과 고의를 포함한다. 형법에 현주건조물방화치사죄 · 현주건조물방화치상죄 · 현주건조물일수치사죄 · 현주건조물일수치상죄 · 교통방해치사죄 · 교통방해치상죄 등이 있다. 결과적 가중범은 공동정범 · 교사 · 방조도 가능하다.

• 위법성

Ⓗ違法性 ㊥違法性 ⒹRechtswidrigkeit Ⓔillegality / unlawfulness
Ⓕl'illégalité Ⓘillegalità / illegittimità Ⓢilegalidad

위법은 법질서 위반을 말한다. 위법행위는 법규범과 행위의 충돌이다. 구성요건에 해당하면, 위법하다(위법성 징표론). 위법성은 위법의 실질을 말한다. 어떤 행위가 범죄행위 · 불법행위로 인정되는 객관적 요건을 의미한다. 위법성 평가는 전체 법질서에 비추어 판단한다. 실질적으로 이익형량을 한다. 구체적 판단 기준은 정당성 · 상당성 · 균형성 · 긴급성 · 보충성이다. 다섯 가지 판단 기준이 위법성조각사유 핵심 내용이다. 한편 불법(不法, Unrecht)이란 구성요건에 규정된 반가치 규범을 말한다. 불법에 대한 최종평가는 위법성조각사유에 대한 평가가 종료되어야 한다. 불법은 위법성의 실질을 평가한 후 내리는 최종결론이다. 형법총칙은 정당행위 · 정당방위 · 긴급피난 · 자구행위 · 피해자 승낙을 위법성조각사유로 규정하고 있다. 형법각칙은 형법 제246조 일시도박과 형법 제310조 위법성조각사유를 규정하고 있다. 구성요건에 해당하지 않는 행위와 구성요건에 해당하지만, 위법성이 없는 행위는 명확히 구별된다. 범죄체계에서 중요한 문제이다. 적법한 공무집행이 아니면, 공무집행방해죄 구성요건에 해당하지 않는다. 수지침 행위는 의료법 무면허의료행위 구성요건에 해당한다. 그러나 정당행위로 위법성이 조각된다. 사회상규에 위배되지 않는 행위이다.

- **정당방위**

㊐正當防衛 ㊥正当防衛 ⒹNotwehr Ⓔself-defence Ⓕautodéfense Ⓘautodifesa / auto difesa ⓢautodefensa

자기·타인 법익에 현재 부당한 침해를 방위하기 위한 행위로 상당한 이유가 있어야 한다. 방위행위가 상당성을 넘으면 과잉방위(過剩防衛·過剩防衛·Notwehrexzess·excessive self- defence, fait·pour l'auteur de se croire à tort en état de legitime défense)가 되어 위법성을 조각하지 못한다. 상당성은 필요성(긴급성)과 사회윤리적 제한(균형성·적합성) 요건을 갖추어야 한다. 사회윤리적 제한은 미성년자·가족관계·법익 이익형량이 핵심이다. 오상방위(誤想防衛·誤想防衛·Putativenotwehr·imaginary self-defence)와 오상과잉방위(誤想過剩防衛·誤想過剩防衛·Putativnotwehrexzess·imaginary excessive self-defence)가 있다. 오상방위와 오상과잉방위는 모두 책임조각사유이다. 오상과잉방위는 위법조각사유전제사실착오 문제이다. 형법 제16조를 적용하여 엄격책임설에 따라 판단하자는 주장이 있다. 그러나 오상과잉방위는 법효과제한적 책임설에 따라 과실책임과 형벌을 검토해야 한다.

- **긴급피난**

㊐緊急避難 ㊥緊急避難 ⒹNotstand Ⓔemergency / emergency situation / urgent necessity Ⓕétat / de nécessité / etat d'urgence Ⓘstato / di necessità ⓢestado / de necesidad

자기·타인의 생명·신체·자유·재산에 대한 현재 위난을 피하기 위한 행위로서 상당성이 있어야 한다. 피난행위가 상당성을 넘으면, 과잉피난(過剩避難·過剩避難·Notstandexzess·emergency excesses·act not excused be the emergency)이 된다. 과잉피난은 위법성이 조각되지 않는다. 상당성은 보충성·균형성·긴급성 요건을 갖추어야 한다. 긴급피난에 특칙이 있다. 일정한 위난을 감수해야 할 의무 있는 사람들이다. 군인·경찰관·소방관 등이다. 감수해야 할 위험을 초과하지 않는 범위다. 오상피난(誤想避難·誤想避難·Putativenotstand·imaginary necessity)과 오상과잉피난(誤想誤想避難·Putativnotstandexcess·imaginary excessive necessity)이 있다. 오상피난과 오상과잉피난은 모두 책임조각사유이다. 오상과잉피난은 위법성조각사유전제사실착오 문제이다. 형법 제16조를 적용하여 엄격책임설에 따라 판단하자는 주장이 있다. 그러나 오상과잉피난은 법효과제한적 책임설에 따라 과실책임과 형벌을 검토해야 한다.

- **자구행위**

㊐自救行爲 ㊥自救行爲 ⒹSelbsthilfe Ⓔself-help / self-redress Ⓕautodéfense Ⓘautotutela / autodéfense ⓢautodéfense / autoprotección

법정절차로 청구권 보전 불가능 또는 청구권 실행불능·현저한 실행곤란을 피하기 위한 행위이다. 상당한 이유가 있는 경우 위법성이 조각된다. 상당성은 필요성과 보충성을 말한다. 과잉자구행위와 오상자구행위가 있다. 모두 책임조각사유이다. 자구행위가 그 정도를 초과한 경우 정황(情況)에 따라 그 형을 감경(減輕) 또는 면제할 수 있다.

- **책임**

㊐責任 ㊥責任 ⒹSchuld Ⓔguilt / fault Ⓕculpabilité / faute

Ⓘcolpa / guasto Ⓢculpa

책임은 비난가능성(非難可能性 · 非難可能性 · Vorwerfbarkeit)이다. 형사책임은 법적 책임이다.

책임 근거는 인간의 자유의사이다. 책임 본질은 규범적 비난가능성이다.

- **책임능력**

㊐責任能力 ㊥責任能力 ⒹSchuldfähigkeit
Ⓔcriminal responsibility / culpability Ⓕresponsabilité / pénaleculpabilité
Ⓘresponsabilità criminale / colpevolezza
Ⓢresponsabilidad criminal / culpabilidad

책임능력은 통찰능력과 조정능력을 말한다. 책임은 책임능력을 전제로 한다. 책임능력이 없으면, 비난가능성도 없다. 형법은 책임능력을 인정할 수 없는 경우를 입법하였다. 형법은 책임무능력자와 한정책임능력자를 규정하고 있다.

- **금지착오**

㊐禁止錯誤 ㊥禁止錯誤 ⒹVerbotsirrtum
Ⓔerror / as to the prohibited nature of an act
Ⓕerreur de droit / erreur / quant au caractère prohibé d'un acte
Ⓘerrore di diritto / errore / riguardo alla natura proibita di un atto
Ⓢerror de derecho / error / en cuanto a la naturaleza prohibida de un acto

위법인식이 없는 경우다. 위법성착오라고 말한다. 형법은 정당한 이유가 있는 경우 벌하지 않는다. 정당한 이유는 전문가에게 문의를 판단요소로 삼는다.

- **자기결정권**

㊐自己決定權 ㊥自己決定權 ⒹSelbstbestimmungsrecht
Ⓔright of self-determination
ⒻAutodétermination / droit à l'autodétermination / de disposer de soi-meme
ⒾAutodeterminazione / Autodeterminazione
ⓈAutodeterminación / derecho de autodeterminación

자기 법익을 스스로 결정할 수 있는 권리이다. '자기운명결정권'이다. 헌법 제10조 행복추구권에서 근거를 찾는다. 인격권과 행복추구권이다. 자기결정권은 형법 · 형사소송법 · 개인정보보호법 · 의료법 · 생명윤리법 · 장기이식법에 넓게 반영되어 있다. 설명의무위반은 자기결정권침해의 대표적 유형이다. 형법 제26조 중지미수에서 자의성 판단은 자율성이다. 자기결정권을 존중한다.

- **미수**

㊐未遂 ㊥未遂 ⒹVersuch Ⓔattempt / test / trial Ⓕtentative / test / essai
Ⓘtentativo / test / prova Ⓢintento / prueba / juicio

미수란 범죄 실행에 착수하였지만, 이후 실행행위를 중단한 경우이다(착수미수 · 着手未遂 · unbeendete Versuch). 또한 범죄 실행은 완료되었지만, 이후 결과가 발생하지 않은 경우이다(실행미수 · 實行未遂 · beendeter Versuch). 미수는 범죄가 모두 실현된 기수와 다르다. 실행착수 이전인 예비와 다르다. 미수는 ①중지미수, ②장애미수, ③불능미수가 있다. 불능범은 위험성이 없어 미수가 성립되지 않는다. 범죄불성립을 불능범이라 한다. 미수는 고의를 전제로 한다. 과실 미수는 있을 수 없다. 모든 행위는 미수가 가능하다. 형법에서 미수를 처벌하는 범죄를 미수범이라 한다. 요약하면, 미수는 실행착수(Beginn der Ausführung)가 있어야 한다. 실행착수란 범죄행위개시(Anfang der Ausführung)이다. 독일 형법 제22조는 미수범을 명확하게 규정하고 있다. 「미수범은 자기 의사로 직접 구성요건이 실현되는 행위를 개시한 사람이다.」 범의를 갖고 범죄 실행에 착수한 사람이다. 미수 판단에서 주관적 객관설(subjektiv- objektive Theorie)이 다수설이다.

- **중지미수 / 미수중지**

Ⓗ中止未遂 ㊥中止未遂 ⒹRücktritt vom Versuch Ⓔrenunciation
Ⓕrésignation / démission Ⓘdesistenza / recesso
ⓢrenuncia / retirada / recreo

범죄 실행에 착수한 사람이 범죄가 완성되기 전에 자의로 중지하거나 또는 결과발생을 방지하는 것이다. 형을 감경·면제한다. 독일·오스트리아·그리스 형법은 중지미수를 처벌하지 않는다. 스위스 형법은 감경·면제 할 수 있다. 자의성(自意性·Freiwilligkeit·voluntary, optional, unsolicited, non-obligatory)은 주관적 구성요건이다.

- **불능미수**

Ⓗ不能未遂 ㊥不能未遂 Ⓓuntauglicher Versuch
Ⓔattempt / for doomed to failure Ⓕdélit / impossible / infraction
Ⓘtentativo / inidoneo / delitto / impossibile ⓢintento / imposible

범죄의사로 실행착수를 하였지만, 실행수단착오와 범행대상착오로 결과가 불가능하면, 처벌되지 않는다(불능범·不能犯). 그러나 구체적 위험성이 있다면, 불능미수범(不能未遂犯)으로 처벌된다. 행위자가 인식한 사정을 전문가가 실험하여 볼 때, 결과발생가능성이 있다면, 위험성이 있는 것이다. 학자들은 이를 구체적 위험설(具體的 危險說·Theorie der konkreten Gefährlichkeit·Theory of concrete danger)이라고 한다. 현재 다수설이다.

- **예비**

Ⓗ豫備 ㊥豫備 ⒹVorbereitung Ⓔpreparation Ⓕpréparation
Ⓘpreparazione ⓢpreparación / preparativo / apresto

예비란 범죄실현을 위한 준비행위이다. 예를 들면 범행장소탐사와 범행도구구입이다. 예비는 범죄실행을 위한 준비단계와 계획단계이다. 아직 실행행위가 개시되지 않은 상태다. 형법은 예비행위를 아주 예외적으로 처벌한다. 예비행위를 공동으로 실현할 수 있다. 그러므로 예비죄 공동정범이 성립한다. 그러나 예비죄 교사범과 예비죄 방조범은 성립이 불가능하다. 정범의 실행착수가 없기 때문이다. 정범은 적어도 구성요건행위를 실현하고, 위법해야 공범이 성립한다. 종속성 정도, 제한적 종속형식(制限的 從屬形式·limitierte Akzessorietät·limited accessoriness·accessoirité limitée)에 따른 것이다. 예비죄의 미수는 불가능하다. 왜냐하면 행위자가 실행착수도 하지 않았기 때문이다. 미수는 최소한 고의와 실행착수가 있어야 한다. 확립된 대법원 판례 입장이다. 중지미수유추적용설이 있다. 그러나 예비죄의 중지는 입법론 문제이다. 해결방안으로 불가벌 또는 필요적 감경이 있다.

• 기수

ⓗ既遂 ㊥既遂 ⒹVollendung Ⓔcompletion / accomplishment
Ⓕconsommation / achèvement Ⓘconsumazione / consommation
ⓢconsumo

범죄는 구성요건을 모두 충족할 때 기수가 된다. 범죄의사는 예비 ⇒ 실행착수 ⇒ 결과발생을 거쳐 종료된다. 기수란 구성요건의 형식적 실현(tatbestandlich-formelle Vollendung)이다. 종료란 범죄의 실질적 종료(materielle Beendigung)이다. 기수와 종료의 구별실익은 공소시효진행기산점 · 공범성립가능 · 가중적 구성요건적용이다.

• 공동정범

ⓗ共同正犯 ㊥共同正犯 ⒹMittäterschaft
Ⓔcomplicity / joint commission of crime
Ⓕcoachtivité / complicité / commission conjointe du crime
Ⓘcomplicità / commissione congiunta di reato
ⓢcomplicidad / comisión conjunta de delito.

2인 이상이 공동으로 죄를 범한 경우, 각 행위자를 정범으로 처벌한다, 공동정범은 여러 사람(甲 · 乙 · 丙)이 범죄행위를 분담하여 실행한다. 객관적 요건으로 여러 사람이 역할 분담한 행위로 기능적 행위지배가 있어야 한다. 주관적 요건으로 각 행위자의 범행고의와 여러 행위자들의 공동모의 또는 공동의사가 있어야 한다. 과실범 공동정범도 인정된다. 주의의무를 여러 행위자들이 공통으로 태만히 해야 한다. 승계적 공동정범(承繼的 共同正犯 · sukzessive Mittäterschaft)도 성립한다. 승계한 시점부터 정범이 인정된다. 그러나 편면적 공동정범(片面的 共同正犯 · einseitige Mittäterschaft)은 성립될 수 없다. 이 경우 동시범(同時犯 · 同時犯 · Nebentäter · independent perpetrator) 또는 종범(從犯 · Beihilfe · assistance · aid · help)이 성립한다. 형법각론은 한 사람이 범죄를 실현하는 것을 예상하고, 법조문을 규정하고 있다. 그러나 현실에서 여러 사람이 같이 범하는 경우가 많다. 범죄참가형태(犯罪參加形態 · Beteiligungsformen · forms of participation)는 정범(正犯 · Täterschaft · tortfeasor · fait)과 공범(共犯 · Teilnahme · participation · complicity · participation)이 있다. 정범은 단독정범 · 공동정범 · 간접정범이 있다. 공범은 교사범 · 방조범이 있다. 하나의 범죄를 단독으로 실행하는 사람을 단독정범(單獨正犯 · Alleintäterschaft · alone perpetration · seul perpétrer)이라 한다.

• 간접정범

ⓗ間接正犯 ㊥間接正犯 Ⓓmittelbare Täterschaft Ⓔindirect perpetrator
Ⓕprovocateur auteur Ⓘperpetratore indiretto / provocatore-autore
ⓢperpetrador indirecto

간접정범은 다른 사람을 도구로 이용하여 범죄를 실현한다. 형법은 '다른 사람'(피이용자 범위)을 무죄 또는 과실범으로 처벌되는 사람으로 제한한다. '이용'은 교사행위와 방조행위로 규정되어 있다. 독일 형법 제28조 제1항 보다 간접정범 성립범위가 좁다. 정범이후 정범이론은 과실범을 제외하고, 형법 해석상 불가능하다. 형법은 교사로 간접정범을 범하면, 정범과 동일한 형으로 처벌한다. 방조로 간접정범을 범하면, 정범보다 감경하여 처벌한다. 간접정범 실행착수는 이용된 사람이 이용행위를 개시할 때 성립한다. 간접정범 미수도 성립한다. 간접정범 착오는 구성요건착오이다. 초과부분은 구성요건 고의가 없다. 신분 없는 사람은 진중신분범 간접정범이 성립되지 않는다. 고의가 없다.

- **교사범**

㊐教唆犯 ㊥教唆犯 ⒹAnstiftung
Ⓔinstigation / subornation / solicitation / incitement
Ⓕincitation / instigation / provocation Ⓘistigazione ⓢinstigación

교사범은 다른 사람에게 범죄를 결의하게 하여 범죄를 실행하게 한 사람이다. 교사범은 범죄창업자이다. 정범에게 범죄원인을 제공한 사람이다. 교사범은 스스로 행위지배에 관여하지 않는다. 공동정범과 교사범 차이점이다. 교사범은 피교사자(정범)가 실행에 착수해야 성립한다. 명령·지시·설득·애원·요청·유혹·감언·이익제공이 교사행위 수단이다. 교사행위는 작위로 한다. 교사행위는 부작위로 불가능하다. 교사행위는 고의로 한다. 교사행위는 과실로 불가능하다. 교사범은 정범 고의를 인식하고, 교사 고의를 가져야 한다. 이중적 고의이다. 피교사자 착오는 구성요건착오이다. 초과부분은 이중 고의를 모두 인정할 수 없다. 교사자는 정범과 같은 법정형으로 처벌된다. 특수교사는 정범 법정형보다 2분의 1을 가중하여 처벌한다. 교사행위가 실패하면, 교사자만 음모죄로 처벌된다. 「실패한 교사」이다. 반면 교사행위는 성공하였지만, 실행착수가 없다면, 교사자·피교사자 모두 예비죄·음모죄로 처벌된다. 「효과 없는 교사」이다. 간접교사와 연쇄교사도 성립한다.

- **종범 / 방조범**

㊐從犯·幇助犯 ㊥從犯·幇助犯 ⒹBeihilfe Ⓔassistance / aid / help
Ⓕcomplicité / assistance / aide / aide
Ⓘcomplicità / assistenza / aiuto / aiuto
ⓢcomplicidad / asistencia / ayuda / ayuda

종범은 정범을 방조한 사람이다. 정범에게 구성요건 실현을 가능하게 하거나 또는 쉽게 하거나 또는 법익침해를 강화하는 것을 말한다. 정범 실행행위에 가담하는 범죄이다. 행위지배가 없다. 지적·정신적·기술적·물질적 방조가 모두 가능하다. 방조시기는 정범 행위 전후 모두 가능하다. 작위 방조와 부작위 방조 모두 가능하다. 방조행위도 인과관계가 있어야 한다. 방조행위로 정범 결과발생이 「가능·강화·용이」하면, 인과관계가 인정된다. 합법칙적 관련설이라고 말한다. 정범 고의에 대한 인식과 방조 고의가 있어야 한다. 이중 고의이다. 미수 방조는 성립되지 않는다. 처벌실익도 없다. 편면적(일방적) 방조도 성립한다. 종범 착오도 구성요건착오이다. 초과부문은 구성요건 고의가 없다. 종범을 교사한 사람은 종국적으로 정범을 방조한 것이다. 교사범을 방조한 사람도 종국적으로 정범을 방조한 것이다. 연쇄방조·간접방조도 가능하다.

- **죄수**

㊐罪數 ㊥罪數 ⒹKonkurrenz / Straftatbestandskonkurrenz
Ⓔconcurrence / conflict Ⓕconcours / d'infractions / cumul Ⓘconcorso
ⓢconcurso

죄수는 행위자가 범한 범죄 수이다. 행위자가 1개 또는 여러 개 행위를 통해 같은 구성요건을 여러 번 충족하였거나 또는 여러 개 구성요건을 실현한 경우 어떤 죄가 성립하고, 어떻게 처리할 것인지 문제이다. 죄수론은 범죄론과 형벌론이 종합되어 있다. 형법 각칙에 아무런 규정이 없다. 형법총칙은 경합범(실체적 경합범)과 상상적 경합을 규정하고 있다. 죄수결정 판단기준은 법익표준설 · 행위표준설 · 의사표준설 · 구성요건표준설이 있다. 대법원은 구체적 사건에 따라 여러 표준으로 죄수를 결정한다. 일죄(법조경합과 포괄일죄)와 수죄(상상적 경합 · 실체적 경합) 요건을 검토하면서, 어떤 요소를 고려하는지 살펴보아야 한다. 일죄는 범죄 수가 1개인 것이다.

법조경합(法條競合 · 法條競合 · Gesetzeskonkurrenz · overlapping of law · concurrence of provisions)은 특별관계(特別關係 · 特別關係 · Spezialität · specialty · speciality) · 보충관계(補充關契 · 補充關契 · Subsidiarität · subsidiarity) · 흡수관계(吸收關係 · 吸收關係 · Konsumtion · consumption)가 있다. 법조경합 효과는 배제된 법률은 적용되지 않는다. 경과범죄(經過犯罪 · 經過犯罪 · Durchgangsdelikt · Through offense)와 불가벌적 사전행위(不可罰的 事前行爲 · 不可罰的 事前行爲 · straflose Vortat · unpunished predicate)는 보충관계이다. 불가벌적 수반행위(不可罰的 隨伴行爲 · 不可罰的 隨伴行爲 · mitbestrafte Begleittat · co-punished accompanying act)와 불가벌적 사후행위(不可罰的 事後行爲 · 不可罰的 事后行爲 · mitbestrafte Nachtat · co-punished after act)는 흡수관계이다.

포괄일죄(包括一罪)는 결합범(結合犯) · 계속범(繼續犯) · 접속범(接續犯) · 연속범(連續犯)이 있다. 수죄(數罪)는 상상적 경합(想像的 競合 · 想像的 競合 · Idealkonkurrenz · Tateinheit · unity of crime · concours · Idéal d'infractions · cumul Idéal d'infractions)과 실체적 경합(實體的 競合 · 實体的 競合 · Realkonkurrenz · Tatmehrheit · plurality of actsjoinder of offences · concours · réel d'infration)이 있다. 상상적 경합은 양형에서 일죄이다.

• 사형

Ⓗ死刑 Ⓒ死刑 ⒹTodesstrafe Ⓔcapital punishment / death penalty
Ⓕpeine de mort / peine / capitale Ⓘpena di morte / pena / capitale
Ⓢpena de muerte / pena / capital

사형은 생명을 박탈하는 범죄이다. 가장 중한 형벌이다. 형법은 교수형으로 집행한다. 군형법은 총살형으로 집행한다. 가장 먼저 포르투갈(1867) · 스위스(1937) · 독일(1949) · 오스트리아(1950) · 영국(1969) · 스페인(1975) · 프랑스(1981)가 사형을 폐지하였다. 대부분 유럽 국가는 사형을 폐지하였다. 한국 · 중국 · 일본은 사형제도를 존치하고 있다. 무기자유형으로 대체하자는 주장이 있다. 범죄피해자 재활센터 등 피해자보호정책이 확대되어야 한다. 그래야 사형폐지론이 힘을 얻는다.

• 양형

Ⓗ量刑 Ⓒ量刑 ⒹStrafzumessung
Ⓔaward of punishment / assessment of penalty Ⓕcalcul / de la peine
Ⓘapplicazione della pena / determinazione / concreta della poena
Ⓢaplicación della pena / determinación / concreta della poena

양형은 법정형에 법률상 가중・감경・작량감경을 한 처단형에서 구체적으로 선고할 형을 정하는 것을 말한다. 법관 재량은 법적으로 구속된 재량(法律連繫裁量・rechtlich gebundenes Ermessen・legally bound discretion)이다.

• 상습범

Ⓗ常習犯 ㊥常習犯 ⒹGewohnheitsverbrecher / Gewohnheitsmässigkeit
Ⓔhabitual criminal / persistent offender / habitualness
Ⓕdélinquant / d'habitude Ⓘdelincuente / habitual ⓢdelincuente / habitual

상습범은 행위자가 반복한 행위로 얻어진 경향이다. 상습범은 습벽 범죄이다. 상습은 동종 범죄를 반복 실행하여 행위자에게 위험이 체화된 것이다. 누범과 다르다. 누범은 범죄 수를 기준으로 한다. 상습범은 형법각칙과 특별형법에 개별적으로 규정되어 있다. 상습범은 구성요건에 따라 가중하여 처벌된다. 상습강제추행죄・상습절도죄・상습도박죄 등이 있다.

• 집행유예

Ⓗ執行猶豫 ㊥執行犹豫 ⒹStrafaussetzung zur Bewährung ⒺProbation
Ⓕépreuve / probation Ⓘepreuve / prova ⓢepreuve / prueba

집행유예는 형을 선고할 때 일정기간 형 집행을 유예하는 제도이다. 집행유예기간이 지나면, 그 때부터 형선고 효력이 없다. 단기자유형 폐해를 보완한 제도이다. 사회복귀사상(社會復歸思想・Resozialisierungsgedanke・social adjustment・rehabilitation・resocialization thought)이 담겨있다. 법원은 집행유예를 선고할 때, 보호관찰과 사회봉사명령을 명령할 수 있다. 2018년 1월 7월부터 벌금형 집행유예제도가 시행하고 있다. 다만 500만원 이하 벌금형에 한하여 집행유예를 선고할 수 있다.

• 선고유예

Ⓗ宣告猶豫 ㊥宣告犹豫 ⒹVerwarnung
Ⓔwarnung / admonition / reprimand
Ⓕavertissement / avis / de contravention / avertissement
Ⓘavvertimento / avviso / violazione / ammonizione
ⓢadvertencia / advertencia / violación / advertencia

선고유예는 범정이 경미한 범인에게 일정기간 동안 형선고를 유예한다. 유예기간이 지난 때 면소된 것으로 본다. 선고유예는 특별예방사상이 반영된 제도이다.

• 가석방

Ⓗ假釋放 ㊥假釋放 ⒹAussetzung des Strafrestes / bedingte Entlassung
Ⓔexposure / abandonment Ⓕabandon / exposition / d'enfant
Ⓘabbandono / esposizione / bambino ⓢabandono / exposición / niño

가석방은 자유형을 집행 받고 있는 사람이 개전의 정이 현저할 경우, 형기만료 전에 조건부로 석방하는 제도이다. 일정한 기간이 지난 후에 형 집행을 종료한다. 특별예방사상과 사회복귀사상이 담겨 있다. 정기형제도 결함을 보충하고, 형 집행의 구체적 타당성을 보완할 수 있다. 가석방제도 존재이유이다. 가석방은 사회적응을 높이는 중요한 처우방법 중 하나이다. 가석방은 보호관찰제도와 결합되어 있다. 가석방은 가석방심의위원회에 신청을 하고, 법무부장관이 최종 결정한다. 가석방 기간은 형의 집행이 종료된 것이 아니다. 따라서 이 기간 중 다시 죄를 범한 경우, 누범에 해당하지 않는다. 가석방이 실효·취소되면, 가석방기간은 형기에 산입하지 않는다. 구금된 전날부터 형기(刑期)가 다시 시작된다.

- **보안처분**

㊐保安處分 ㊥保安處分 ⒹMaßregeln der Besserung und Sicherung
Ⓔrule / regulation / disciplinary action of improvement and securing
Ⓕrègle / règlement / action disciplinaire d'amélioration et de sécurisation
Ⓘregola / regolamento / azione disciplinare miglioramento e sicurezza
ⓢRegla / reglamento / acción disciplinaria mejora y seguridad

보안처분은 형벌을 대체처분·보완처분이다. 행위자 특수한 사정으로 형벌을 부과할 수 없는 경우가 있다. 책임무능력자이기 때문이다. 사회적 위험성 때문에 보안처분을 한다. 순수 예방적 성격의 제재이다. 특정범죄가중처벌에 관한 법률 제5조4에 상습누범자 가중 처벌 조항이 있다.

- **보호관찰 / 보호관찰관**

㊐保護觀察·保護觀察官
㊥保護觀察·保護觀察官 ⒹBewährungshilfe / Bewährungshelfer
Ⓔprobation / probation officer / parole officer officer
Ⓕe'preuve / probation / délégué / a 'la promotion / adjoint de probation
Ⓘprova / assistente alla prova ⓢprueba / probatorio / delegado / ascenso / asistente probatorio

보호관찰은 범죄인 재범방지와 사회복귀를 촉진하기 위해 교정시설이 아닌 자유 상태에서 범죄인을 지도·감독하는 제도이다. 보호관찰은 집행유예제도 핵심이다. 자유박탈 없는 제재수단이다. 사회봉사명령과 수강명령이 있다. 모두 집행유예기간 내에 집행한다. 사회봉사명령은 무보수 근로봉사이다. 수강명령은 출석강좌이다. 사회봉사는 500시간 내에서 시간단위로 부과된다. 「글 발표와 금전 출연은 사회봉사로 볼 수 없다. 사회봉사명령과 수강명령을 동시에 명령할 수 있다」(대법원 판례).

- **인적처벌조각사유**

㊐人的處罰阻却事由 ㊥人的處罰阻却事由
Ⓓpersönliche Strafausschliessungsgründe
Ⓔ personal exclude for punishment / personal preclude for punishment / personal rule out for punishment
ⒻExclusion personnelle pour punition / personnel exclure pour punition / écart personnel pour punition
Ⓘpersonale esclude per punizione / personale preclude per punizione / la regola personale per la punizione
ⓢpersonal excluye para castigo / personal excluido para el castigo / descarte personal para el castigo

인적처벌조각사유는 범죄는 성립하지만, 행위자의 특수신분으로 형벌권이 발생하지 않는다. 중지미수에서 자의로 중지한 사람과 친족상도례에서 직계혈족・배우자・동거친족이 행위자 특수신분에 해당한다. 재산죄에서 절도・사기・공갈・횡령・배임・장물은 친족상도례가 적용된다. 범죄는 성립하지만, 형이 면제되는 사유이다. 범죄처벌조건 중 하나의 유형이다.

• **살인죄**

㊐殺人罪 ㊥殺人罪 ⒹTötungsdelikt Ⓔkilling / homicide
Ⓕmeurtre / homicide Ⓘmeurtre / omicidio ⓢasesinato / omicidio

살인죄는 사람을 살해하여 생명을 침해하는 범죄이다. 살인죄 보호법익은 생명이다. 보호정도는 침해범・결과범이다. 사람은 출생부터 사망까지 생존한 사람을 말한다. 일부노출(자궁절개시점)과 맥박종지(뇌기능정지)이다. 부작위 살인죄도 가능하다. 결과발생은 사망이다. 인과관계와 객관적 귀속이 있어야 기수가 성립한다. 살인죄는 미수범・예비범・음모범을 처벌한다. 존속살해죄에서 행위객체는 직계존속이다. 과실로 사람을 사망에 이르게 하면, 과실치사죄(過失致死罪・過失致死罪・fahrlässige Tötung・homicide by negligence)가 성립한다.

• **상해죄**

㊐傷害罪 ㊥傷害罪 ⒹKörperverletzung Ⓔphysical injury / bodily harm
Ⓕlésion / corporelle / blessure Ⓘlésione / personale
ⓢlesión / corporal / persona

상해죄는 사람을 상해하여 사람 신체를 침해하는 범죄이다. 상해죄 보호법익은 사람 신체 완전성이다. 보호정도는 침해범・결과범이다. 행위객체는 생존한 사람신체이다. 사람은 자연인과 다른 사람이다. 존속상해죄는 행위객체가 직계존속신체이다. 부작위 상해죄도 가능하다. 보호의무자가 물에 빠진 아이를 방임하여 상해를 입힌 경우와 보호의무자가 영양을 공급하지 아니하여 상해를 입힌 경우이다. 결과발생은 생리기능침해를 말한다. 인과관계와 객관적 귀속이 있어야 기수가 성립한다. 상해죄는 미수범을 처벌한다. 상해죄는 형법 제263조에 동시범 특례규정이 있다. 상해치사죄는 결과적 가중범이다. 상해로 사망 결과가 직접 실현되어야 한다. 상해치사죄 공동정범도 가능하다. 각자가 사망결과를 예견할 수 있어야 한다. 특수상해죄는 2016년 1월 6일 신설된 규정이다. 상습인 경우 정한 형의 2분의 1까지 가중하여 처벌한다.

• **폭행죄**

㊐暴行罪 ㊥暴行罪 ⒹGewalt Ⓔpower / force / assault
Ⓕviolence / contrainte Ⓘpotere / forza / violenza
ⓢpoder / fuerza / violencia

폭행죄는 사람 신체에 폭행을 행사하는 범죄이다. 폭행이란 사람 신체에 유형력 행사를 말한다. 폭행죄는 협의 폭행 개념을 적용한다. 형법 제125조 폭행・가혹행위죄에서 폭행도 폭행죄 폭행 개념과 같다. 폭행을 당하는 사람은 자연인과 다른 사람이다. 형식범이다. 반의사불벌죄이다. 범죄수사는 피해자 고소가 없어도 진행되지만, 제1심판결 선고전까지, 처벌을 희망하지 않는다는 표시를 하면 효력이 있다. 특수폭행죄가 있다. 폭행치사죄와 폭행치상죄도 있다. 이는 결과적 가중범이다. 공동정범으로 성립이 가능하다. 상습인 경우 정한 형의 2분의 1까지 가중하여 처벌한다.

• **유기죄**

㊐遺棄罪 ㊥遺弃罪 ⒹAussetzung Ⓔexposure / abandonment
Ⓕabandon / d'enfant exposition / d'enfant
Ⓘsospensione / abbandono / esposizione
ⓢsuspensión / abandono / exposición

유기죄는 보호의무자가 노유·질병·그 밖에 사유로 부조를 요하는 사람을 유기하는 범죄이다. 진정신분범이다. 유기란 보호 없는 상태로 옮기거나 또는 방치하는 것이다. 작위와 부작위 성격을 모두 갖고 있다. 보호법익은 생명·신체 안전이다. 보호정도는 추상적 위험범이다. 길가에 버리거나 또는 방치하면 기수이다. 유기치사죄·유기치상죄가 있다. 부작위 살인죄는 살인 고의가 있는 것이다. 유기치사죄는 유기 고의가 있는 것이다. 기본범죄 고의 여부를 명확하게 구분해야 한다.

• **협박죄**

㊐脅迫罪 ㊥脅迫罪 ⒹBedrohung Ⓔthreat / menace / danger
Ⓕmenace / menace / danger Ⓘminaccia / minaccia / pericolo
ⓢamenaza / amenaza / peligro

협박죄는 사람을 협박하는 범죄이다. 협박은 다른 사람에게 해악 고지와 공포심을 야기하는 행위이다. 협의 협박 개념이다. 보호법익은 의사결정 자유이다. 보호정도는 침해범이다. 판례는 위험범으로 본다. 반의사불벌죄이다. 형법은 미수범을 처벌한다. 대법원은 「협박죄 미수범 처벌조항은 해악고지가 현실적으로 상대방에게 도달하지 아니한 경우 또는 도달은 하였으나 상대방이 이를 지각하지 못한 경우 또는 고지된 해악의미를 인식하지 못한 경우에 적용될 뿐이다」고 판시한바 있다(대법원 2007. 9. 28. 선고 2007도606 전원합의체 판결). 특수협박죄가 있다.

• **강간죄**

㊐强姦罪 ㊥强姦罪 ⒹVergewaltigung / vergewaltigen
Ⓔrape / ravishment / ravish
Ⓕviol / ravissement / ravish / violer / commettre un viol
Ⓘviolenza / camale / violentare / usare violenza carnale
ⓢviolencia / camaleón / violación / uso violación

강간죄는 폭행 또는 협박을 하고, 반항을 곤란하게 한 다음, 사람을 강간하는 범죄이다. 강간은 폭행·협박·간음을 말한다. 결합범이다. 이들 행위들이 연결되어 성적자기결정권을 침해한다. 보호법익은 개인의 성적자기결정 자유이다. 보호정도는 침해범이다. 인과관계와 객관적 귀속이 있어야 기수가 성립한다. 강간죄는 미수범도 처벌한다. 폭행 또는 폭행이 있을 때, 실행착수가 있다. 성폭력특별법은 제3조 특수강도강간죄와 제4조 특수강간죄를 가중하여 처벌한다. 또한 성폭력특별법은 제11조 공중밀집장소추행죄와 제12조 통신매체이용음란죄를 처벌한다. 친고죄가 아니다.

- **명예훼손죄**

Ⓗ名譽毁損罪　㊥名譽毁損罪　ⒹEhrverletzung / Ehre
Ⓔdefamation / violation of honour / honor / libel and slander
Ⓕdiffamation　Ⓘdiffamazione　Ⓢdifamación

명예훼손죄는 공연히 사실 또는 허위사실을 적시하여 사람 또는 법인 명예를 훼손하는 범죄이다. 보호법익은 외적 명예이다. 보호정도는 위험범이다. 반의사불벌죄이다. 공연성과 사실적시만 있으면 기수가 성립한다. 공연성이란 불특정 또는 다수인이 인식할 수 있는 상태를 말한다. 행위는 구체적 사실 적시이다. 비평자의 주관적인 의견 강조는 사실 적시에 해당하지 않는다. 형법에 사자명예훼손죄와 출판물명예훼손죄가 있다. 정보통신법 제70조에 사이버 명예훼손죄(친고죄)가 있다. 형법 제310조 위법성조각사유는 제307조 제1항에만 적용된다. 공공성과 진실성이 요건이다.

- **모욕죄**

Ⓗ侮辱罪　㊥侮辱罪　ⒹBeschimpfung
Ⓔrevilement / invective / vituperation / abusive language
Ⓕinsulte / injure　Ⓘinsulto / ingiuria　Ⓢinsulto

모욕죄는 사람을 공연히 모욕하는 범죄이다. 모욕은 인격 경멸 의사표시이다. 보호법익은 외적 명예이다. 보호정도는 위험범이다. 모욕죄는 친고죄이다. 고소가 있어야 공소를 제기할 수 있다.

- **업무방해죄**

Ⓗ業務妨害罪　㊥業務妨害罪　ⒹBetriebsgefährdung / Betriebsgefahr
Ⓔoperational risk / operational hazard
Ⓕrisque d'exploitation / resultant de l'utilisation d'un véhicule
Ⓘrischio / di esercizio　Ⓢriesgo / ejercicio

업무방해죄는 위계 또는 위력으로써 사람의 업무를 방해한 경우에 성립한다. '위력'이란 사람의 자유의사를 제압·혼란케 할 만한 일체의 세력을 말한다. 업무방해는 결과를 초해할 위험발생이다. 보호법익은 업무이다. 공무는 포함되지 않는다(판례). 보호정도는 위험범이다. 대법원은 「쟁의행위로서 파업도 집단적 노무제공을 중단하는 실력행사이다. 업무방해죄 위력에 해당한다」고 판시한바 있다(대법원 2011. 3. 17. 선고 2007도482 전원합의체 판결).

- **주거침입죄**

Ⓗ住居侵入罪　㊥住居侵入罪　ⒹHausfriedensbruch
Ⓔunlawful entry / forcible entry　Ⓕviolation / de domicile
Ⓘviolazione / di domicilio　Ⓢviolación / domicilio

주거침입죄는 사람 주거 또는 관리 장소를 침입하는 범죄이다. 보호법익은 사실상 주거평온이다. 보호정도는 침해범이다. 인과관계와 객관적 귀속을 검토해야 한다. 형법은 미수범을 처벌한다. 부작위 주거침입죄도 가능하다(부진정부작위범). 사후에 알고도 방치하는 경우이다. 퇴거불응죄도 있다(진정부작위범). 퇴거요구를 받은 경우 성립한다. 대법원은 「주거침입죄는 반드시 행위자 신체 전부가 범행 목적인 타인 주거 안으로 들어가야 성립하는 것이 아니다. 신체 일부만 타인 주거 안으로 들어갔더라도, 거주자가 누리는 사실상 주거 평온을 해할 수 있는 정도에 이르렀다면, 범죄구성요건을 충족하는 것이다. 주거침입죄 범의는 신체 일부라도 타인 주거 안으로 들어간다는 인식이 있으면 족하다」고 판시한바 있다(대법원 1995. 9. 15. 선고 94도2561 판결).

• 절도죄

Ⓗ竊盜罪 Ⓒ窃盗罪 ⒹDiebstahl Ⓔtheft / larceny / stealing Ⓕvol / soustraction / frauduleuse Ⓘfurto Ⓢrobo

절도죄는 타인 재물을 절취하는 범죄이다. 보호법익은 소유권이다. 보호정도는 침해범이다. 행위객체는 타인 소유·점유 재물이다. 행위는 절취이다. 타인 점유 배제와 새로운 점유 취득을 말한다. 대법원은 「'점유'란 현실적으로 어떠한 재물을 지배하는 순수한 사실상 관계이다. 민법상 점유와 반드시 일치하는 것은 아니다. 현실적 지배도 점유자가 반드시 직접 소지하거나 또는 항상 감수하여야 하는 것은 아니다. 사실상 지배 여부는 재물 크기·형상, 그 개성의 유무, 점유자와 재물과 시간적·장소적 관계 등을 종합하여 사회통념에 비추어 결정되어야 한다」고 판시한바 있다(대법원 2012. 4. 26. 선고 2010도6334 판결). 절도죄는 주관적 구성요건으로 고의와 불법영득의사(不法領得意思·in der Absicht, sich rechtswidrig zuzueinigen)가 있어야 한다. 절도죄는 미수범을 처벌한다. 야간주거침입절도죄와 특수절도죄가 있다. 2인 이상이 합동하여 절취하는 경우, 행위자들이 현장(시간적 장소적 협동)에 있어야 한다. 현장에 없는 사람은 특수절도(합동절도)죄 공동정범이 성립한다. 디지털시대에 맞는 재물개념이 정립되어야 한다.

• 강도죄

Ⓗ强盜罪 Ⓒ强盗罪

ⒹRaub / Räuber / räuberischer Diebstahl / räuberischer Erpressung / Raubmord Ⓔrobbery /robber / violent larceny / extortionary robbery / murder and robbery Ⓕextorsion / par force on violence in contrainte / vol / commis à l'aide de violence au menace de faire usage d'une arme Ⓘrapina Ⓢrobo

강도죄는 폭행 또는 협박을 사용하고, 타인의 재물을 강취하거나 또는 재산상 이익을 취득하거나 또는 제3자에게 이를 취득하게 하는 범죄이다. 재산상 이익은 법률적 경제적 재산개념이다. 폭행과 협박은 상대방 의사를 억압하여 반항을 불가능하게 할 정도이다(최협의 폭행·협박개념). 강도죄는 주관적 구성요건으로 고의와 불법영득의사·불법이득의사(不法利得意思)가 있어야 한다. 강도죄는 미수범을 처벌한다. 특수강도죄가 있다. 2인 이상이 합동하여 강취하는 경우, 행위자들이 현장(시간적 장소적 협동)에 있어야 한다. 현장에 없는 사람은 특수강도(합동강도)죄 공동정범이 성립한다. 준강도가 있다. 준강도 미수는 절도미수인 경우이다. 형법은 강도살인죄와 강도치사죄를 처벌한다. 또한 강도예비죄와 강도음모죄도 처벌한다.

• 사기죄

Ⓗ詐欺 Ⓒ詐欺 ⒹBetrug Ⓔfraud / cheat / swindle / deceit Ⓕfraude / triche / escroquerie / tromperie Ⓘfrode / imbroglione / truffa / inganno Ⓢfraude / engaño / estafa

사기죄는 사람을 속여 착오에 빠지게 하고, 재물·재산이익을 교부 받거나 또는 취득하는 행위이다. 보호법익은 재산권이다. 보호정도는 침해범이다. 판례는 위험범으로 본다. 불법원인급여도 사기죄 객체가 된다. 부작위 사기죄가 가능하다. 사기로 취득한 재물·재산이익 가액이 5억원 이상인 경우 특정경제범죄가중처벌법에 근거하여 가중하여 처벌된다. 대법원은 「[1] 도박이란 2인 이상의 자가 상호간에 재물을 도(賭)하여 우연한 승패에 의하여 그 재물의 득실을 결정하는 것이다. 그러므로 이른바 사기도박과 같이 도박당사자 일방이 사기 수단으로써 승패의 수를 지배하는 경우, 도박에서 우연성이 결여되어 사기죄만 성립한다. 도박죄는 성립하지 아니한다. [2] 사기죄는 편취의 의사로 기망행위를 개시한 때에 실행에 착수한 것으로 보아야 한다. 사기도박도 사기적인 방법으로 도금을 편취하려고 하는 자가 상대방에게 도박에 참가할 것을 권유하는 등 기망행위를 개시한 때에 실행의 착수가 있다」고 판시한바 있다(대법원 2011. 1. 13. 선고 2010도9330 판결 [사기·도박]). 또한 대법원은 「사기죄는 타인을 기망하여 착오에 빠뜨리고 그로 인하여 피기망자(기망행위의 상대방)가 처분행위를 하도록 유발하여 재물 또는 재산상의 이익을 얻음으로써 성립하는 범죄이다. 따라서 사기죄가 성립하려면 행위자의 기망행위, 피기망자의 착오와 그에 따른 처분행위, 그리고 행위자 등의 재물이나 재산상 이익의 취득이 있고, 그 사이에 순차적인 인과관계가 존재하여야 한다. 그리고 사기죄 피해자가 법인·단체인 경우 기망행위로 인한 착오, 인과관계 등이 있었는지는 법인·단체 대표 등 최종 의사결정권자 또는 내부적인 권한 위임 등에 따라 실질적으로 법인의 의사를 결정하고 처분을 할 권한을 가지고 있는 사람을 기준으로 판단하여야 한다. 따라서 피해자 법인·단체 대표자 또는 실질적으로 의사결정을 하는 최종결재권자 등이 기망행위자와 동일인이거나 기망행위자와 공모하는 등 기망행위임을 알고 있었던 경우에는 기망행위로 인한 착오가 있다고 볼 수 없다. 재물 교부 등 처분행위가 있었더라도 기망행위와 인과관계가 있다고 보기 어렵다. 이러한 경우 사안에 따라 업무상횡령죄 또는 업무상배임죄 등이 성립하는 것은 별론으로 하고 사기죄가 성립한다고 볼 수 없다. 반면에 피해자 법인·단체의 업무를 처리하는 실무자인 일반 직원이나 구성원 등이 기망행위임을 알고 있었더라도, 피해자 법인이나 단체 대표자 또는 실질적으로 의사결정을 하는 최종결재권자 등이 기망행위임을 알지 못한 채 착오에 빠져 처분행위에 이른 경우라면, 피해자 법인에 대한 사기죄 성립에 영향이 없다」고 판시한바 있다(대법원 2017. 9. 26. 선고 2017도8449 판결 [특정경제범죄가중처벌 등에 관한 법률 위반(사기)·사문서위조·위조사문서행사]).

- **공갈죄**

㊐恐喝罪 ㊥恐喝罪 ⒹErpressung Ⓔextortion / blackmail Ⓕchantage Ⓘestorsione ⓢextorsión

공갈죄는 사람을 공갈하여 재물을 교부 받거나 또는 재산상 불법이익을 취득하거나 또는 타인에게 이를 얻게 하는 범죄이다. 보호법익은 재산권이다. 보호정도는 침해범이다. 상습공갈인 경우 폭력행위처벌법으로 처벌된다. 이득액이 5억원 이상인 경우 특정경제범죄가중처벌법으로 처벌된다. 상습공갈로 가액 합계가 5억원 이상인 경우 특정경제범죄가중처벌법으로 처벌된다. 대법원은 「상습성을 갖춘 자가 여러 개의 죄를 반복하여 저지른 경우에는 각 죄를 별죄로 보아 경합범으로 처단할 것이 아니라, 그 모두를 포괄하여 상습범이라고 하는 하나의 죄로 처단하는 것이 상습범의 본질 또는 상습범 가중처벌규정의 입법취지에 부합한다」고 판시한 바 있다(대법원 2004. 9. 16. 선고 2001도3206 전원합의체 판결)

• **횡령죄**

Ⓗ橫領罪 ㊥橫領罪 ⒹUnterschlagung Ⓔembezzlement / misappropriation Ⓕdétournement Ⓘappropriazione / indebita ⓢelpeculado

횡령죄는 타인 재물을 보관하는 사람이 재물을 불법으로 가져가거나 또는 반환을 거부하는 범죄이다. 보호법익은 소유권이다. 보호정도는 침해범이다. 판례는 위험범으로 본다. 순수 재물범죄이다. 행위객체는 타인의 재물이다. 불법원인급여는 행위객체가 되지 않는다(확립된 판례 입장). 횡령죄는 미수범을 처벌한다. 대법원은 '보이스피싱 판결'에서 「횡령죄 주체는 타인 재물을 보관하는 자라야 한다. 여기에서 보관이란 위탁관계로 재물을 점유하는 것을 뜻한다. 횡령죄가 성립하기 위하여 재물 보관자와 재물 소유자(또는 그 밖에 본권자) 사이에 위탁관계가 있어야 한다. 이러한 위탁관계는 사실상 관계에 있으면 충분하다. 피고인이 반드시 민사상 계약 당사자일 필요는 없다. 위탁관계는 사용대차·임대차·위임·임치 등 계약으로 발생하는 것이 보통이다. 그러나 사무관리와 같은 법률 규정, 관습이나 조리 또는 신의성실 원칙으로 발생할 수 있다. 횡령죄 본질이 위탁받은 타인 재물을 불법으로 영득하는 데 있음에 비추어 볼 때, 그 위탁관계는 횡령죄로 보호할 만한 가치가 있는 것으로 한정된다. 위탁관계가 있는지 여부는 재물 보관자와 소유자 사이 관계, 재물을 보관하게 된 경위 등에 비추어 볼 때, 보관자에게 재물 보관 상태를 그대로 유지하여야 할 의무를 부과하여 그 보관 상태를 형사법적으로 보호할 필요가 있는지 등을 고려하여 규범적으로 판단하여야 한다」(대법원 2018. 7. 19. 선고 2017도17494 전원합의체 판결 [사기방조·횡령]) 다수의견은 사기피해금을 임의로 인출한 사람에게 사기피해자에 대한 횡령죄 성립을 인정한다.

• **배임죄**

Ⓗ背任罪 ㊥背任罪 ⒹUntreu Ⓔdisloyalty / breach of trust / unfaithfulness Ⓕdéloyauté / abus de confiance / infidélité Ⓘmalversazione ⓢmalversación

배임죄는 타인 사무를 처리하는 사람이 임무에 위배하여 재산상 이익을 취득하거나 또는 제3자에게 이를 취득하게 하는 범죄이다. 배임죄 본질은 신임관계 침해에 있다(임무위배설). 보호법익은 재산권이다. 보호정도는 침해범이다. 판례도 침해범으로 변경하였다. 배임죄는 손해를 가한 때 기수가 성립한다. 대법원은 「형법 제355조 제2항은 타인의 사무를 처리하는 자가 그 임무에 위배하는 행위로써 재산상 이익을 취득하거나 제3자로 하여금 이를 취득하게 하여 본인에게 손해를 가한 때에 배임죄가 성립한다고 규정하고 있다. 형법 제359조는 그 미수범은 처벌한다고 규정하고 있다. 형법은 타인의 사무를 처리하는 자가 그 임무에 위배하는 행위를 할 것과 그러한 행위로 인해 행위자나 제3자가 재산상 이익을 취득하여 본인에게 손해를 가할 것을 배임죄의 객관적 구성요건으로 정하고 있다. 그러므로 타인 사무를 처리하는 자가 배임의 범의로, 즉 임무에 위배하는 행위를 한다는 점과 이로 인하여 자기 또는 제3자가 이익을 취득하여 본인에게 손해를 가한다는 점에 대한 인식이나 의사를 가지고 임무에 위배한 행위를 개시한 때 배임죄의 실행에 착수한 것이다. 이러한 행위로 인하여 자기 또는 제3자가 이익을 취득하여 본인에게 손해를 가한 때 기수에 이른다」고 판시하고 있다(대법원 2017. 7. 20. 선고 2014도1104 전원합의체 판결 [특정경제범죄가중처벌 등에 관한 법률 위반(배임)]). 업무상 배임죄·배임수재죄·배임증재죄가 있다. 배임수증죄 보호법익은 거래 청렴성이다.

- **장물죄**

ⓗ贓物罪 ⓒ赃物罪 ⒹHehlerei Ⓔreceiving / stolen goods / fencing
Ⓕrecel Ⓘricettazione ⓢrobado / ocultación

장물죄는 장물을 취득・양도・운반・보관하거나 또는 이를 알선하는 범죄이다. 장물이란 재산범죄로 불법하게 영득한 재물을 말한다. 그 범인을 본범(本犯・Vortat・Vortäter・prior offence)이라 말한다. 보호법익은 재산권이다. 보호정도는 위험범이다. 장물죄 본질은 위법상태 유지설과 상실재물 추구권설(회복권설)이 결합되어 있다. 「장물죄에서 장물은 본범이 절도・강도・사기・공갈・횡령 등 재산죄로 영득한 물건이면 족하다. 그 중 어느 범죄로 영득한 것인지를 구체적으로 명시할 것을 요하지 않는다」(대법원 2000. 3. 24. 선고 판결). 「장물인 현금 또는 수표를 금융기관에 예금의 형태로 보관하였다가 이를 반환받기 위하여 동일한 액수의 현금 또는 수표를 인출한 경우, 예금계약 성질상 그 인출된 현금 또는 수표는 당초의 현금 또는 수표와 물리적인 동일성은 상실되었지만, 액수에 의하여 표시되는 금전적 가치에는 아무런 변동이 없다. 그러므로 장물로서의 성질은 그대로 유지된다. 장물취득죄가 성립한다. 그러나 갑이 권한 없이 인터넷뱅킹으로 타인 예금계좌에서 자신 예금계좌로 돈을 이체한 후 그 중 일부를 인출하여 그 정을 아는 을에게 교부한 경우, 갑이 컴퓨터등사용사기죄로 취득한 예금채권은 재물이 아니라 재산상 이익이다. 그러므로 그가 자신 예금계좌에서 돈을 인출하였더라도 장물을 금융기관에 예치하였다가 인출한 것으로 볼 수 없다. 을의 장물취득죄의 성립을 부정한 사례이다」(대법원 2004. 4. 16. 선고 2004도353 판결).

- **손괴죄**

ⓗ損壞罪 ⓒ损坏罪 ⒹSachbeschädigung
Ⓔdamage to property / injury to property
Ⓕdommages matériel / détériorisation matérielle Ⓘdanneggiamento
ⓢdaño / daños materiales / deterioro material

손괴죄는 타인 재물・문서・전자기록 등 특수매체기록을 손괴 또는 은닉 또는 그 밖의 방법으로 효용을 해하는 범죄이다. 순수한 재물죄이다. 보호법익은 소유권 이용가치 또는 소유권 기능이다. 보호정도는 침해범이다. 형법은 미수범을 처벌한다. 대법원은 「재물손괴죄는 타인의 재물을 손괴 또는 은닉하거나 기타의 방법으로 그 효용을 해하는 경우에 성립한다. 여기에서 재물의 효용을 해한다고 함은 사실상으로나 감정상으로 그 재물을 본래의 사용목적에 제공할 수 없는 상태로 만드는 것을 말한다. 일시적으로 그 재물을 이용할 수 없는 상태로 만드는 것도 포함된다. 건조물의 외부에 그림을 그리는 행위 등이 그 건조물의 효용을 해하는 것에 해당하는지 여부는, 건조물의 용도와 기능, 그 행위가 건조물에 미치는 영향과 미관을 해치는 정도, 건조물 이용자들이 느끼는 불쾌감이나 저항감, 원상회복의 난이도와 비용, 그 행위의 목적과 시간적 계속성, 행위 당시의 상황 등 제반 사정을 종합하여 사회통념에 따라 판단하여야 한다」(대법원 2007. 6. 28. 선고 2007도2590 판결).

- **방화죄**

ⓗ放火罪・失火罪 ⓒ放火罪・失火罪
ⒹBrandstiftung / fahrlässige Brandstiftung

Ⓔarson / incendiarism / intentional fire / negligent · careless · heedless fire
Ⓕincendie volontaire / incendie criminel / incendiaire / feu intentionnel
Ⓘincendio doloso / incendiari / fuoco intenzionale
ⓢincendie criminel / incendiaire / feu intentionnel

방화죄는 고의 또는 과실로 불을 놓아 현주건조물 · 공용건조물 · 일반건조물 · 일반물건을 소훼하는 범죄이다. 보호법익은 공공위험이다. 보호정도는 추상적 위험범(형법 제164조 · 제165조 · 제166조 제1항)과 구체적 위험범(형법 제166조 제2항 · 제167조)이다. 방화죄 기수시기는 불이 매개물을 떠나 목적물에 독립하여 연소할 수 있는 상태이다(독립연소설). 대법원은 「[1] 형법 제167조 제2항은 방화 객체인 물건이 자기 소유에 속한 때에는 같은 조 제1항보다 감경하여 처벌하는 것으로 규정하고 있다. 방화죄는 공공 안전을 제1차적인 보호법익으로 하지만 제2차적으로 개인의 재산권을 보호하는 것이라고 볼 수 있는 점, 현재 소유자가 없는 물건인 무주물에 방화하는 경우에 타인의 재산권을 침해하지 않는 점은 자기 소유에 속한 물건을 방화하는 경우와 마찬가지인 점, 무주(無主) 동산을 소유 의사로 점유하는 경우에 소유권을 취득하는 것에 비추어(민법 제252조) 무주물에 방화하는 행위는 그 무주물을 소유 의사로 점유하는 것이라고 볼 여지가 있는 점 등을 종합하여 보면, 불을 놓아 무주물을 소훼하여 공공 위험을 발생하게 한 경우에는 '무주물'을 '자기 소유 물건'에 준하는 것으로 보아 형법 제167조 제2항을 적용하여 처벌하여야 한다. [2] 노상에서 전봇대 주변에 놓인 재활용품과 쓰레기 등에 불을 놓아 소훼한 사안에서, 그 재활용품과 쓰레기 등은 '무주물'로서 형법 제167조 제2항에 정한 '자기 소유 물건'에 준하는 것으로 보아야 한다. 여기에 불을 붙인 후 불상의 가연물을 집어넣어 그 화염을 키움으로써 전선을 비롯한 주변의 가연물에 손상을 입히거나 바람에 의하여 다른 곳으로 불이 옮아붙을 수 있는 공공의 위험을 발생하게 하였다면, 일반물건방화죄가 성립한다」고 판시한바 있다(대법원 2009. 10. 15. 선고 2009도7421 판결 [폭력행위등 처벌에 관한 법률 위반(집단 · 흉기 등 협박) · 일반자동차방화미수(인정된죄명:일반물건방화) · 재물손괴 · 일반물건방화])

- **문서죄 · 문서위조죄**

㊐文書罪 · 文書僞造罪　㊥文書罪 · 文書僞造罪
ⒹUrkundenstraftaten / Urkundenfälschung
Ⓔcertificate offenses / forgery of documents
Ⓕfaux en écriture　Ⓘfalsita in documenti
ⓢdocumentos falsos / delitos de certificado / falsificación de documentos

문서죄는 행사할 목적으로 문서를 위조 · 변조하거나 또는 허위문서를 작성하거나 또는 위조 · 변조 · 허위작성된 문서를 행사하거나 또는 문서를 부정행사하는 범죄이다. 보호법익은 문서거래안전과 신용이다. 보호정도는 추상적 위험범이다. 대법원은 「[1] 형법 제237조의2에 따라 전자복사기, 모사전송기 기타 이와 유사한 기기를 사용하여 복사한 문서 사본도 문서원본과 동일한 의미를 가지는 문서로서 이를 다시 복사한 문서 재사본도 문서위조죄 및 동 행사죄의 객체인 문서에 해당한다 할 것이다. 진정한 문서 사본을 전자복사기를 이용하여 복사하면서 일부 조작을 가하여 그 사본 내용과 전혀 다르게 만드는 행위는 공공의 신용을 해할 우려가 있는 별개의 문서사본을 창출하는 행위로서 문서위조행위에 해당한다. [2] 타인 주민등록증사본 사진란에 피고인 사진을 붙여 복사하여

행사한 행위가 공문서위조죄 및 동행사죄에 해당한다」고 판시한바 있다(대법원 2000. 9. 5. 선고 판결 [공문서위조 · 위조공문서행사 · 공문서부정행사 · 사기 · 사문서위조 · 위조사문서행사]).

- **뇌물죄**

㊐賂物罪 ㊥賂物罪 ⒹBestechungsdelikt
Ⓔcrime of corruption / bribing / graft
Ⓕcrime de corruption / corruption Ⓘcrimine di corruzione / corruzione
ⓢdelito de corrupción / soborno / injerto

뇌물죄는 공무원 또는 중재인이 직무행위에 대한 대가로 법이 인정하지 않는 이익을 취득하는 범죄이다. 보호법익은 국가기능 공정성이다. 뇌물죄 본질은 직무행위 불가매수성과 공무원 직무 순수성이다. 대법원은 「뇌물죄는 직무집행 공정과 이에 대한 사회 신뢰에 기초하여 직무행위 불가매수성을 보호법익으로 하고 있다. 직무에 관한 청탁이나 부정한 행위를 필요로 하지 않는다. 그러므로 뇌물성을 인정하는 데 특별히 의무위반 행위나 청탁의 유무 등을 고려할 필요가 없다. 금품수수 시기와 직무집행 행위의 전후를 가릴 필요도 없다. 뇌물죄에서 말하는 '직무'에는 법령에 정하여진 직무뿐만 아니라 그와 관련 있는 직무, 관례상이나 사실상 소관하는 직무행위, 결정권자를 보좌하거나 영향을 줄 수 있는 직무행위, 과거에 담당하였거나 장래에 담당할 직무 외에 사무분장에 따라 현실적으로 담당하고 있지 않아도 법령상 일반적인 직무권한에 속하는 직무 등 공무원이 그 직위에 따라 담당할 일체의 직무를 포함한다」고 판시한 바 있다(대법원 2017. 12. 22. 선고 2017도12346 판결 [특정범죄가중처벌 등에 관한 법률 위반(뇌물) · 제3자뇌물수수 · 위계공무집행방해 · 금융실명거래 및 비밀보장에 관한 법률 위반 · 뇌물공여]).

- **위증죄**

㊐僞證罪 ㊥僞証罪 ⒹMeineid Ⓔperjury / false oath
Ⓕparjure / faux serment Ⓘspergiuro / falso giuramento
ⓢperjurio / falso juramento

위증죄는 법률로 선서한 증인이 기억에 반하는 허위진술을 하거나 또는 법률로 선서한 감정인 · 통역인 · 번역인이 허위 감정 · 통역 · 번역하는 범죄이다. 보호법익은 국가사법기능이다. 보호정도는 추상적 위험범이다. 단순위증죄와 모해위증죄가 있다. 대법원은 「위증죄에서 '법률에 의하여 선서한 증인'이라 함은 '법률에 근거하여 법률이 정한 절차에 따라 유효한 선서를 한 증인'이라는 의미이고, 그 증인신문은 법률이 정한 절차 조항을 준수하여 적법하게 이루어진 경우여야 한다」고 판시한바 있다(대법원 2010. 1. 21. 선고 2008도942 전원합의체 판결 [위증]).

- **증거인멸죄**

㊐證據湮滅罪 ㊥証据湮滅罪 ⒹBegünstigung
Ⓔpreferential treatment / abetting / convinnance
Ⓕfavoriser / traitement préférentiel Ⓘfavoreggiamento
ⓢfavoreciendo / instigación / favoriser

증거인멸죄는 형사사건 · 징계사건에 관한 증거를 인멸 · 은닉 · 위조 · 변조하거나 또는 위조 · 변조한 증거를 사용하는 범죄이다. 또한 형사사건 · 징계사건에 관한 증인을 은닉·도피시키는 행위이다. 보호법익은 사법작용에 대한 국가기능보호이다. 보호정도는 추상적 위험범이다. 증거는 타인의 형사사건 또는 징계사건 관련 증거이다. 자기증거인멸은 구성요건해당성이 없다. 독일 형법 제257조 제3항은 공범자의 증거인멸행위는 처벌하지 않는다. 대법원은 「형법 제155조 제1항 증거인멸죄는 국가형벌권 행사를 저해하는 일체 행위를 처벌의 대상으로 하고 있다. 그러나 범인 자신이 한 증거인멸의 행위는 피고인의 형사소송에서 방어권을 인정하는 취지와 상충한다. 그러므로 처벌의 대상이 되지 아니한다. 그러나 타인이 타인의 형사사건에 관한 증거를 그 이익을 위하여 인멸하는 행위를 하면, 형법 제155조 제1항 증거인멸죄가 성립된다. 그러므로 자기 형사사건에 관한 증거를 인멸하기 위하여 타인을 교사하여 죄를 범하게 한 자에 대하여도 교사범의 죄책을 부담케 함이 상당할 것이다」고 판시한 바 있다(대법원 1965. 12. 10. 선고 65도826 전원합의체 판결).

- **무고죄**

Ⓗ誣告罪 ㊥誣告罪 Ⓓfalsche Verdächtigung
Ⓔfalse suspecting / false casting suspicion
Ⓕsuspicion / faux soupçons / faux soupçons de casting
Ⓘfalso sospetto ⓢfalsa sospecha

무고죄는 타인에게 형사처분 또는 징계처분을 받게 할 목적으로 공공기관 또는 공무원에게 객관적 허위사실을 신고하는 범죄이다. 보호법익은 국가심판기능이다. 보호정도는 추상적 위험범이다. 대법원은 「[1] 무고죄는 타인으로 하여금 형사처분 또는 징계처분을 받게 할 목적으로 공무소 또는 공무원에 대하여 허위의 사실을 신고하는 때에 성립한다. 무고죄에서 형사처분 또는 징계처분을 받게 할 목적은 허위신고를 함에 있어서 다른 사람이 그로 인하여 형사 또는 징계처분을 받게 될 것이라는 인식이 있으면 족하다. 그 결과발생을 희망하는 것까지를 요하는 것은 아니므로, 고소인이 고소장을 수사기관에 제출한 이상 그러한 인식은 있었다고 보아야 한다. [2] 피고인이 수사기관에 '갑이 민사사건 재판과정에서 위조된 확인서를 제출하였으니 처벌하여 달라'는 내용으로 허위 사실이 기재된 고소장을 제출하면서 '갑이 위조된 합의서도 제출하였다'는 취지로 기재하였으나, 고소보충 진술 시 확인서가 위조되었다는 점에 관하여만 진술한 사안에서, 피고인이 제출한 고소장에 '합의서도 도장을 찍은 바가 없으므로 위조 및 행사 여부를 가려주시기 바랍니다'라고 기재한 내용이 허위의 사실이라면 이 부분에 대해서도 '허위 사실을 신고한 것'으로 보아야 한다」고 판시한바 있다(대법원 2014. 3. 13. 선고 2012도2468 판결[무고]).

• 부록 참고문헌

Köbler, Gerhard / Schusterschitz, Mag. Gregor, Rechtsenglisch, Deutsch-englisches und englisch-deutsches Rechtswörterbuch für jedermann, Verlag Franz Vahlen München, 1996.

Köbler, Gerhard / Winkler Peter, Rechtsfranzösisch, Deutsch-französisches und französisch-deutsches Rechtswörterbuch für jedermann, Verlag Franz Vahlen München, 1996.

Köbler, Gerhard / Neulichedl, Esther / Hohenauer, Monika, Rechtsintalienisch, Deutsch-italienisches und italienisch-deutsches Rechtswörterbuch für jedermann, Verlag Franz Vahlen München, 1996.

Badura, Peter / Deutsch, Erwin / Roxin, Claus, FISCHER LEXIKON RECHT, Fischer Taschenbuch Verlag, Frankfurt am Main, 1987.

Creifelds, Carl(Herausgeber) / Weber, Klaus(Herausgeber, Bearbeitung) / Cassardt, Gunnar(Bearbeitung) / Dankelmann, Helmut(Bearbeitung) / Hakenberg, Michael (Bearbeitung) / Kainz, Martin(Bearbeitung) / König, Christiane(Bearbeitung) / Kortstock, Ulf(Bearbeitung) / Weidenkaff, Walter(Bearbeitung), Rechtswörterbuch, 22. Auflage, C.H. Beck München 2016.

Götze, Bernd, Deutsch-Japanisches Rechtswörterbuch, 独和法律用語辭典, 成文堂, 1997.

Küper, Wilfried, Strafrecht Besonderer Teil. Definitionen mit Erläuterungen. C.F. Müller Heidelberg, 1997.

Wessels, Johannes / Beulke, Werner/Satzger, Helmut, Strafrecht Allgemeiner Teil. Die Straftat und ihr Aufbau. 48., neu bearbeitete Auflage, C.F. Müller Heidelberg, 2018. Mit ebook: Lehrbuch, Entscheidungen, Gesetzestexte (허일태, 독일형법총론, 제20판, 법문사, 1991; 제27판, 세종출판사, 1998).

Wessels, Johannes / Hettinger, Michael / Engländer, Armin, Strafrecht Besonderer Teil/1. Straftaten gegen Persönlichkeits- und Gemeinschaftswerte. 42., neu bearbeitete Auflage 2018. Mit ebook: Lehrbuch, Entscheidungen, Gesetzestexte.

Wessels, Johannes / Hillenkamp, Thomas / Schuhr, Jan C., Strafrecht Besonderer Teil/2, Straftaten gegen Vermögenswerte. 41., neu bearbeitete Auflage, C.F. Müller Heidelberg, 2018. Mit ebook: Lehrbuch, Entscheidungen, Gesetzestexte.

형법 법률용어

- 형법 법률용어를 형법 교과서 순서로 분류하였다.
- 형법 법률용어는 형법전·판결문·교과서에 자주 나오는 용어이다.
- 형법 법률용어에 익숙하면 『낭독 형법 판례』를 쉽게 읽을 수 있다.
- 형법 법률용어를 한 자 한 자 또박또박 소리 내면서 정확하게 읽으면 옥음이 된다.
- 형법 법률용어를 매일 10분 소리씩 내면서 읽으면 형법 강의를 명확하게 들을 수 있다.
- 형법 일부개정 2025.04.08. [법률 제20908호, 시행 2025. 4. 8.] 법무부

죄형법정주의

법률주의
신법 우선주의
명확성원칙
소급효금지원칙
유추금지원칙

속인주의

속지주의
보호주의
세계주의

보호법익

보호정도

구성요건

행위주체
행위객체
행위
결과
인과관계와 객관적 귀속
범의
착오

범죄 종류

침해범
위험범
추상적 위험범
구체적 위험범
결과범
거동범
경향범
목적범
계속범
대향범
미신범
자수범
상습범
영업범
집합범
신분범
진정신분범
한시범
행위반가치
결과반가치

해석

논리해석
문리해석
목적해석
체계해석
유추

**범죄체계·
형법도그마틱 ·
신고전적 범죄체계론**

범죄성립요건
인과적 행위론
목적적 행위론
사회적 행위론
인격적 행위론

법인

법인 범죄능력
법인 형사책임

책임

책임 본질
책임 근거
책임조각사유
형사미성년자
심신장애인
심신상실

심신미약
청각 및 언어 장애인
강요된 행위
기대가능성
원인에 있어서 자유로운 행위(원자행)·책임을 스스로 야기한 행위(책스야)
법률부지

고의
미필 고의
용인설
개괄 고의

과실
주의의무
예견의무
회피의무

착오
사실 착오
구성요건 착오
객체 착오
방법 착오
타격 착오
인과과정 착오
구성요건 부합설
법정적 부합설
구체적 부합설
법률 착오
금지 착오
포섭 착오
위법성 착오
법률 부지

인과관계
독립행위경합
동시범

위법성조각사유 전제사실 착오
제한 책임설
법효과 제한 책임설

결과가중범

부작위범
진정부작위범
부진정부작위범
보증인 지위
보증인 의무

위법성조각사유
정당행위
사회상규
설명의무
정당방위
과잉방위
긴급피난
자구행위
피해자승낙
의무충돌
상당성

미수범
중지미수범
자의성
불능범
불능미수범
장애미수범
실행착수
음모
예비
예비 방조
예비 공동정범
예비 중지

정범과 공범
단독정범
공동정범
행위지배·기능적 행위지배
공동가공의사
공모공동정범
행위공동설
직접정범
간접정범
의사지배
공범
공범종속성
제한적 공범종속설

종범
방조범
교사범
기도된 교사
실패한 교사
공범과 신분
편면적 교사범
편면적 방조범
특수교사
특수방조

누범

죄수론
경합범
상상 경합
실체 경합

포괄일죄
연속범
결합범
상습범
집합범

법조경합
특별관계
보충관계
흡수관계
불가벌적 사전행위
불가벌적 사후행위
불가벌적 수반행위
택일관계

연결 효과

형(刑) 종류
징역
금고
형 선고
자격상실
자격정지
벌금
구류
과료
몰수
추징

형(刑) 양정
양형
자수
자복
작량감경
선택형
법률감경
가중감경
친족상도
판결공시

형(刑) 유예
선고유예
집행유예

보호관찰
사회내처우
사회봉사명령
수강명령

형(刑) 집행
사형
징역
금고
구류
벌금
과료
노역장유치

가석방

형(刑) 시효
시효효과
시효기간
시효정지
시효중단

형(刑) 소멸
형 실효
복권
기간
석방일

사면
일반사면
특별사면

국가법익
내란죄
외환죄
여적죄
간첩죄
국기죄
국교죄
공안죄

범죄단체조직죄
소요죄
다중불해산죄
전시공수계약불이행죄
공무원자격사칭죄

폭발물죄

공무원직무죄
직무유기죄
직권남용죄
불법체포죄
불법감금죄
불법폭행죄
가혹행위죄
피의사실공표죄
공무비밀누설죄
선거방해죄

뇌물죄
수뢰죄
사전수뢰죄
제삼자뇌물제공죄
수뢰후부정처사죄
사후수뢰죄
알선수뢰죄
뇌물공여죄

공무집행방해죄
위계공무집행방해죄
법정모욕죄
국회회의장모욕죄
인권옹호직무방해죄
공무상비밀표시무효죄
부동산강제집행효용침해죄
공용서류무효죄
공용물파괴죄
공무보관물무효죄
특수공무방해죄

도주죄
범인은닉죄
집합명령위반죄
특수도주죄
도주원조죄

위증죄
증거인멸죄
모해위증죄
허위감정죄
허위통역죄
허위번역죄

무고죄

장례식방해죄
사체오욕죄
분묘발굴죄
사체영득죄
변사체검시방해죄

방화죄
실화죄
현주건조물방화죄
공용건조물방화죄
일반건조물방화죄
일반물건방화죄
연소죄
진화방해죄
업무상실화죄
중실화
폭발성물건파열죄
가스·전기공급방해죄
과실폭발성물건파열죄

일수죄와 수리죄
현주건조물일수죄
공용건조물일수죄
일반건조물일수죄
과실일수죄
수리방해

교통방해죄
일반교통방해죄
기차교통방해죄
선박교통방해죄
기차전복죄
교통방해치사상죄
도로교통법

음용수죄
음용수사용방해죄
수도음용수사용방해죄
음용수혼독치사상죄
수도불통죄

아편죄
아편제조죄
아편흡식기제조죄
세관공무원아편수입죄
아편흡식죄

통화죄
통화위조죄
위조통화취득죄
통화유사물제조죄

유가증권위조죄
유가증권작성죄
허위유가증권작성죄
위조유가증권행사죄
인지위조죄
우표위조죄
위조인지취득죄
위조우표취득죄

문서죄
공문서위조죄
공문서변조죄
공문서작성죄
허위공문서작성죄
공전자기록위작죄
공전자기록변작죄
공정증서원본불실기재죄
위조공문서행사죄
공문서부정행사죄
사문서위조죄
사문서변조죄
사문서작성죄
사전자기록위작죄
사문서기록변작죄
허위진단서작성죄
위조사문서행사죄
사문서부정행사죄
복사문서

인장죄
공인위조죄
공인부정사용죄
사인위조죄
사인부정사용죄

성풍속죄
음행매개죄
음화반포죄
음화제조죄
공연음란죄

도박죄
복표죄
상습도박죄
도박장소개설죄
복표발매조죄

살인죄
존속살해죄
영아살해죄
촉탁살인죄
승낙살인죄
위계촉탁살인죄

상해죄
존속상해죄
중상해죄
존속중상해
특수상해죄
상해치사죄
동시범 특례

폭행죄
존속폭행죄
특수폭행죄
폭행치사상죄

과실치상죄
과실치사
업무상과실치상죄

중과실치사상죄

낙태죄
의사낙태죄
부동의낙태죄

유기죄
존속유기죄
영아유기죄

학대죄
존속학대죄
아동혹사죄
유기치사상죄

체포죄
감금죄
존속체포죄
존속감금죄
중체포죄
중감금죄
존속중체포죄
존속중감금죄
특수체포죄
특수감금죄
체포치사상죄
감금치사상죄

협박죄
존속협박죄
특수협박죄

미성년자약취죄
미성년자유인죄
추행목적약취죄
추행목적유인죄
인신매매죄
약취, 유인, 매매, 이송 등 상해·치상죄
약취, 유인, 매매, 이송 등 살인·치사죄
약취, 유인, 매매, 이송된 사람 수수·은닉죄
세계주의

강간죄
유사강간죄
강제추행죄
준강간죄
준강제추행죄
강간상해죄
강간치상죄
강간살인죄
강간치사죄
미성년자간음죄
업무상위력간음죄
미성년자간음죄
미상년자추행죄

명예훼손죄
사자명예훼손죄
출판물명예훼손죄

모욕죄

업무방해죄
신용훼손죄
경매방해죄
입찰방해죄

비밀침해죄
업무상비밀누설죄

주거침입죄
퇴거불응죄
특수주거침입죄
주거수색죄
신체수색죄

권리행사방해죄

강요죄
인질강요죄
인질상해죄
인질치상죄
인질살해죄
인질치사죄
점유강취죄
준점유강취죄
중권리행사방해죄
강제집행면탈죄

절도죄
야간주거침입절도죄
특수절도죄
합동절도죄
합동
현장설
위험한 물건
흉기 휴대
자동차불법사용죄
책략절도
친족상도례

강도죄
특수강도죄
준강도죄
인질강도죄
강도상해죄
강도치상죄
강도살인죄
강도치사죄
강도강간죄
해상강도죄

사기죄
소송사기
보이스피싱사기
컴퓨터사용사기죄
준사기
편의시설부정이용죄
부당이득죄

공갈죄
특수공갈죄

횡령죄
타인 재물
보관자
부동산 이중매매
업무상횡령죄

배임죄
타인 업무
처리자
타인 재산이익
손해
업무상배임죄
배임수증재죄
부정한 청탁
점유이탈물횡령죄

장물죄
장물
본범
장물보관죄
장물취득죄
장물운반죄
장물양도죄
장물알선죄
업무상과실장물죄
중과실장물죄

손괴죄
재물손괴죄
공익건조물파괴죄
중손괴죄
특수손괴죄
경계침범죄

참고문헌

김성돈, 형법각론, 제9판, 박영사, 2024.

김성돈, 형법총론, 제9판, 박영사, 2024.

김성천, 형법각론, 제7판, 소진, 2021.

김성천, 형법총론, 제10판, 소진, 2023.

김 신, 배임죄에 대한 몇 가지 오해, 법문사, 2020.

김 신, 배임죄 판례백선, 법문사, 2021.

김신규, 형법각론, 박영사, 2021.

김신규, 형법총론, 박영사, 2023.

김일수·서보학, 새로 쓴 형법각론, 제9판, 박영사, 2018.

김일수·서보학, 새로 쓴 형법총론, 제13판, 박영사, 2018.

김태명, 형법사례연구, 정독, 2024.

김태명, 형법사례해설, 제2판, 정독, 2023.

김태명, 형법총론강의, 제3판, 정독, 2024.

김혜정·박미숙·안경옥·원혜욱·이인영, 형법각론, 제4판, 정독, 2024.

김혜정·박미숙·안경옥·원혜욱·이인영, 형법총론, 제5판, 정독, 2024.

배종대, 형법각론, 제15판, 홍문사, 2024.

배종대, 형법총론, 제18판, 홍문사, 2024.

신동운, 형법각론, 제3판, 법문사, 2023.

신동운, 형법총론, 제16판, 법문사, 2024.

신호진, 형법각론, 렉스스터디, 2024.

신호진, 형법총론, 렉스스터디, 2024.

오영근·노수환, 형법각론, 제9판, 박영사, 2025.

오영근·노수환, 형법총론, 제7판, 박영사, 2024.

오정희, 디지털 증거 압수수색에 있어 관련성 문제 디지털환경과 성범죄의 진화: 디지털성범죄와 성매매를 중심으로, 대법원, 2021, 3－21면.

원형식, 형법총론 판례중심, 개정판, 동방문화사, 2024.
이인규·정현석, 형법각론강의, 학연, 2025.
이인규·정현석, 형법총론강의, 학연, 2024.
이재상·장영민·강동범, 형법각론, 제13판, 박영사, 2023.
이재상·장영민·강동범, 형법총론, 제12판, 박영사, 2024.
이정원·이석배·정배근, 형법각론, 박영사, 2023.
이정원·이석배·정배근, 형법총론, 박영사, 2023.
이주원, 특별형법, 제10판, 홍문사, 2024.
이주원, 형법총론, 제3판, 박영사, 2024.
이형국·김혜경, 형법각론, 제3판, 법문사, 2023.
이형국·김혜경, 형법총론, 제8판, 법문사, 2025.
임 웅·김성규·박성민, 형법총론, 제14판, 법문사, 2024.
임 웅·이현정·박성민, 형법각론, 제15판, 법문사, 2025.
조균석·이상원·김성돈·강수진·김현석·김윤섭·최근영·김지언, 형법주해, 박영사, 2023.
조은별, 정보저장매체 '압수'의 검토: 형사소송법 제106조 제3항 단서의 해석을 중심으로, 형사법의 신동향 통권 제80호, 대검찰청, 2023, 34-76면.
최호진, 형법각론, 박영사, 2022.
최호진, 형법총론, 제2판, 박영사, 2024.
하태영, 2024 낭독 형법판례, 법문사, 2024.
하태영, 형법조문강화, 법문사, 2019.
하태영, 형사철학과 형사정책, 법문사, 2007.
한국형사법학회, 죄형법정원칙과 법원 1, 박영사, 2023.
홍영기, 형법 총론과 각론, 제2판, 박영사, 2024.

판례색인

저자소개

1962년 부산에서 태어났다. 독일 유학 후 28년 동안 대학·대학원에서 형법·형사소송법·특별형법·생명윤리와 의료형법을 강의하고 있다. 1996년 9월 3일 《피고인에게 불리한 판례변경과 적극적 일반예방》으로 독일 할레대학교(Halle Universität) 법과대학에서 법학박사학위(Dr. jur)를 받았고, 1997년 3월 경남대학교 법학과에서 교수 생활을 시작했다.

국외·국내 대표 저서는 《Belastende Rechtsprechungsänderungen und die positive Generalprävention》(Carl Heymanns Verlag KG, 2000), 《독일통일 현장 12년》(경남대학교출판부, 2004), 《형사철학과 형사정책》(법문사, 2007), 《형법각칙 개정 연구－환경범죄》(형사정책연구원, 2008), 《하마의 下品 1·2》(법문사, 2009·2016), 《의료법》(행인출판사, 2021), 《생명윤리법》(행인출판사, 2018), 《공수처법》(행인출판사, 2021), 《사회상규》(법문사, 2018), 《형법조문강화》(법문사, 2019), 《형사법종합연습 변시기출문제분석·형사법사례연습 변시기출문제분석》(법문사, 2023), 《죄형법정원칙과 법원 1》(공저, 박영사, 2023), 《2024 낭독 형법판례》(법문사, 2024), 《2024 낭독 형사소송법판례》(법문사, 2024), 《밤은 깊었다》(법문사, 2024)가 있다. 특히 《형사철학과 형사정책》은 2008년 문화체육관광부 우수학술 도서로 선정되었다. 2014년 한국비교형사법학회 학술상을 수상하였다. 논문제목은 《해적재판 국제비교》이다.

2006년 3월 제1학기부터 현재 모교인 동아대학교 법학전문대학원(로스쿨)교수로 근무하고 있으며, 국회 제12기 입법지원단 위원·법무부 인권강사로 활동하고 있다. 한국비교형사법학회 회장·영남형사판례연구회 회장·법무부 형사소송법개정특별분과위원회 위원·남북법령연구특별분과위원회 위원으로 활동하였으며, 법무부 변호사시험 문제은행 출제위원·행정고시 출제위원·채점위원(형법)·입법고시 출제위원·채점위원(형사소송법)·5급 승진시험 출제위원·7급 국가시험 출제위원·형사법연구 편집위원·형사법신동향 편집위원을 역임하였다.

약한 자에게 용기와 희망을 주는 세상보기로 사회와 소통하고 있다. 국제신문·경남도민일보 칼럼진으로 활동하였다. 2019년 1월부터 2020년 12월까지 국제신문 《생활과 법률》칼럼을 썼다. 시사칼럼 200여 편이 있다. 《밤이 깔렸다》로 2022년 제8회 이병주국제문학상 연구상을 수상하였다.

2025 낭독 형법판례

2025년 2월 20일 초판 인쇄
2025년 2월 28일 초판 발행

저 자 하 태 영
발행인 배 효 선

발행처 도서출판 法 文 社

주 소 10881 경기도 파주시 회동길 37-29
등 록 1957년 12월 12일/제2-76호(윤)
전 화 (031)955-6500~6 FAX (031)955-6525
E-mail (영업) bms@bobmunsa.co.kr
(편집) edit66@bobmunsa.co.kr
홈페이지 http://www.bobmunsa.co.kr

조 판 법 문 사 전 산 실

정가 25,000원 ISBN 978-89-18-91602-6